MELTEM GÜNER

DERİN

BİR DÖNÜŞÜMÜN HİKÂYESİ

İNDİGO KİTAP

DERİN
Meltem Güner

Baskı: Mayıs 2019
ISBN: 978-605-7611-12-3
Yayınevi Sertifika No: 31594

Editör: Ayşe Nur Buğalı
Kapak Tasarımı: Yasin Öksüz

Baskı
My Matbaacılık San. ve Tic. Ltd. Şti.
Maltepe Mh. Yılanlı Ayazma Sk. No: 8/F Zeytinburnu / İstanbul
Tel: 0212 674 85 28
Sertifika No: 34191

İNDİGO YAY. DAĞ. PAZ. REK. LTD. ŞTİ.
Oruçreis Mah. Tekstilkent Cad. No:10 D:Z07 Esenler/İSTANBUL
Tel: 0 (212) 438 17 83 • Fax: 0 (212) 438 17 84
www.indigokitap.com • info@indigokitap.com

İNDİGO YAY Bir İndigo Kitap Yayın Dağ. Paz. Rek. Ltd. Şti. markasıdır.

MELTEM GÜNER
DERİN

BİR DÖNÜŞÜMÜN HİKÂYESİ

İNDİGO KİTAP

Rüzgâr

Rüzgârın uğultusu fazlasıyla ürkütücü... Yerde ne varsa göğe, gökte ne varsa yere taşıyor. Toz zerrecikleri gözlerimi dolduruyor, sanki kör olmuş gibiyim. Adım atmak gittikçe zorlaşıyor. Bir hortumun kollarını gökyüzünden yere uzatması ya da bir dervişin seması gibi etrafımı saran bir çember mi bu? Yoksa manyetik bir alan mı? Düşünemiyorum, ilerleyemiyorum, duramıyorum... Çevremdeki her şey hareket ederken, benim bu şaşkın ve kalakalmış halim sinirlerimi bozuyor. Öfkem bile işe yaramıyor.

Rüzgâra ne yapmıştım da benim peşime düşmüştü böyle? Etrafta uçuşan eşyaların ve yere savrularak düşen tabelaların sesleri kalp atışımı hızlandırıyor. Neler oluyor? Anlamıyorum. Bir ağaca sarılıyorum, gözlerimi kapatıyorum ve dua etmeye başlıyorum. Buradan çıkabilirsem iyi bir insan olacağıma, ertelediğim her şeyi yaşayacağıma ve en önemlisi mutlu olacağıma yemin ediyorum. Ayaklarım yerden kesilip savaşmanın bir anlamı olmadığını ve gücümün bu savaşa yetemeyeceğini kabullendiğim anda bir şey oluyor. O korkunç ses hafifliyor, arkasından ben de hafifliyorum. Az önce farkında olmadan içinde olduğum ya da beni içine doğru çeken şey, şimdi etrafımda dönüyor. Sanki beni kuşatıyor, hatta sarıyor sarmalıyor ama tüm bunları bana dokunmadan yapıyor. Bir el beni "Hadi yürü!" der gibi itekliyor. O hareket ettikçe ben de hareket etmeye başlıyorum. İlerlemesem sanki bana kızacak ya da beni dışarı atacak gibi geliyor. Etrafıma bakarken birden aşağıdaki her şeyin, yukarıya doğru hızla yükseldiğini görüyorum. Onlara ne oluyor, diye merak ediyorum. Ancak etrafımdaki bu sessizlik ve dinginlik hali beni oldukça şaşırtıyor. Sanki az önce o ağaca can havliyle sarılan, kulakları duyamayan, gözleri göremeyen kişi ben değilim. Şimdi kargaşa ile düzen bir araya gelmiş dans ediyorlar. Bana ise sadece olanları seyretmek ve hareket etmek düşüyor. Aslında hoşuma da gidiyor ama bu alıştığım bir durum değil. Ne zamana kadar böyle devam edecek? Dışarıda neler oluyor? Bana ne olacak? Tüm bu sorularımı kim cevaplayacak? Tamam! O ağaca sarıldığım zaman ettiğim dua kabul olmuştu ve ben kurtulmuştum ama bunun gerçekten bir kurtuluş mu, yoksa hapsoluş mu olduğunu anlayamıyorum. Yeniden dua mı etsem acaba? Bacaklarım yoruldu, yürüyemiyorum. Rüzgâra tüm gücümle, "Duuuuuurr!" diye nefesim kesilinceye kadar bağırıyorum.

Gözlerimi açtığım zaman, karanlığın içinde çınlamakta olan sesimi dinledim. Gördüğüm rüya mıydı? Derin bir nefes aldım. Uzun bir süre sessizliği dinleyerek kalbimin ritminin normale dönmesini bekledim.

Hayatım da tam rüyadaki gibiydi aslında. Bir hortumun içinde umutsuzca çırpınan ve o girdaptan çıkamayan halim, bu kez de rüyamın konusu olmuştu. Peşimi bırakmayan korkunç bir canavardan kaçarken, yere düşmek ve çaresizce tekrar ayağa kalkmaya çalışmak gibi bir haldi bu yaşadığım. Koşsan ne olacak? Eninde sonunda yakalayacak o canavar seni... Nefesimin ve bedenimin yettiği yere kadar zaman harcamak benimkisi. Rüyalarım da katıldı sonunda Derin'i karanlıklara çekme törenlerine... Yaşadıklarım da rüya olsa keşke. Ne yazık ki rüya değil; kaçamadığım gerçeğin ta kendisi...

Gözyaşlarımı tutamadım. Hayat, ne istiyorsun benden? Derdin ne? Canım acıyor, canım... Anlamıyor musun?

Başucumda duran tuz lambasının turuncu ışığına baktım. Odaya yumuşak bir hava veriyordu. Lambayı satan kız, her türlü negatif enerjiye iyi geleceğinden bahsetmişti. Ya onun sözleri boştu ya da benim hayatımdaki negatif enerjiler için bir oda dolusu lamba gerekiyordu. Ağzımın içi kupkuru olmuş. Yatağımın başucunda her zaman dolu olan bardağım boşalmış. Çok istekli olmasam da yataktan kalkıp mutfağa gittim. O kadar hassaslaşmıştım ki suyumu doldururken çıkan ses bile beni rahatsız ediyordu. Bir fanusun içinden binbir mücadeleyle ve aşırı efor sarfederek çıkmış gibiydim. Gördüğüm rüyanın etkisindeydim, bilen biri olsa da rüyamı yorumlasa ne iyi olurdu.

Saat sabah 02.44. Dört artı dört, eşittir sekiz. İki daha on... Bunun bir anlamı var mı acaba? Yani bu saatte uyanmamın? Son zamanlarda sembollere taktım. Geçen gün şu seminerde gördüğüm adam olsa belki bir yorum yapardı, her şeyin bir anlamı var demişti. Tüm bu olanlar, delirdiğimin bir işareti olabilir mi?

Onca yıl kalabalık bir evde büyüdüğüm ve yurt odalarında geçirdiğim hengâmeli zamanların ardından gelen bu sessizliğin sebebi nedir? Bir anda tek başıma kalışımın arkasında neler var? Bu soruların cevabı kimdeyse bilmek istiyorum. Okuduğum bunca kitap, katıldığım onca seminer... Elde var koca bir sıfır.

Bu itiraf beni rahatlattı ve bir anda sinirlerim boşaldı. İstemsizce içimden gelen kahkahalar, evin duvarlarında çınlamaya başladı ve bu da tuhaf bir şekilde hoşuma gitti. Son zamanlarda en sık yaşadığım ruh hali buydu aslında. Bir güldüğüm, bir ağladığım, hiçbir dileğimin olmadığı ve istemediğim ne varsa başıma geldiği bir dönemde, hayattan daha ne bekleyecektim acaba?

Uykum kaçtı. Sabah yapacağın iş görüşmesinde şiş gözler sana avantaj sağlamayacak, haydi yatağa Derin! İyi de uyku çağırmakla gelse sorun yok ama bu meret bir kaçtı mı yakalayana aşk olsun. Beni gevşetecek bir şeylere ihtiyacım var. Anason çayı iş görebilir ve çayın içine attığım tarçın çubuğundan yayılan mis gibi koku umarım gevşememe yardım eder...

Tesadüf

Gözlerimi açtığımda gün ışımıştı.

Vaktim yok, bir an önce dışarı çıkmak için hazırlanmalıyım. Defalarca yenilmesine rağmen, yeniden savaş meydanına koşmak zorunda kalan bir askerin tecrübeleri ne kadar istek yaratıyorsa kendisinde, ben de o kadar istekliyim bu görüşmeye. "Yeniden" kelimesi çoktan anlamını yitirdi benim için. "Yenilgiden" olarak değiştirmeye karar verdim bu kelimeyi... Her yenilgiden sonra içimde o kadar büyük bir "nasıl" var ki bana en büyük muhalefet yine benim...

Aynada gördüğüm yüz, söyle bana bu fırtına ne zaman dinecek? Tanıyor musun bu kadını? Hayalleri vardı onun... Başarıları ve bir kocası vardı... Hepsini aldılar ondan, hatırlıyor musun? Kimseler söyleyemedi bütün bunların neden onun başına geldiğini. Sus dediler. İsyan etme, ağlama, yas tutma, taş ol dediler. Taş kesil, heykel ol... Susunca niye sessizsin diye sordular; yaşasana, çalışsana... "Ölsene" demiyor hiç kimse. Kimisi de cezalandırıldığımı düşünüyor. "Ne yaptın da Allah sana böyle bir dert verdi?" diyor.

Böyle mi gerçekten? Ben yaptığım bir şeyin cezasını mı çekiyorum? Çocuk katillerinin bile böyle kayıpları yok. Ne yapmış olabilirim? Aynı arabada giderken, beni canlı bırakıp onu alman için ne yapmış olabilirim? "Allah sevdiğine dert verirmiş," diyor bilmiş bir komşu. Gerçek buysa beni sevme istemiyorum, çünkü ben seni sevmekten çoktan vazgeçtim. Tek bir amacım var: Bu can çıkıp gidene kadar, tüm bu yaşadıklarımı neden bana yaşattığını anlamak. Gerisi kum saatinin taneleridir benim için, bilesin...

Şimdi kalk ve hazırlan Derin. Senden bekleneni yap: Hiçbir şey olmamış gibi yaşamaya devam et... Elbise mi giysem acaba? Sonuna kadar aslolan; ne giyeceğini, nereye gideceğini, ne yiyeceğini, nasıl göründüğünü dert etmendir. Dert edilenler ve de edilecekler bunlardan ibarettir. Sen de çoğunluğa uy...

En son görüşme yaptığım kadın, "Erkek gibi giyinmenizin özel bir nedeni var mı?" diye sorduğunda, "Hayır, sadece pantolon ve ceketin rahatlığını seviyorum," dedim. Kadın gibi giyinmek nasıl bir şey? Mesela etek üzerine giydiğin ceket, seni kadın mı yapıyor? İçimden bu şekilde söylenirken, kadın beni duymuş gibi dik dik baktı. Sonra, "Biz sizi ararız," diyerek başından savdı.

Bu sefer artık tamam! En son Meliz'den istediğim borç para ve onun tavrı son olsun! Ben ona, "Paran var mı?" diye soruyorum, o bana, "Ne zaman çalışmayı düşünüyorsun?" diyor. Düşünmeyle olsaydı!

Asansörün bu kadar çabuk gelmesi iyiye işaret değil. Bu sabah her şey yolunda, gerilmemek mümkün değil. Tokat nereden gelecek bakalım?

Yollar çok kalabalık, umarım Taksim dolmuşu henüz gelmemiştir derken, siyah bir araba durdu önümde. Gözlerime inanamıyorum. Hayat ne tuhaf, şaşkınlığımı gizleyecek vaktim bile olmuyor.

"Dünya ne kadar küçük değil mi?"

"Öyle görünüyor!"

"Nereye böyle?"

"Karşıya geçeceğim, işlerim var."

"Ben de Beşiktaş'a gidiyorum. Haydi, atla, birlikte gidelim. Bunca yıldan sonra seni bulmuşum, hemen bırakmam."

"Gerek yok, teşekkür ederim."

İçimden geçenler hiç de böyle değil. Ama ne yapayım? Elimde bir tek gururum kaldı beni ayakta tutan...

"Haydi ama nazlanma. Bin şu arabaya!"

Birden kulağımı sağır eden korna seslerinin eşliğinde ne olduğunu anlayamadan, gururumun çığlıklarına aldırış etmeden bindim yıllar önce beni uyutarak terk eden, gidip başkasıyla evlenen ve bu hayatta görmeyi en son isteyeceğim kişi listesinde zirveyi zorlayan eski sevgilimin arabasına...

Sabahın köründe iş görüşmesine gitmenin gerginliği yetmemiş gibi, yanına bir de garnitür olarak Can gelmişti. Tahmin etmiştim aslında. O asansörün hızlı gelmesi falan... Bir tokat gelecekti ama bu kadarı benim bile aklıma gelmemişti.

"Hiç değişmemişsin, yemin ediyorum hâlâ aynısın Derin. Seni görmek çok ama çok iyi geldi."

"Güzel iltifat ama gerçekçi değil. Robot olsam vidalarım paslanır on yılda. Yine de teşekkür ederim. Bana da iyi geldi sabah vakti bu güzel sözler."

"İltifat değil inan, senin yaşındakiler hatta yaşındakileri bırak yeni nesil bile bu kadar iyi görünmüyor artık."

"Sağ ol. Senin ne işin var burada? Ben senin İtalya'ya yerleştiğini sanıyordum."

"Doğru iki yıl öncesine kadar oradaydım."

"Eşin?"

"Ayrıldık. O İtalya'da kalmaya karar verdi."

"İş falan?"

"Mimarlığa devam, ofisi buraya taşıdım. Büyük bir projede ortaklığım var. Aynı zamanda hoş işler gelirse de keyfime göre alıyorum."

Köprü trafiğini görünce anladım ki Can olmasa asla görüşmeye yetişemezmişim. Ama yine de seçme şansım olsa, onun yerine başkası ile karşılaşmayı tercih ederdim. On yıl sonra karşıma çıkmasının şoku bir yana, ayrıca içimde sakladıklarımın bir balon gibi yukarıya çıkışını bastırmakla uğraşıyordum. Dahası, tüm bunlar olup biterken aynı zamanda iş görüşmesine gidiyor olmak beni daha da geriyordu. Akşam gördüğüm rüyanın korkutucu tesiri de henüz üzerimdeyken, kafamda cevapsız sorular resmîgeçit yapıyordu: Rüyadan dolayı mı gergindim hâlâ? Yoksa sabah sabah karşıma dikilen geçmişim mi beni bu kadar geriyordu? Tüm bunları düşünürken, Can'ın sesiyle irkildim.

"Sen neler yapıyorsun? Uluslararası bir tasarım ödülü daha aldın, İstanbul Kongre Sarayı'nı tasarladın, evlendin... Bunları biliyorum ama yeniliklerden haberim yok?!"

"Neredeyse her şeyi biliyorsun, öyle işte akıp gidiyor hayat..."

"Ali nasıl, neler yapıyor? Sen neler yapıyorsun, birlikte mi çalışıyorsunuz? Anlat, yoksa bırakmam seni. Hazır bulmuşum, yoksa biliyorsun ben bir başlarsam konuşmaya susturamazsın beni."

"Peki! Şu anda bir iş görüşmesine gidiyorum ve yaklaşık üç yıldır çalışmıyorum. Aslında kibarcası bu... Gerçeği ise işsiz ve kimsesizim..."

"Nasıl olur bu? Sen ve çalışmamak bir araya gelemeyecek iki kelime!"

"Üç yıl önce bir kazada sadece Ali'yi değil, belki yeteneklerimi de kaybettim."

Yüzü donmuştu sanki. Her şeyi bildiğini zanneden başarılı, popüler ve yakışıklı iş adamı Can Mısırlı, birden küçük dilini yutmuştu. Arabadaki sessizliğin ağırlığını hafifletebilmek için pencerenin camını sonuna kadar indirdim. En sevdiğim şeylerden biri, seyir halinde bir otomobilde camdan kolumu dışarıya çıkartıp rüzgârla oyun oynamaktır. Bana sorsalar doğada en çok ne yapmayı seversin diye; rüzgârla oynamak, yeşili koklamak, denize dokunmak ve ateşi seyretmek derdim. Camı kapatıp onun yüzüne tekrar baktım. Âşık olduğum adam değildi artık, onu tanımıyordum bile. Geldiğim yeri bana hatırlatmak için zamandan fırlayıp önüme düşmüş bir figürdü. Hayatımdaki bitmek bilmeyen terk ediliş hikâyelerinin başrollerinden biriydi. Şimdi tam karşımda öylece duruyordu, sanki hem vardı hem yoktu. Hislerim donmuş gibiydi, ne düşüneceğimi kestiremiyordum. Can ile tanışma hikâyemiz geldi gözümün önüne, bir zaman makinesinin içinde o ana doğru sürükleniyor gibiydim.

Sabah telaşla içeriye girdiğim o muhteşem ofisin kapısında; esmer, yakışıklı ve adının sonradan Can ama daha önemlisi soyadının görüşmeye geldiğim ofisle aynı olduğunu öğrendiğim adamla neredeyse çarpışacaktık. Yeni mezun bir mimar olarak, yüksek lisansım için gerekli parayı kazanmak ve biraz da tecrübe edinmek istiyordum. Bu iş için biçilmiş kaftandı bu mimarlık ofisi. Koşar adımlarla iş görüşmesine yetişmeye çalışırken, önümü kesen bu adamın sonradan sevgilim olacağını bilemezdim. Ancak o gün, benim için Türkiye'nin ünlü mimarlarından Mustafa Mısırlı'dan daha önemli bir erkek yoktu. İlk hedefim, onu bu iş için en iyi seçenek olduğuma ikna etmek ve bu pozisyonu kapmaktı. Elbette iyi bir maaş da harika bir yemeğin üzerine ikram edilen çikolatalı pasta gibi olacaktı.

Mustafa Mısırlı, tüm dünyanın peşinde koştuğu ödüllü bir mimardı. İş hayatıma buradan başlamak, yüksek lisans yapmaktan bile daha avantajlıydı benim için. Onunla edineceğim tecrübe maalesef okulda öğretilmiyordu. Sekreterin yanındaki koltukta çağrılmayı beklerken, ofisi inceleyip hata aramaktan kendimi alamadım. Bu kusur bulma merakım ya beni tımarhaneye yollayacaktı ya da benimle çalışan inşaat ustalarını... Kızılötesi ışınlara sahip gözlerim, hata bulma konusunda ustadır. İşte buldum bile! Köşebentlerde hata var. Terzi kendi söküğünü dikemezmiş. Adam dünyanın en ünlü mimarlarından birisi ama kendi ofisinde pek dikkatli çalışmamış.

Can sıkıntısından patlayabilirim. Geç kaldığımı düşünerek görüşmeye koşarak geldim ama neredeyse yirmi dakikadır bekliyorum. Sekreter o kadar yoğun ki kendisine soru bile soramıyorum. Görüşme öncesi biraz tüyo hiç fena olmazdı. Gerçi özgüvenim tam. Sonuçta bölüm birincisi olarak mezun olduğum okulun dekanı Hakan Hoca ile Mustafa Bey yakın dostlar. Bu görüşmeyi bana ayarlayan da Hakan İrfanoğlu olduğuna göre, işi kaptım demektir.

Tam da böyle düşünürken, görüşme için geldiğini söyleyen bu kız da nereden çıktı? Bu işte bir tek ben varım diye düşünme saflığım, acemiliğimden kaynaklanıyor olsa gerek. Ah uyanık Derin, bir sen varsın sanki şu koca dünyada Mustafa Mısırlı ile çalışmak isteyen. Adam da kollarını açmış seni bekliyordu zaten. "Derin gelse de, bir an önce işe başlasa," diyordu. Kız çok şık giyinmiş, bu açık mavi elbiseyi giymese miydim? Acaba hangi okuldan mezun?

Biraz sohbet edip öğrensem ne iyi olurdu ama benden iyi bir okuldan mezunsa moralim bozulur. Yok yok, en iyisi hiç muhabbete girmeyeyim şimdi ben. Sekreterin elinden kızın özgeçmişini kapıp okumak için neler vermezdim... Offf, tasarım ödülü olan bir mimar adayıyım ben, kendine gel Derin! Bu iş tamam, rahat ol! Sekreter, "Buyurun, sizi içeri alalım," diye seslenmese kıza düşman kesilebilirdim. Neyse ki tam zamanında çağrıldım. O kapıdan işi alıp öyle çıkacağım, sen hiç boşuna bekleme cici kız! İstersen şimdiden dön evine!

Kapıyı itip içeriye adım attığımda, bacaklarımın titremesi yüzünden ağır çekim ilerleyebiliyorum. Ne oldu bana böyle? Üniversitenin ve yarışmaların yıldızı Derin gitti, bir anda özgüven yıkımı yaşayan biri geldi sanki, korku tüm bedenimi sardı. Neyse ki önündeki kâğıtlarla meşgul olduğundan, Mustafa Mısırlı bu ürkek hallerimi fark etmiyor. Düşündüğümden daha iri ve karizmatik görünüyor. Tam koltuğa oturacaktım ki gözlüklerinin üzerinden kocaman kahverengi gözleriyle bana bakıyor ve başıyla hoş geldin der gibi yapıyor. Beni fark etmediğini düşündüğüm bir anda yaptığı bu hamle, rahatlamamı sağlamadığı gibi, kalan özgüvenimi de yere bir paspas gibi sermişti. Ben de dikkatimle övünürdüm. Ne oldu az önce dışarıyı inceleyen dikkatli Derin? Şimdi gözlerin ancak yere bakabiliyor. Sessizliğin boğucu etkisinden sıyrılabilmek ve bu özgüven yıkımına son vermek için etrafı seyretmeye koyuluyorum. Belki bir hata bulur da rahatlarım, bu mükemmel görünen havalı ofisin etkileyici gücünden... Her yerde ilginç detaylar hâkim, sadelik ve özgün tasarımın birlikteliğinden ortaya mükemmel bir sonuç çıkmış. Sırtımda, bir tane dahi hata bulamamın yükünü hissediyorum. Kendime en çok güvendiğim yerde, egomun midesi boş kalıyor. Yere kadar uzanan camlardan, boğaz manzarasının kucakladığı resmin etkileyici büyüsünü ko-

ruyabilmek için, ofiste geriye kalan detaylar çok sade bırakılmış. Sanırım Mustafa Bey'in denize tutkusu var. Gece mavisi deri koltuklar ile camların indirilmiş peçesi gibi duran turkuaz perdeler, boğazın sularını odaya taşıyor. Uzun masasının üzerinde sadece bir telefon, önünde duran evraklar ve üzerine dünya haritası işlenmiş kristal bir küre var. Üzerindeki gömleğin rengi de mavi, demek ki doğru renkte elbise seçmişim. Oh be rahatladım!

"Bir şey içer misin?"

"Hayır, teşekkür ederim."

Ardından sekreterini aradı ve kendisi için sade bir Türk kahvesi söyledi.

"Hakan senden pek bir övgüyle bahsetti. Yetenekli, çalışkan ve titizdir dedi, öyle misin?"

Yüzümden ateş fışkırıyor, boğazıma bir yumru oturuyor, tam o sırada Mustafa Bey'in telefonu çalarak imdadıma yetişiyor. Allah'ım, övündüğüm tüm özelliklerimin beni bu kadar utandıracağı aklımın ucundan geçmezdi. Bu adamın büyüleyici havası mı, yoksa işi bu kadar çok istemem mi beni bu derece çekingen yapan, anlayamıyorum?!

Telefon görüşmesi bitip tam bana döndüğü anda, elinde kahve ve su bulunan tepsiyle içeriye giren sekreter yine yardımıma yetişiyor. Verilen bu ara biraz olsun rahatlamamı sağlıyor.

"Evet, seni dinliyorum."

"Hakan Hoca koskoca dekan, doğru söylemiştir."

Aman Allah'ım! O nasıl bir cevaptı öyle, gerginlik bana hiç yaramıyor. Neyse ki düşündüğüm gibi olmuyor, önce kahkahayı basıyor, ardından da kahvesini yudumlarken, yüzünde ilginç bir gülümseme ile bana bakıyor. Biraz olsun rahatlıyorum.

DERİN

"İki stajın var, üstelik gayet güzel firmalarda. Söyle bakalım bu stajlar sana ne kattı?"

"Bana en önemli katkısı; hayal ettiklerimi hayata geçirirken, nasıl bir yol haritası oluşturacağımı göstermeleri oldu sanırım."

Allah'ım bu nasıl bir cümle?! Tekrar et deseler, başını dahi hatırlamam. Umarım iyi bir şey söylemişimdir!

"Seyahat engelin var mı?"

"Hayır, yok."

"Peki, maaşla ilgili beklentin nedir?"

Buyurun işte! En kritik noktaya geldik. O kızı görmesem söylerdim ama o benden daha az bir rakam söyler de işi kaparsa... Benim rakibim mi ki o? Bu iş benim!

"Sizin asistanınız en iyi maaşı almalı diye düşünüyorum ki en iyi hizmeti verebilsin. Ancak yine de takdir sizin."

"En iyi demek? Peki, Derin Şenocak, geldiğin için teşekkür ederim. Arkadaşlar seni arayıp haber verirler."

Ayağa kalkıp elini uzatıyor. Topuklu ayakkabı giymeme rağmen omzuna zor geliyorum. Yüzüme hemen bir gülümseme maskesi takarak gerginliğimi perdeliyorum. Sonucu bilememek beni delirtiyor. Ben çıkarken, uzun boylu ve gayet havalı rakibim içeriye doğru yönlendiriliyor. Kapıda tekrar Can ile karşılaşıyorum, ancak onunla oyalanacak ya da ilgilenecek durumda değilim.

Akşamüstü çalan telefondaki tanımadığım numara, Mısırlı Mimarlık'tan aradığını söylüyordu. Kalbimin atışlarını göğsümün üzerinden fark edebiliyordum.

"Mustafa Bey'in asistanı olarak yaptığınız iş başvurusu kabul edildi. Lütfen önümüzdeki ayın başına kadar gerekli evrakları ha-

zırlayınız. *Mustafa Bey, 2 Eylül günü sabah dokuzda gerçekleşecek ilk toplantıda hazır bulunmanızı istedi. Gerekli tüm detayları size e-posta yoluyla gönderiyorum. Hayırlı olsun, iyi günler.*"

Çığlık atarak etrafta dans etmek istiyordum. Eveeetttt! İşte bu! Onaylanmıştı, o kız değil ben seçilmiştim! En iyi bendim! Tüm duygularım, sanki yakınımda bir senfoni çalıyormuşçasına coşmuştu. Sanki her şey benimle birlikte dans ediyordu. Kime baksam gülümsüyor ve bana selam veriyordu. Hayatımın en güzel anlarından biriydi. En azından o güne kadar olan kısmının...

Hemen annemle babama haber verdim. Annem telefonda o kadar ağladı ki dayanamadım. "Tamam, İzmir'e geliyorum," dedim ve telefonu kapatır kapatmaz, hafta sonunu onların yanında geçirmek için İzmir biletimi ayarladım. Son yıllarda onlardan uzak yaşamak, beni daha güçlü bir kadın haline getirmişti. O kadar alışkındım ki sürekli beni onaylamalarına ve her daim pohpohlamalarına... Evin en küçüğü olmanın tadını sonuna kadar çıkarmıştım, ta ki üniversite eğitimi için İstanbul'a gelene kadar... Sanki büyümeye gelmiştim bu şehre. Yurtta kalmak için ısrar etmem, hem onları tedirgin etmiş hem de rahatça buraya gelip gitmelerini en baştan böyle bir karar vererek engellediğim için üzmüştü, biliyordum. Bana uzun uzun sitem etmişlerdi. Beni yaşlılık sigortası olarak gören tontonlarım, bir dediğimi iki etmeyerek, yaşlılıklarında onlara çocuklarımmış gibi davranmam için yatırım yapıyorlardı. Ablam ve ağabeyim ile aramdaki yaş farkı, beni torunla çocuk arası bir konumda bırakıyordu. Ablamla aramızda yirmi yaş vardı. En büyük yeğenimle de neredeyse aynı yaşlardaydık.

Annemle konuştuktan hemen sonra Ömer'i aradım ve müjdeyi verdim. "Akşam bunu kutlayalım," dedi. Kabul ettim, ancak ertesi gün yola çıkacağım için eve çok geç kalmama şartı koydum.

DERİN

Akşam Ömer ile birlikte adalar manzaralı restoranda yemek yedik ve yemeğin sonunda tatlı tabağını taşıyan garsonun yüzündeki o tuhaf ifadenin sebebini, önüme konan tabağın kapağını kaldırdıklarında anladım. Kırmızı kutunun içindeki yüzük bana bakıyordu.

"Hayatın tüm güzel lezzetlerini birlikte tadalım mı, ne dersin?"

Önce nasıl bir cevap vereceğimi şaşırmıştım. Bu bir anlık şaşkınlık, yerini adım gibi emin olduğum cevaba bıraktı: "Evet! Tüm kalbimle evet..."

Yüzüğü parmağıma takarken düşündüm de, annemlerin yanına bolca sürprizle gidiyordum.

Havalimanına sabah erkenden beni Ömer bıraktı. Sabah uçuşlarını oldum olası sevmişimdir. Erkenden kalkıp güneşin doğuşunu seyretme fırsatını yakalarım bu sayede. Pencereden seyre daldığım manzara, yeni başlayan günün ve yepyeni bir hayata geçişimin haberlerini veriyordu sanki. Kendimi annem ve babama hediyeler götüren Noel Baba gibi hissediyordum:

"Hoo! Hoo! Hoo! Bakın Nevin Hanım, size ne getirdim? Kızınız evde kalmasın diye bir damat adayı!"

"Size de kızınızın başarılı bir mimar olması için en güzel ve en kıyak işi hediye ediyorum Ahmet Bey."

Uçak inişe geçti. İşte beni en çok heyecanlandıran kısma geldik. Tekerleklerin yere çarpması her defasında yüreğimi ağzıma getirirken, her şeyi kontrol edememenin, yapacak bir şey olmadığında sessizce kabule geçmenin tek yol olduğunu bana hatırlatır. Uçağın tekerlekleri yere değer değmez, yerimden ufacık da olsa sıçradım.

Birden sarsıldığımı hissettim. Kafamı yana doğru çevirdiğimde Can yanımdaydı. Zaman yolcuğunda sert bir iniş yapmış gibiydim. Arabanın girdiği çukur ile uçağın inişi arasındaki zaman sanki hiç yaşanmamıştı. Belki de hâlâ tekrar edip duruyordu, kim bilir?

Ne kadar hızlıydı her şey, sanki köprünün bir ucundan diğer ucuna gidene kadar yıllar geçmişti. Radyodan gelen yumuşak Latin ezgileri ortama uyum sağlamama yardım ediyordu. Birden Can'ın sesini işittim ve ona doğru döndüm.

"Sessizsin Derin, daldın gittin..."

"Ne bileyim, öylesine düşünüyorum. İlginç oldu seninle karşılaşmak, eskilere doğru gittim."

"Benim için ise ilginç değil, hediye..."

"Sayende görüşmeye de yetişeceğim."

"Sahi hangi firma ile görüşeceksin? Benim de mimara ihtiyacım var. Belki birlikte çalışırız. İptal et şu görüşmeyi, gel benim ofise gidelim. Güzel projeler var elimde, eski günlerdeki gibi beraber çalışırız. Ne dersin?"

"Teklifin için teşekkür ederim. Arada sevdiğim insanların ricası var. Benimle çalışmak istediklerini defalarca ilettiler. Bu nedenle oraya gitmem gerekiyor."

"Peki, dediğin gibi olsun. Görüşmeden sonra kahve içmeye gel. İstersen gelir alırım seni ya da beklerim."

"Bugün olmasa... Başka zaman seni ararım, olur mu?"

Can, görüşme yapacağım binayı eliyle koymuş gibi buldu ve beni tam zamanında kapıda bıraktı. O gelmese görüşmeye zamanında yetişemeyecektim. Arabadan indiğim zaman, düşünmeden edemedim: Bu nasıl bir tesadüftü?

Sembollerin Dili

Gümüşsuyu, İstanbul'un en sevdiğim semtlerinden birisi. Yüksek tavanlı eski apartmanlar, tarihe yaptıkları şahitlikleri günümüze taşıyor. Özellikle de caddenin arka tarafına bakan yüzleri ve önü kapanmayan boğaz manzaraları şahanedir. Apartman kapısının önüne geldiğimde derin bir nefes aldım, gideceğim dairenin ziline bastım ve kapı açılınca içeri girdim. Girişte sağlı sollu her iki yanda sıralı saksıların içinde, çeşit çeşit çiçekler geniş merdivenlerin yanlarından yükselirken, apartmana değil de bahçeye girmişsiniz hissi veriyordu. Başımı sağa çevirdiğimde gümüş çerçeveli eski aynada kendimi gördüm. Hüzün bir peçe gibi yüzümün parçası olmuş. Apartmanın ortasında yer alan ve sonradan eklenen masif ağaçtan antika asansöre bindim. Kendimi yine zaman tünelinde gibi hissediyordum. Bu sefer sanki yüzyıllar geri gidiyordu. Asansörden inip görüşme yapacağım dairenin önüne geldim. Kocaman masif kapıyı iterek içeri girdim. Binanın dışı eski görünse de, içi yeniden yorumlanmış harika bir antika eser gibiydi. İlginçtir ki Can ile karşılaşmam beni ilk iş görüşmeme geri götürdü. O zamanki cesaretimi anımsadım ama eski özgüvenim ve şevkimden şimdi eser yoktu. Karşımda duran kıza, adımı ve kiminle görüşeceğimi söyledim. Kibarca gülümseyerek, "Sizi bekleme bölümümüze alalım. Bora Bey'e haber veriyorum hemen," dedi.

Koltuğa otururken zamanda açılan koridordan geçiverdim.

"Derin Hanım, Mustafa Bey sizi bekliyor."

Heyecanım bambaşka bir hal almıştı. Bu kapıyı ilk defa itip büyük üstat ile karşılaşmamızın üzerinden iki hafta geçmişti. Seçilen kişi olmam benim için yeterli değildi. En iyi olmalıydım. İyi ki seni seçtim, demeliydi.

"Gel Derin, bilgisayarını teslim aldın mı?"

"Aldım efendim."

"Efendim demek yok. Sen benim kölem misin ki efendim diyorsun? Akıllı bir kızsın ve unutma ki insanların bize nasıl davranacağına kendimiz karar veririz. Biz neye izin verirsek, onlar öyle davranır. Bu söylediğimi kulağının bir yerine kaydet."

"Peki ef... Yani Mustafa Bey."

"Bilgisayarına projeleri yüklemişlerdir. Şimdi odana geç ve incele. Bana detaylı bir rapor hazırlamanı istiyorum. Bir haftan var. Haftaya salı günü İtalyanlarla ilk proje toplantımız olacak, sen de katılacaksın."

"Ne raporu hazırlayacağım?"

"Sözümü kesme küçük hanım!"

Küçük hanım mı?! Efendim dememe izin yok ama küçük hanım diye sınıflandırılmaya izin var. Asıl ayrımcılık budur işte...

"Hataları bulacaksın."

"Hataları mı bulacağım?"

"Evet, küçük hanım. Hataları bulacaksın. Hakan Hoca, senin detaylarda saklanan hataları bulmakta özel bir yeteneğin olduğu-

nu söyledi. Göster bakalım marifetini. En iyi maaşı istediğine göre, kendine güvenin tam demektir. Ben de senden en iyi performansı bekliyorum. Haydi, iş başına!"

Hakan Hoca'ya bak sen! Bana Mustafa Mısırlı'yı pazarlarken boş durmamış, beni de ona pazarlamış. Neymiş efendim, hata bulma yeteneğimi gösterecekmişim. Bu mudur benim için söylenecek tespit? Yuh! Önce ofisinizdeki köşebentleri düzeltin diyecektim de neyse... Kendimi, saklandığı yerde yakalanmış küçük bir çocuk gibi hissediyordum. Hakan Hoca'nın beni böyle tanımlayacağı hiç aklıma gelmezdi doğrusu...

"Derin Hanım, Bora Bey sizi bekliyor."

Beklendiğim yerin Mustafa Mısırlı ile çalıştığımız günler olmasını nasıl da isterdim...

Gösterdiği yöne doğru yürüdüm. Masif ve oldukça büyük bir kapının açılmasıyla, karşımda duran L şeklindeki masada oturan genç adama doğru ilerledim. Aslında ben daha yaşlı birini bekliyordum. Burası Türkiye'nin en önemli inşaat firmalarından biri olan Tuna İnşaat'ın merkeziydi ve ailenin hangi kuşağından olduğunu bilmediğim Bora Tuna ile görüşecektim. Anladığım kadarıyla ailenin en genç üyelerinden biriydi. Elini uzattı, tokalaştık ve elinde özgeçmişim olduğunu düşündüğüm bir kâğıdı sessizce okumaya başladı. Gözleri hızla sağa sola hareket ederek satırları takip ediyordu. Bana verdiği önemi, özgeçmişimi daha yeni okumasından anlayabiliyordum. Ben de bu arada, masasının üzerinde duran boğa heykeline takılmıştım. Tam odanın diğer noktalarını da keşfe çıkıyordum ki ilk soru geldi:

"Başarılı bir özgeçmişiniz var. Ancak anladığım kadarıyla üç yıldır çalışmıyorsunuz, özel bir sebebi var mı?"

Yine en nefret ettiğim kısma geldik. Şimdi yaşadıklarım yüzünden desem, acıyan gözlerle bana bakacak. Ardından büyük bir sessizlik ve sonra iş görüşmesi tedavi seansına dönecek. Ben işsiz bir şekilde eve döneceğim ve karşımdaki kişi mevcut haline şükredecek.

Bu sefer yalan söylemeden, hikâyemin bir kısmını anlatarak bu durumu idare etme yolunu seçtim.

"Geçirdiğim bir kaza nedeniyle, uzun bir tedavi süreci yaşadım. Bu nedenle çalışma hayatına ara verdim. Şimdi kendimi iyi hissediyorum ve çalışmaya hazırım."

"Anladım, geçmiş olsun. Bizim aradığımız, aslında daha az tecrübesi olan ve daha genç bir mimar. Ancak ortak tanıdıklarımız, başarılı özgeçmişinizden ve acil iş arayışınızdan söz edince, ben de öncelikle sizinle görüşmek istedim."

Görüşmeden çıkınca ilk işim Meliz'i öldürmek olacak. Beni yine oyuna getirdi. Karşımda duran bu acemi çaylağın özgüvenime yağdırdığı mermilerle zaten yaralı olan gururum, küçücük bir darbe ile can çekişme noktasına geldi. Bu durum iyi miydi yoksa kötü mü, şimdi bilemiyorum. Karşımda duran iyi giyimli ve ailesinin gücüyle aslan parçası kesilmiş kedinin sesi bana ulaşamıyordu. Azrail'im yeniden karşımdaydı, bu kez genç bir patron şeklindeydi sadece. Öldürmeye çalıştıkça, dokuz canlı hale gelen nefsimin oyunu ne zaman bitecek, Allah'ım?

"Daha az tecrübenin, aradığınız özellikler içindeki önemi nedir?"

"Şöyle; siz geçmişte başarılı işlere imza atmış iyi bir mimarsınız. Oysa biz yeni mezun ya da bir iki yıllık tecrübesi olan bir mimar alacağız. Aynı pozisyonda sizinle çalışacak olan diğer çalışma arkadaşlarınız oldukça genç ve tecrübe bakımından size göre daha zayıf olacaktır."

"Benim için bir sakıncası yok bu durumun."

Aslında pek öyle değildi. O da ben de biliyorduk ki işleyiş sırasında doğal olarak ben onların amiri durumuna gelecektim ve asıl amir de bu durumdan hiç hoşlanmayacaktı.

"Benim sizin için başka bir teklifim var. Birkaç ay içinde başlayacak butik bir projemiz var. Bu projede çalışmanız, sanki hepimiz için daha uygun. Bende bilgileriniz var, önümüzdeki aylarda proje daha net hale geldiğinde tekrar görüşelim derim, ne dersiniz?"

"Elbette, bu daha iyi bir teklif oldu."

"Buraya kadar yorduk sizi ama tanışmış olduk."

Görüşmenin bitme hızı bana "paketlenmişim" hissi vermişti. Görev gibi yapılmış bir iş görüşmesinin sonunda, "fazla vaktimi alma hadi güle güle" tavrına karşılık, tek silahım sahte gülümsemem ve hızlı bir hareketle elimi uzatmam oldu.

"Çok teşekkür ederim."

"Tanıştığımıza memnun oldum, tekrar görüşmek üzere."

İçimden görüşmek üzere demek gelmedi açıkçası. Bir daha görüşmenin sırrı gibi görürüm bu kelimeyi, oysa ben bu adamı tekrar görmek istemiyorum.

İç kararttıcı bir kahverenginin hâkim olduğu bu ofisten dışarıya beni taşıyan ayaklarımın altındaki halının yumuşak dokusu, topuklu ayakkabılarla yürümeyi unutan bedenime eziyet ediyor gibiydi. Asansöre kendimi atar atmaz, topuklu ayakkabıdan çok dikenli bir tel gibi hissettiren ayakkabılarımdan kurtuldum ve çantamın içinden çıkardığım patik benzeri babetlerimi giyince bir nebze olsun rahatladım.

Dışarı çıktığımda, görüşmeye girerken başlayan yağmurun durmuş olması hoşuma gitti. İşte en sevdiğim hava; sanki yıkanmış bir yeryüzü ve tertemiz soluduğum hava beni kendime getiriyor. Ayakların rahatlığı gibisi yok. İnsan neden kendine eziyet eder acaba? Doğada başka bir varlık daha yoktur; diğerleri onu beğensin diye bedenini sıkıştıran, cendereye sokan, boyayan veya türlü işkenceler yapan. Mevcut durum sanki bizi tatmin etmiyor. Topuklu ayakkabı giyince işe girmem kolaylaşacak gibi kendime ve ayaklarıma eziyet ettim. Oysa kendi gibi olunca daha rahat oluyor insan, bu da daha güven verici bir etki yaratıyor. Bir sonraki iş görüşmeme – eğer olursa – en rahat ayakkabımı giyeceğim.

Binadan dışarıya adım atmamla, mendil satan çocukla göz göze gelmemiz bir oldu. Hay Allah! Sabah sabah bir sen eksiktin! Başımı sağa sola sallamam, hayır demem fayda etmedi, düştü peşime. Görüşmenin ardından neden bu çocuk karşıma çıktı şimdi? Hayat bana ne anlatmaya çalışıyor? Şu okuduğum kitabın etkisinden olsa gerek, her şeye bir mana yüklemekten kendimi alamıyorum. Saçma geliyor ama haklılık payı da yok değil. Kitabın semineri de bir o kadar ilginçti: "Hayatı Sembollerden Okumak!" Yazar sembollere kafayı takmış fakat hoşuma da gitti. Kitabın sonunda oyun gibi verdiği alıştırmalar yüzünden herkesi inceler oldum. Kitabı okuduktan sonra, belki ben de bu sembolleri okurum diye, kalktım seminere gittim. Yazar seminer sırasında dilencilerle olan etkileşimi anlatırken şöyle demişti:

"Acıyarak uzattığınız ve elinizle verdiğiniz şey maddede bir değerken; aldığınız ise yara sarmak ya da gözyaşı silmek için bir araç. Okumaz mısınız sembolleri? Neyi ne ile değiştirdiğinize bakmaz mısınız? Siz aslında canım acısın diyenlerdensiniz..."

O kadar etkilemiş ki bu cümle beni, bir lira verip mendile uzatamıyorum elimi. Ben bunları düşündükçe satıcıların biri gidiyor, biri geliyor. Şimdi de karşıma yarabandı satan yaşlı kadın çıktı.

"Ver şu mendili, hadi tamam bırak peşimi. Gel sen de al şu parayı, tamam istemiyorum yarabandı sende kalsın."

Oh be! Ne çile çekeceğim, yeter! Sabahtan beri başıma gelmeyen kalmadı zaten. Canımı acıtmak istemiyorum, zaten hâlihazırda yeterince acıyor. Vermeyince daha çok acıyacak, artık uğraşmaktan yoruldum. Kitabı okuduğun yetmedi Derin, bir de seminerine gittin, sanki çok lazımdı. Al şimdi, peşine taktığın dilencilerden bile tırsıyorsun. O ne sembolü, bu ne sembolü? Sonu gelmiyor, yaşadıkça sor babam sor. Seminerde her şey ne kadar kolay gelmişti, hayatın içinde öyle olmuyormuş anladım. Önemli olan kitap yazmak, seminer düzenlemek değil; yaşarken yardım edecek bir yol bulmak. Bilgi eyleme dönüşmeyince bir kıymeti yok. Bilmek yeterli olsa herkes bir kitabı okur, bir okulu bitirir çözerdi hayatın sırlarını. Çıktığımda iyi hissettiğim ender seminerlerden biriydi oysaki. Ama bak yine darmadağın oldun Derin Hanım, iki dilenci ne hale getirdi seni. Bir kahve molası iyi gelecek.

Kahveciden bol yer yok artık İstanbul'da. En sakinini seçmekte fayda var. İçeride beni saran tarçın ve vanilya kokusu karnımı da acıktırdı. Üzümlü ve tarçınlı kurabiye ile yeni demlenmiş çay, kahveden daha iyi görünüyor. Gelen geçeni seyretmek de kafasını dağıtıyor insanın, hiçbir şey düşünmeden o kişi oluveriyorsunuz. Seyrettiğin kişiyi kendisinden daha iyi anlıyorsun sanki. Belki de psikologlar bu yüzden hemen anlar insanın derdinin ne olduğunu. Benim gittiklerimin anlayışı biraz kıttı sanırım. Anlamak bir yana kafamı daha da karıştırdılar.

Şu kitap yanımda mı? Evet, işte buradaymış. Sanırım bu kitaba ve tekniğe ilgi duymamın sebebi, yazarın yumuşak tavrı. Ama en önemlisi tüm itirazlarıma karşılık veren örneklemeleriydi. Her şey daha anlaşılır gelmişti. Semineri de gerçekten çok iyiydi. Diğerlerinden daha farklı ve etkileyiciydi. Neden bu adamla uzlaşmaya çalışıyorum? Haklı bulduğum bir şeyler beni rahatlatıyor. Bütün kapıları kapatırsam, bu karanlık beni yutacak, biliyorum... Çıkış yolunu açık tutmaya ihtiyacım var...

Bana bir yardımı dokunur belki diye seminere gittiğimde, kendimi uzaydan gelmiş gibi hissetmiştim. Benim anlamadığım bir lisanda konuşuyordu. Dinleyenlerin birçoğunun bu dili bildikleri apaçıktı. Söylediklerini anlamakta zaman zaman zorluk çekiyordum. Yine de kendi hayatıma uyarladıkça, tüm anlattıkları rahatlatan bir etkiye sahipti. Yazarın davudi bir sesi vardı. Seçerek konuşuyor ve göz temasıyla oradaki herkesle iletişime geçiyordu.

"Günlük hayatta her karşılaşma; bir etkileşim, durduğunuz yer ve neyi çağırdığınızın sembolüdür. Ancak her biriyle etkileşime girmek yorucu olabilir. Bunun yerine belirgin ve daha uç örneklere odaklanmak, sistemi anlamanızı kolaylaştıracaktır. En belirgin örneklerden birisi dilencilerdir. Aranızda dilenciye sadaka veren, mendil veya yarabandı alan var mı?

Neredeyse herkes hep bir ağızdan, "Evet," diye cevap verdi.

"Yarabandı ve mendil ilginç semboller, değil mi? Neden bunlara ihtiyaç duyuyorsunuz? Verdiğiniz para karşılığında aldıklarınız gözyaşı ve yaralanma ihtiyacıdır."

"Siz böyle söylüyorsunuz, ancak tüm semavi dinler ve öğretiler bize 'Paylaş,' diyor. Hatta 'Veren el, alan elden üstündür,' derler."

*"Elbette. Bununla birlikte, 'Almadan vermek Allah'a mahsustur'
da derler. Almak aslında bir teklifi, değişimi, esnemeyi ve ilerle-
meyi kabul etmektir. Vermek yani hemen verme isteği ise aslında
veriyormuş etkisi yaratma çabamızı anlatıyor. Eski fikirlerinizi,
kalıplarınızı, anılarınızı ve hesaplarınızı bırakamadığınız için,
vermek zorunda bırakanlarla alışveriştesiniz. Yani el açmış yal-
varan ama ihtiyacı varmış gibi yapanlarla alışveriş halindeyseniz,
aslında alabilmek ve verebilmek için canınızı acıtıyorsunuz de-
mektir."*

*Soruyu soran kadın dudaklarını bükerek, 'Tamam ama ikna
olmadım,' diyen bir suratla bakınca, adam anlatmaya devam etti.*

*"Sadece vermek değil, burada bahsi geçen davranış; nasıl verdi-
ğiniz ve aynı zamanda eşleştiğiniz enerjiler."*

*"Hiçbir şey anlamadım," dedi, arkalarda oturan orta yaşlı, es-
mer, gözlüklü adam.*

*"İzin verirseniz devam edeyim. Amaç yardım etmek ve zor du-
rumda olana destek olmak ise şahane, elbette elimizden geldiğince
işe yarayacak şekilde yapalım. Birçok dernek ve vakıf var, disiplinli
çalışan, kendi alanlarında başarılı çalışmalar yapan, hizmetlerini
ve yaptıklarını kamuoyu ile paylaşan. Oysa burada anlattığımız,
sizin verirken içinizde yaşadığınız duygular. Acıyarak mı veriyor-
sunuz, korkarak mı? Aman canım ne çıkar diye mi?"*

*"Bizim ruh halimiz mi önemli yani?" diye sordu ön sıradaki
genç kız.*

*"Evet. Bizim ruh halimiz, duygularımız ve hatta daha da
önemlisi varsa yargılarımız. Seyrettiğimiz resimde gördüklerimizle
kurduğumuz bağlantımız. Yani kolu olmayan dilenci size kolunu
işaret ederek yardım dileniyor, yaşlı olan ise acizliğine gönderme
yapıyor. Bu arada siz ne hissediyorsunuz? Bunu bir düşünün..."*

Tam bu sırada en önde oturan ama varlığını o anda fark ettiğim sarışın, mavi gözlü genç bir kız el kaldırarak söz aldı:

"Ben dilencilere değil ama küçük çocuklara para veriyorum. Başka çocuklar oyunlar oynarken mendil satan çocukların soğukta, yağmurda ya da çok sıcakta çalışmalarını kabul edemiyorum. En azından o anda da olsa rahatlamalarını istiyorum. Yani bunda bir sakınca görmüyorum. Onlar için elimden başka bir şey gelse yaparım."

Elleriyle diğer söz isteyenlere, tamam gibi bir işaret yaparak tekrar sözü alan yazar cevap verdi:

"Güzel bir örnek, hem de çok güzel. Şimdi acıma var mı? Var. Aciz görme var mı? O da var. Peki, o çocuğa bir faydamız var mı? Varmış gibi gözükse de yok. Ona sen sokakta kal diyoruz, biz sana sokakta bakarız. Çabalamana gerek yok, bu halde olduğun sürece biz seninle ilgileniriz. Kendimizi iyi hissediyoruz, zorda olan birine yardım ettik ama onu bu halde bırakanlara da öfkeliyiz. Doğru mu?"

"Evet, olabilir ama ben ona elimden gelen yardımı yapıyorum o anda."

"Tamam ama onun durumunu değiştirmediğin gibi bulunduğu hali de destekliyorsun. Yani o hayatın içinde çabalayarak bir yerlere gelmekten çoktan vazgeçiyor Bakkaldan on kuruşa aldığı mendile iki lira ödeniyor. Sadece kendisini aciz göstermesi yeterli. Yıllar geçip kendi çocuğu olduğunda, o da çocuğunu aynı şekilde yetiştirecek."

"Hiç böyle düşünmemiştim."

"Başka bir bakış açısı daha var. O birilerinin çocuğu ve topladığı bu paralar bambaşka yerlere gidiyor. Siz o çocuğu değil, onu güdenleri besliyorsunuz. O aileler hiç sorumluluk duygusu almadan, yeniden çocuk sahibi olacaklar ve onları da sokakta çalıştıracaklar."

"Bana kendimi kötü hissettirdiniz," dedi kız.

"Amacım bu değildi. Sadece yaptıklarınızın altında sizi güden enerjileri fark etmenizi sağlamaya çalışıyorum. Siz alt tarafı bir çocuğa bir iki lira para verdiniz. Oysa semboller diyor ki; geleceği için çabalamayan, zor duruma düştüğünde yardım alamamaktan korkan ama en önemlisi kendi gücünü kabul edemeyen taraflarınız var. Üstelik kendinizi mevcut durumu değiştirmekte aciz buluyorsunuz."

Salondan bir anda yükselen uğultu, bir pazar yerini andırıyordu. Herkes kendi arasında konuşup kimlere neler yaptığını ve bunların ne anlama geldiğini merak ettiğini anlatıyordu. Yazar, işaret parmağını dudaklarının ortasına koyarak, *"Susun!"* dedi kibarca. Salona sessizlik hâkim olunca devam etti:

"Dileyen değil, karşınızdaki sizin dilenen yanınız. Yani siz dilemiyor, dileniyorsunuz. Hayatınızın bir yerinde aciz durumdasınız ve bunun için de gerekçe göstermeniz lazım."

"Anlattığınıza örnek olur mu bilmem ama hayatım boyunca yurt dışına tatile gitmeyi istedim. Ancak bir türlü olmadı ve ben her gördüğüm dilenciye mutlaka para veririm, vermezsem rahat edemem. Şimdi benim dileğim dilenciye para verdiğim için mi olmadı?"

"Hem evet hem hayır. Senin hayatla alışverişini anlatmak için karşına dilenciler çıkıyor. Kendini muhtaç bir halde hissediyorsun. Belki de kızıyorsun, önce kendine sonra da dua ettiğin Yaradan'a. Bu vesile ile şunu anlatalım: İnsan yoktan var etmez, Yaratıcı'nın yaratım yetkisini kullanır. Var olanı kendine çeker. Bu nedenle her şeyi imajında canlandırarak yani hayal ederek yaratır. Sözlerini, bir posta güvercini gibi çağırdığına iletir ve olmasını istediği şey oluverir. Hayatın sembol dili ile anlattığımız şey, işte bu attığınız postanın takibidir. Bu nedenle uyanmış olmak ve hayatın içinde olanların bir sebebi olduğunu anlamak, bize kolaylık sunar. İtiraz, şikâyet olanı anlamamızın önünde engel olarak durur ve fark etmemizi zorlaştırır. Fark edemediğimizde ise neden başımıza bazı

şeylerin geldiğini anlayamaz, kendimizi aciz ve muhtaç hissederiz. Tıpkı dilenciler gibi. Belki deneyiminiz olmuştur, size doğru dua ve taleplerle gelen bir dilenciye istediğini vermediğiniz zaman, bu kez aynı dilenci öfkeyle bağırıp beddua edebilir. Biz insanlar da dilenerek istediklerimiz olmayınca öfkeyle, 'Zaten istediğim hiçbir şeyi vermiyorsun,' dememize benzer bu durum. Samimi olalım, önce kendimize sonra istediklerimize. Böyle davrandığınızda inanın, hayat daha kolay olur."

Salondan yine uğultular yükselmeye başladı. Herkes bir anda konuşuyor gibiydi. Duydukları hoşlarına gitmemişti. Keyfim yerinde olsaydı bir dolu soru sorar ve bu adamı köşeye sıkıştırırdım. Ama anlattıklarına çok hâkimdi, ne sorulsa hemen sembollerini bir yapboz parçalarını yerleştirir gibi çabucak kuruyor ve sizi hiç beklemediğiniz bir sonuca götürüveriyordu. İşin ilginci, tek başına o koca salonun en az yarısının yaptığı itirazları hiç istifini bozmadan cevaplıyordu.

Çayımdan bir yudum alırken, kitaptan rasgele bir sayfa açtım ve karşıma çıkanı anlık mesaj gibi okumaya karar verdim: "Hayatınızda seyrettikleriniz size, sizi anlatır. Yansımalarınızdan okuyun. Karşınıza çıkan kişileri ve onların ifadelerini iyi dinleyin." Telefonun sesi oldu ilk duyduğum. Arayan, Can. Ne demek şimdi bu? Bu zaman yolculuklarım sırasında ani geri dönüşler için bir çare olsa ve beni bulsa ne şahane olur.

"Alo, Derin merhaba! Nasıl geçti görüşmen? Yarın benim ofise gelecek misin?"

"Çok iyi geçti, yeni başlayacak bir proje için sözleştik."

"Anladım... Yani benim teklifimi dinlemek istemiyorsun?"

"Sanırım istemiyorum Can, teşekkür ederim."

"O zaman en azından şimdi buluşalım, oturup bir şeyler yiyelim. Hem eski günleri anarız, ne dersin?"

"Teşekkür ederim, karşı tarafa geçmem lazım. Bir randevum var."

"Bu hayır sadece bu teklifim için geçerli bilesin, bir sonraki davetime evet cevabı isterim."

"Tamam Can, sonra görüşürüz."

"Görüşürüz..."

Gerçekten de karşıya geçmem gerekiyordu. Uzun zamandır süren maddi sıkıntım bugün son bulabilir. Belki de iş için daha seçici olma şansı da yakalayabilirim. İstiklal Caddesi'nin kalabalığı arasında yürümeye başladım. Kalabalık bazen boğar insanı, bazen çok iyi gelir. Sanki sarar sizi unutturur kendinizi, artık siz yoksunuzdur. O kalabalığın içindeki yüzlerden biri olursunuz. Bir konser alanında, kendini hayranlarının kollarına bırakan şarkıcının eller üzerinde ilerlemesi gibi ilerledim meydana doğru. O kadar kaptırmışım ki kendimi, kalabalık azalınca boşluğa düşmüş gibi hissettim.

Dolmuş durağına gelmişim, ne kadar yürüdüğümün farkına bile varmadım. Dolmuşun en önünde yer bulmanın dayanılmaz hafifliği ile kuruldum şoförün yanına. En sevdiğim yerdir burası, hem manzarayı seyredersin hem de taksideki kadar özgür hissedersin. Köprüye kadar öyle akıcı bir trafik vardı ki resmi tatil falan mı diye düşünmeden edemedim. Boğaz her zamanki gibi çok güzeldi. Yağmurdan sonra turkuaza çalan denizin rengi beni her zaman çok etkilemiştir. Trafik açık olduğundan umduğumdan daha erken geçtik Anadolu yakasına. Hızla geçtiğimiz sahil yolunda da denizi seyretme sefam devam etti.

"Şaşkınbakkal'da inebilir miyim?"

Şaşkınbakkal sahilden yukarıya, Bağdat Caddesi'ne yürümeye başladım. Esen rüzgâr sanki bana eşlik eden bir dost gibi yüzümü okşuyor ve dayan diyordu, dayan az kaldı... Gideceğim emlak ofisi, çınar ağaçlarıyla çevrili sessiz bir sokaktaydı. Yürürken peşime takılan tekir kediyle beraber geldik dükkânın önüne, parlak tüyleri ile endamının farkındaydı bu yaramaz...

Selva Hanım, evin satışını hızlandırmak için boya ve tamirat işlerinde bana oldukça destek oldu. Son günlerde hayatıma yeni giren insanlar, yıllarımı paylaştığım dostlar gibi yakın ve yardımseverlerdi. "Hoş geldiniz!" diye seslenen bu ufak tefek beyaz tenli kadının aksanı, bu coğrafyanın dışından gelen köklerini fısıldıyordu. Sanırım altmış, altmış beş arası bir şeydi yaşı. Buna rağmen belinin inceliği, boya sürülmemiş iri dalgalı kır saçlarının karizması ve renkli gözleriyle geçmişte bir hayli canlar yakmış olmalıydı. Aslında gözlerinde yoğun bir hüzün bulutu da vardı. Sanki büyük kayıplar ve acılardan sonra yaşamaya devam edebilmek için unutmayı seçmiş gibiydi.

"Hoş geldiniz, nasılsınız Derin Hanım? Siz biraz soluklanın, ben de bu arada güzel bir Türk kahvesi yapayım, içer miyiz?"

"İyiyim, teşekkür ederim. Kahve iyi olur içelim, sizin güzel elinizden zehir olsa içilir."

"Aman efendim, zehir değil şerbet içiniz dost elinden."

Elinde kahve tepsisi ile döndüğünde, sokak başından itibaren bana eşlik eden tekir de yanındaydı.

"Bu sizin kediniz mi?"

"Evet, benim can yoldaşımdır Paşa."

"İsmi de kendi gibi ilginç."

"Paşa gönlü ne isterse onu yapar. Üç yıl önce bir arkadaşımın kedisinin yavrularından aldım onu, minicikti. Tüyleri ne şahane değil mi?"

"Sokak başından, sizin ofisinize kadar beni takip etti. Biraz da sevdik birbirimizi ve ofisin kapısında kaçtı gitti."

"Sokağımızın da paşasıdır. Geleni gideni kontrol eder, gerekirse eşlik eder. Size de eşlik etmiş."

"Ben de çok severim kedileri, ancak bakımı biraz zor."

"Aman efendim olur mu hiç! Kedi dünyanın en temiz hayvanıdır. Bir kere tükürüğü en güçlü temizleyiciden bile güçlüdür ve tüm gün kendini temizler. Bir tek işte tüy meselesi var ki ne yapacaksın, gülü seven dikenine katlanıyor. Bir elektrik süpürgesi ile her yer tertemiz. Size bir tane bulalım eğer isterseniz. Kediler ortamdaki negatif enerjiyi dengeler."

"Ben aslında kediler için negatif dendiğini duymuştum. Siz tam tersini söylediniz."

"Efendim kediler negatiftir, evet bu doğru. Ancak bu negatiflik kötü anlam taşımaz. Yani sakin, gece gibi sessiz ve boş manasını taşır. Kedi gerginliği giderir, çünkü ortamdaki fazla enerjiyi üzerine alır. Bu nedenle sakinleştirir. Kedi sevmeyenler için onlar birer taşıyıcıdır. Ancak niyet neyse eylem odur. Bu sebeple benim kedim dengeleyicidir. Bir başkası kötü bilir, tabi ona göre tüm kediler kötüdür.

"Kediye neden negatif dendiğini şimdi daha iyi anladım. Fakat şu anki psikolojim pek kedi bakacak düzeyde değil, belki ileride olabilir. Selva Hanım satış tamam mı, sizce bugün biter mi tapuda işlerimiz, ne dersiniz?"

"Elbette, ben her şeyi ayarladım. Birazdan beyefendi gelecek ve hep beraber tapuya gideceğiz, önce parayı sizin hesabınıza transfer edecek."

"İnanın bu son zamanlarda aldığım en güzel haber oldu. Sayenizde satıldı bu ev..."

"Nasip efendim, nasip bu işler. Bizler ise vesile olduk."

Derviş gibi bir kadın bu Selva Hanım. Dışarıdan süslü püslü, hiçbir şeyi takmaz kafaya, gezer durur zannedersin. Oysa kadının ağzını her açışında ettiği laf bir özdeyiş gibi. Vitrinden anlaşılmıyor içerisi. Biz kahvelerimizi içerken, içeriye hoş görünümlü kırklı yaşlarda bir adam girdi.

"Hoş geldiniz Hocam! Ne güzel bir sürpriz!"

"Merhabalar efendim. Nasılsınız görüşmeyeli?"

"Hocam böyle geçin lütfen, hemen size de kahve yapıyorum."

"Bu arada tanıştırayım, Derin Hanım. Hem müşterim hem de kıymetli bir candır bizim için. Ekin Bey de benim hocamdır."

Hoca mı? Ne hocası acaba? Selva Hanım onun hocası olacak yaştaydı aslında, belki de bir kurs falan veriyordur.

"Öğretmensiniz herhalde."

"Yok, efendim. Selva Hanım latife ediyor, dost sohbetlerinde yaptığımız paylaşımlar dışında bir vasfımız yoktur. Bir de dünya hali içinde iş yaparız kararınca."

Ben anlamadım, nasıl bir gün bu böyle? Bir rüya görüyor olmalıyım mutlaka. Bir gün içinde bu kadar enteresan olay bir araya gelir mi? Ben Selva Hanım için ermiş derken, onun derviş dediği çıktı geldi.

"Hocam, Derin Hanım ile sizi tanıştırmayı çok arzu ediyordum. Kısmet bugüneymiş. Derin Hanım adı gibi maşallah derin bakıyor hayata, bizim sohbetlerimize katılmasını çok arzu ediyorum. Aslında kendisine de ilk kez sizin önünüzde ifade ettim. Ancak zaman zaman kulak misafiri oluyorum sorularına ve hayata karşı meraklarına..."

"Kendisi arzu ederse ve istekte bulunursa severek kabul ederiz. Ancak onun kafası şu an oldukça karışık ve henüz yeniyi almaya hazır değil, bırakması gerekenler var."

Arkama bakmadan kaçmak istiyorum. Adam falcı çıktı, üstüne üstlük söyledikleri de doğru. Şimdi ben ne cevap vereyim? Kabul mü edeyim, inkâr mı?

"Ben ne ile ilgilendiğinizi bilemiyorum, ancak fazla inançlı olduğum söylenemez. Öte yandan bu yeni moda akımlar ilgimi çekse de henüz tam olarak ikna olduğum da söylenemez."

"Ruhun özgürlüğü, iknadan imana geçişte hatta teslimiyettedir. İnkâr, imandan uzaklaştırmaz bizi. Aksine yakınlaştırır. İnanç ise teslimiyetten alıkoyar. Bir şeye inanmak, yeniyi almayı zorlaştırır. Oysa durmadan dolup boşalan bir kap gibi olmalı insan, yeniyle dolacağından emin olarak..."

Etkilenmedim desem yalan olur. İçimden geçen cümleyle konuşmaya başlamasının manası ne ola ki? Medyum falan mı acaba? Hem insan böyle sufi gibi olup da, nasıl ticaretle uğraşabilir? Anlamadım doğrusu... Selva Hanım'ın çalan telefonu ile ortamdaki mistik hava dağıldı.

"Tamam, Cengiz Bey. Biz hemen çıkıyoruz, tapuda buluşuruz."

"Derin Hanım, Cengiz Bey sizin hesaba parayı geçmiş ve tapuya doğru yola çıkmış. Orada buluşacağız kendisiyle."

"Ben bırakayım isterseniz sizi, ne tarafa gideceksiniz?"

"Hocam size zahmet vermeyelim, biz Kadıköy'e gideceğiz. Hemen buradan dolmuşla geçeriz."

"Peki, kabul. İşlerinizde kolaylıklar diliyorum, yolunuz açık olsun."

Hızlıca ofisi kapatan Selva Hanım ile birlikte caddeye doğru yürümeye başladık. Dolmuşlar dolu gelince de hemen bir taksiye bindik.

"Kim bu adam?"

"Çok şanslısınız."

"Ne demezsiniz!"

"Ekin Bey, benim dükkânıma ikinci kez geldi. Sizi tanıştırmayı çok istiyordum. O gerçekten özel bir insan. Belki size bir faydası olur."

"Tarikat şeyhi falan mı?"

"Yok efendim, ne tarikatı?"

"Ne yapıyor peki?"

"Göbek kaçması nedir bilir misiniz?"

"O da ne öyle? Göbek kaçar mı hiç?"

Allah'ım medet umduğum kadının dediğine bak! Göbek kaçması dedi ya! Meme fırlaması, burun kayması!

"Ah, yeni nesil!"

"Gerçekten anlamadım, bir deyim falan mı bu?"

"Nasıl anlatsam? Tam göbek deliğinize elinizi koyun, ne hissediyorsunuz?"

"Hiçbir şey hissetmiyorum. Bunun Ekin Bey ile ne alakası var?"

"Neyse ben anlatayım, siz de eve gidince sırtüstü uzanarak denersiniz, o zaman daha iyi anlarsınız. Göbek deliğinde atan bir ritim vardır ve tam göbeğin ortasındadır. Bu ritim bazen sağa ya da sola doğru kayabilir. Buna göbek kaçması ya da oynaması denir halk arasında. Göbek kaçınca, mide bulantısı ve baş dönmesi dahi görülebilir. İşte o zamanlarda nasıl yerine getirileceğini bilen bir kişi yardım eder. İnsanın da aynı bu göbek deliğinin yeri gibi bir merkezi vardır. Tam olması gereken bir yer. Ekin Hoca gibiler, gelir hatırlatır size merkezinizi. Hani yönünü şaşırır ya insan, işte pusula gibi bu tarafa diye işaret ederler..."

"Pusula daha anlaşılır bir şeymiş."

"Evet ama pusula sadece yön belirler. Yani gideceğiniz yönü demek istiyorum. Her neyse, bizim dilimiz eski kalıyor siz gençlere."

Âlem kadın ya! Desene pusula diye, göbek kaçması da nedir? "Derin, Tuhaflıklar Diyarında" diye bir kitap yazacağım.

Kadına bir süre saydırdım ama merkez deyince birden dün gece gördüğüm rüya geldi aklıma. O hortumun merkeziydi sanırım, her şeyi sessizleştiren ve bana güven veren. Şimdi daha iyi anlıyorum. Hayatta gitmen gereken yönden sapınca, her şey zorlaşıyor galiba. Acaba rüyamı Selva Hanım'a anlatsam yorumlayabilir mi? Yok ya, onun hocam dediği adama anlatırım. Gerçi, kim bilir ne zaman görüşürüz tekrar?

Evin devir işlemleri, Selva Hanım ve onun tatlı dili sayesinde çabucak bitti. Dışarı çıktığımızda kendimi hem hafiflemiş hem de zeminimi kaybetmiş gibi hissediyordum. Aylardır süren parasızlığım son bulmuştu. Selva Hanım'a vereceğim komisyonu, onun hesabına transfer etmem gerekiyordu. Ama banka kapanmak üzereydi. "Selva Hanım isterseniz bankaya gidelim. Ben para çekip size vereyim ya da isterseniz yarın internetten transferle göndereyim. Nasıl arzu edersiniz?"

"Efendim acelesi yok. Yarın da olur, başka gün de. Asıl para konusunu bırakın da sizi evime, yemeğe davet etsem. Bu cumartesi, ne dersiniz?"

"Bilmem ki!"

"Bilmem falan anlamam, cumartesi geliyorsunuz. Haydi, şimdi kalın sağlıcakla..."

Yan Masa

Evi kaybettiğim için üzgün, paraya kavuştuğum için sevinçliyim. Hayatım boyunca parayı bu kadar hesaplayarak harcadığım bir dönem olmuş mudur? Öğrenciliğimin ilk yıllarını saymazsam hayır, olmadı. Kartların ödemelerini yapamadığım için Meliz'den aldığım borçları da hemen geri ödemeliyim. Paran yokken borç istemek ne zormuş. Meliz de sanki borç istediğimden beri tuhaf davranıyor. Tek sorusu: "Ne zaman çalışacaksın?" Sana ne kardeşim ya. Sanki sen bakıyorsun bana. İki kere kredi kartlarımın borcunu kapattı, anamdan çok karıştı. Böyledir zaten, sen güçlüysen karışamazlar. Ama bir kere düştün mü, herkes danışman psikolog oluverir. Peki, Efsun gıcığına ne demeli?! "Büyük küçük deme başla Derin," deyip duruyor. Meliz ile birlikte, ona da bir çift lafım olacak. Adama ne kadar acındırdılar kim bilir beni. Hande onlardan eksik kalmıyor sağ olsun. "Senin hayatın hep kolaydı!" Dediğine bak sen, seninki sanki çok zordu. Evlenememek tek derdin, o da dertse. Huysuzsun kızım, kim ne yapsın seni? "Sen bir yeteneksin Derin, yeni projelerde beraber olalım," der koca parasıyla mimarcılık oynayan Beril Hanım! Ölsem de kurtulsam hepsinden. Gölgemle kavgaya devam! Of Derin of, yeter be kızım. Yorulmadın kendinle ve başkalarıyla didişmekten. Bana karışmasınlar, başka bir şey istemiyorum. Herkes kendi hayatı mükemmelmiş gibi benimkini düzeltme peşinde ya, ona sinir oluyorum. İşini beğenmemekle ya da sevgilisinden ayrılmakla benim durumumu bir tutuyorlar. İşte buna dayanamıyorum.

Bazen yokluk, varlığı anlatmak için geliyor. Param varken hiçbir önemi olmayan birçok şey, birden dev bir kule haline geldi. Aklımın ucundan geçmezdi, beğendiğim bir şeyi alırken hesap yaparak onu elimden bırakacağım. Aklımın ucundan geçmeyen başka bir konu da, gün gelip hayatımın böyle altüst olacağıydı. Biricik anne ve babamın kaybında sarsıldım ilk kez. Onları kaybetmeyi bekliyorduk, evet... Ama beklemek, kabul etmeyi kolaylaştırmıyor. Sevdiklerinin kaybının yarattığı boşluğu hiçbir şey dolduramıyor. Bu hayat bitecek diye mi kıymetli gelir insana? Belki kazadan önce olsa, benim de cevabım evet olurdu. Ancak hayatınızı paylaştığınız, size kim olduğunuzu anlatan ve her şeye anlam katan kocanızı kaybediyorsanız, geleceğinizi de bir nevi gömüyorsunuz. Hayat umut ederek ilerliyor. Yaşam, umut ettikçe ilerliyor. Umut kalmayınca yaşam da solup gidiyor. Geleceği olmayanın, ölümden korkusu kalmadığından Azrail'i davet ediyor, gel bitir bu işi diye.

Hayat, umut ederek ilerliyor. Umut gidince yaşam soluyor. Taksinin içinde bunları düşünürken eve gelmek üzere olduğumu fark ettim. Bazen bu dünya ve içimdeki dünya arasında kalıyorum ve sonra adapte olmakta zorlanıyorum.

"Sağda müsait bir yerde ineyim lütfen."

Markete uğrayıp eve bir şeyler almalıyım. Reyonlar arasında dolaşırken alacaklarımı taşımaya gücüm olmadığını fark ettim. İsteksizlik var içimde, bir de hüzün... Ali ile birlikte aldığımız bu ev, bizim her şeyimizi paylaştığımız yerdi... Yine boğazım düğüm düğüm masmavi gözleri karşımda, sanki içimde alev fışkırıyor, duramayacağım buralarda. Marketten kendimi zor dışarı atıyorum. Nefes alamıyorum, ne kadar derinden içime çeksem de yetmiyor. Yürümek iyi gelebilir.

Çalan telefonun sesi daha iyi geldi. "Alo, abla!"

"Derin, nasıl geçti tatlım iş görüşmen?"

"Fena değil, bu sefer bahane tecrübemin fazla olması. Bir iki aya başka bir proje için arayacakları paketini de koltuğumun altına koyarak yolu gösterdiler. Anlayacağın sonuç yine sıfır oldu."

"Hayırlısı bir tanem. Bak ne diyeceğim, bu akşam bize gel. Fırında köfteyle patates yaptım, hem seni de çok özledik. Sonra da karşılıklı kahve içeriz, ne dersin?"

"Yirmi dakika önce arasan belki olur derdim, ancak ben geçmiş lokantasında bolca yedim içtim."

"Geçmiş lokantası mı? Anlamadım vallahi, o zaman kahveye gel."

"Teşekkür ederim ablacığım, gelirim başka zamana. Ben de çok özledim, herkese selam. Bu akşam beni mazur görün, haydi öptüm."

"Peki, tatlım. Kalbim hep seninle biliyorsun, haydi kal sağlıcakla!"

"Görüşürüz..."

Esin yıllardır bana annelik etmeyi bırakamadı. Eniştemle birlikte, bana çocukları kadar özenirler. Abimin uzaklarda olması, sanki bizi birbirimize daha da yakınlaştırdı. Aileden biri uzakta olunca özlemi tanıyor insan, uzaktakilere özlem duydukça yakınındakilere daha çok akıtıyor sevgisini. Gerçi abim ve eşi her yıl olmasa da, neredeyse üç yılda bir Türkiye'ye gelirler. Belgesel yönetmeni ve yapımcısı iki doğa aşığı olup Norveç'te yaşasalar da, tüm dünya onların evi gibi sürekli bir yerdeler...

Gecenin karanlığına tekrar daldığım zaman yürümenin bana iyi geldiğini hissettim. Attığım her adım, gördüklerimi değiştiriyordu. Yüzüme vuran rüzgârın serinliğiyle saatlerce yürüyebilirdim. Ama acıktığımı fark ettim. Suadiye ışıklara geldiğimde, eve gitmeden bir şeyler atıştırmaya karar verdim. Az ilerideki büyük pastanede, taze çayın yanında yiyecek bir şeyler bulurdum elbette.

Girişte bulunan açık alanda, küçük bir masa boştu. Haftanın her günü ve neredeyse her saati kalabalık olan bu yerde, çay hep tazedir. Menüyü uzatan garsona hemen siparişimi verdim.

"Bardakta çayla peynirli sandviç lütfen."

Siparişlerimi beklerken, yan masanın sohbetine istemeden kulak misafiri oldum. Sevmem aslında başkalarının konuştuklarını dinlemeyi. Ama kızın karşısındakine üst üste, "Dinler misin lütfen?" diyen sözleri davetiye çıkarıyordu buna. Kendimi tutamayıp o tarafa döndüğüm anda, muhtemelen sevgilisi olan genç adamla göz göze geldik. Kız, hırçın bir şekilde, canlı maç anlatan spiker hızıyla erkek arkadaşına bir şeyler anlatıyordu. Ancak karşısında bale resitali seyrediyormuş edasıyla oturan çocuğun yüzünde bir tek kas bile oynamıyordu. Arada sırada gözüm o tarafa takılıyor, merakımı çeken bu çiftten payıma düşen sadece kızın anlattıkları oluyordu.

Garson servis yaparken, ara verdiğim dinlemelerime çay ve sandviç eşliğinde devam ediyorum. Kızın gözyaşları, konuşmasının hızını düşürmesine neden oldu ve ben de konuyu artık az çok anlayabiliyordum.

"Neden cevap vermiyorsun? Konuşsana. Neden cevap vermiyorsun?"

"Konuşacak bir şey yok, bitti."

İlk kez konuştu erkek. Esmer, kıvırcık saçlı, uzun boyluydu ve kemikli bir yüzü vardı. Dudakları gerginlikten mi o kadar inceydi yoksa yok denecek incelikte miydi, anlayamıyordum. Başını sürekli sağa sola çeviriyor, arada sırada tadına bakıyor gibi dudaklarını dişlerinin arasında sıkıştırıyordu. Daha çok, bir şeyler söylemek istiyor ama söylemiyor gibiydi.

"Biz, bunca yılımızı verdik birbirimize. Bir tek şeyi senden habersiz yaptım, bu yüzden mi bitiyor? Her ne dediysen yaptım. Yapma dedin, tamam dedim. Gitme dedin, tamam dedim. Korktum, anlıyor musun? Anne olmaktan korktum. İlk defa annemi dinledim. Bebekle devam edemezdim, evlenene kadar karnım büyüyecekti. Öleyim de rahatla, bana acı çektirmekten resmen zevk alıyorsun."

Kız cevap alamamasına rağmen sürekli konuşuyor, kâh özür diliyor kâh suçluyor, bazen ağlıyor bazen ise yalvarıyordu. Adının Emir olduğunu öğrendiğim genç adam ise ne kalkıp gidiyor ne konuşuyor ne de kıza sus diyordu. Emir konuşmadığı için kızın adını öğrenememiştim.

İkinci çay da bitmişti ama içimden hiç kalkmak gelmiyordu. Kendime bir de Türk kahvesi söyleyip oturmaya karar verdim. Onlar ne zaman kalkarsa, ben de o zaman kalkacaktım. Derken Emir bir kez daha konuştu.

"Yeter Derin, yeter sus artık!"

Adımı duyar duymaz kafamı sert bir hareketle onlara doğru çevirdim. Sert bir bakış fırlattım Emir'e. "Ne oldu, sadece dinliyorum!" dememe ramak kalmıştı ki kız cevap verince adaş olduğumuzu anladım. Bu ne tuhaf bir durum böyle. Adımı taşıyan bir kişiyle ilk defa karşılaşıyorum. O da yan masada oturuyor ve yaklaşık 45 dakikadır makineli tüfek gibi saydırmasına şahitlik ediyorum. Haydi buyurun bakalım, tuhaflıklar komedyasına hoş geldiniz. "Delirmezsen paran iade" diye bir yazı bekliyorum, mesaj olarak falan gelebilir. Acaba kazadan sonra beni tımarhaneye yatırdılar da, ilaçların etkisi azalınca bu tuhaflıkları yeni mi fark ediyorum? Onlar da ilacı, çay ya da kahve gibi şeylerin içine koyup getiriyorlardı herhalde... Bir günde bu kadar acayiplik bir araya gelince, başka bir şey gelmiyor insanın aklına. Garsondan hesabı istedim, bu tuhaflıklar âleminden kendi âlemime bir an önce geçiş yapmak istiyorum.

"Dinle Derin, senden sadece çocuğumuzu benden habersiz aldırdın diye ayrılmak istemiyorum. İlginle boğuyorsun, hareket edemiyorum. Bensiz bir dakikan bile yok. Kendine ait bir hayatın, tercihin, hayalin, projen veya ürettiğin herhangi bir şey yok. Sen, bana ve doğmasına izin vermediğin çocuğa tutunup yaşamaya çalışıyorsun. Kendi planın olmadığı için de hırçınsın, durmadan konuşuyor ve sürekli şikâyet ediyorsun. Ayrılalı kaç ay oldu, hâlâ bu durumu kabul edemiyorsun. Birlikteyken benim her dediğimi yapan ve hatta yapmak isteyen sendin. Ben engel olmadığım gibi, bir şeyler yapman için seni teşvik etmeye bile çalıştım. Ama nafile, ölmüşle olmuşa çare yok. Anla lütfen. Kendi hayat planını kur ve devam et. O çocuğun doğması gerekseydi zaten doğardı. Benim kızdığım tek şey, bizimle ilgili bir konuda bana değil annene gitmiş olman ve doktorun beni sadece haber vermek için araması. Yani ben, nişanlımın çocuğumuzu aldırdığını doktordan telefonda öğrendim, haklı değil miyim tepki vermekte?"

Bu ne şimdi, Emir dile geldi. Ama ne dile geliş... Kızın çıtı çıkmıyor. Garsonun da uyuşuğu denk geldi. Parayı alıp gitsene, kaçırıyorum senin yüzünden! Neler söyledi o arada? Tüh be! Kaçırdım... Derin çantasını aldı, tam kalkmak üzereyken Emir devam etti: "Derin, lütfen! Ağlama ve beni dinle, yaşamın sonu değil ayrılık. Sana dost olabiliriz diyemem, bir an önce toparlanmalısın. İstersen destek al, bir yerlere git. Aramızdaki her şey bitti ve bu senin için daha hayırlı olacak, bir gün anlayacaksın. Lütfen ağlama..."

"Ağlama demek kolay. Ben kaybedenim, sen kazanan... Böyle konuşmak kolay tabii!"

Emir hesabı ödemekle uğraşırken, Derin karanlığın içinde kayboldu ve gitti. Ben ise duyduklarımın ilginçliğini yanıma alarak, evin yolunu tuttum. Ne ilginç bir konuşmaydı, sanki önümde tiyatro oynandı. Bir de adı Derin çıkmaz mı? Tövbe tövbe! Bu da ne böyle? Çocuk aldıran Derin terk edilir. Aman, etrafımdaki tuhaflıklar kumpanyasının üyesi olmayacağım. Kız adaşımdı, işte o kadar. Sadece tesadüf...

Yenilenme

Kapıyı açıp içeriye girdiğimde ilk defa yuvam gibi geldi bana bu ev... İki yıldır ısınamadığım bu yer, sanki şimdi kollarını açmış bana, "Hoş geldin!" diyor. Değişen ne acaba? Belki de gidecek yerimin kalmamasıdır.

Kafamda Emir'in sesi yankılanıyor. Konuşan o muydu, Ali mi bilemedim? O sahne yaşanmıştı ve ekranda tekrar seyrediyormuşum gibi bir şeydi hissettiğim... Hemen sıcak bir duş mu alsam, yoksa küveti doldurup tuzlu suya mı bıraksam kendimi?

Neyse ne, küvet hazır! Rahatlamaya ihtiyacım var. Bugünün en keyifli ve güvenilir anı işte bu... Sıcak tuzlu su her yanımı gevşetiyor, başım suyun altındayken bu dünyada değilim, annemin karnındayım. Tek farkla, orada nefes almak için kafamı dışarıya çıkartmama gerek kalmıyordu. Küveti terk ederken sanki içim dışım temizlenmiş, üzerimden büyük bir yük kalkmış gibiydi. Yatağa uzanıp biraz dinlendikten sonra açılan enerjim, uyumama izin vermedi. Kalkıp bir şeyler yapmalıyım, geçen gün satın aldığım şu kitabı bulayım. Sahi nereye koymuştum?

Kendimi bildim bileli köşe lambalarını sevmişimdir, belki kitap okumayı sevdiğim için. Tasarımını daha öğrenciyken bir mobilya mağazasına satıp bir hayli para kazandığım. Japon fenerine benzeyen köşe lambamın ışığı yumuşatan havasını, oldum olası çok severim. Okuma ışığı yumuşak ama güçlü olmalı, kitabın sayfaları rahatlıkla okunmalı ancak okuru da yormamalı. Keyfim yerine geldi, nihayet yalnızım ve özgürüm. Rahat bıraksalar, sadece lambamla bile mutlu olurum...

Bu kitabı, kapağına ve adına vurularak aldım: *Kocakarı Bilgelikleri*. Kişisel gelişim konularını anlatan kitaplardan o kadar bunaldım ki bunun konusu iyi gelecek sanki. Bakalım içeriği de ilgimi çekecek mi? On sayfa sonra, kapıcının gazetelerle birlikte sattığı kitaplarla birlikte geri dönüşüme mi verilecek yoksa?

İslamiyet öncesinde Anadolu'da yaygın olan yaşayış biçimlerini ve gelenekleri, araştırma dilinden çok uzakta, bir efsane anlatıcısı gibi yazmış. Yazarla tanışmayı ve onunla sohbet etmeyi çok isterdim. Rahmetli annem üzerimde bir şey dikerken, üzerimdeki giysinin bir parçasını bana ısırttırırdı. Çok gülerdim, beni azarlar ve "Kısmetin mi bağlansın? Sus bakayım, dediğimi yap çokbilmiş!" derdi. Meğer bu, Pagan inanışından gelen bir alışkanlıkmış. Çocukken en sevdiğim şeylerden birisi, kapılara tırmanmak ve annemi avazı çıktığı kadar bağırtmaktı. "Eşikte durma iftiraya uğrarsın!" der ve peşimden koşardı. Tüm bunlar benim için komik anne saçmalıklarıydı. Annemin nereden geldiğini bilmeden ve ona aktarıldığı halini sorgulamadan kabul eden yapısı, bizim sorularımız karşısında onu çaresiz bırakırdı. "İmansız sıpalar, büyükler ne diyorsa odur!" diye söylenirdi.

Kitabın akıcı konusu ve dili nedeniyle, neredeyse sabahın ilk ışıklarını karşılayacaktım. Ağırlaşan göz kapaklarımla beraber, uykunun bir yorgan gibi beni saran kollarına bıraktım kendimi. Gözlerimi tekrar açtığımda hayat tersine akıyor gibiydi. Işığın gelişiyle kapattığım gözlerimi, ışığın gidişiyle açmıştım. Şimdi uyansam bir türlü, uyanmasam bir türlü! Yataktan kalkıp bir kahve alsam, kendime gelebilirim belki. Yeni aldığım kahvenin poşetini açmamla, mutfak bir kafe gibi koktu. Yanına çikolatalı kurabiyelerden de koyunca, uyanmak zamansız bir keyfe dönüşüverdi. Kahvenin ardından enerji patlaması yaşıyorum, kendime gelmek ne demek? Cin gibi oldum...

Çıkıp biraz alışveriş yapsam hiç fena olmaz. Evin tekrardan canlanması için en önemli yer mutfaktır. Mimarlıkta da böyledir. Evlerin en kıymetli yeri mutfaktır. Dolapların ergonomisi, beyaz eşya, kullanılan renkler, mutfağın yaşanabilecek hatta içinden çıkılmayacak güzellikte olması mevcut projeyi hızlı sattırır. En sık dekorasyon değiştiren mekânlar, restoranlardır. Burada yapacağınız işlemler, sizi yıldız ya da zavallı yapar. İşlemeyen bir mutfak inşa eden bir mimarın kariyeri çok uzun olmaz. Aman ya, düşündüklerime bak... Çok da lazım şimdi mimarlık dersleri.

Şu köşedeki şarküteriden bir şeyler alıp acıkan karnımı doyurayım. Yazın son aylarında iyice tutarsızlaşan hava, birazdan yağmur yağacağını haber veriyordu. Nitekim dönüş yolunda, yaz yağmuru ile sırılsıklam olmuş bir halde eve döndüm.

Kitabın kalan kısmını okuyarak, neredeyse yeniden sabahlayacak hale gelmiştim. Saat sabahın üçü olmuş, benim gözümde tek gram uyku yoktu. Gece ile gündüz yer değiştirdi. Kahve, beni uyandırmanın ötesine geçip bir enerji bombasına dönüştürdü. Biraz çekmece yerleştirmek iyi gelebilir.

Ali'nin eşyalarını doktorun zorlamasıyla muhtaçlara dağıttığı için Esinle tam iki ay boyunca hiç konuşmamıştım. Elimde kalanlar ise benim için çok kıymetli. Bu evin mezarım olacağını söyleyen çokbilmiş doktorun verdiği talimatla, ablamlar evimi ben yokken talan etmişler ve bana anıları anımsatacak her şeyi ortadan kaldırmışlardı. Yataklar, çarşaflar, giysiler... Kısacası evim ve geçmişim de bir kazaya kurban verilmişti. O evden çıkmaya karar verene ve bu eve taşınana kadar, ablamla hayatımın ilk küslüğünü yaşamış ve araya giren herkesi tuzla buz etmiştim. Hâlâ bir yanım kırgındır ona. "Yasını bitirmek için bunu yaptık!" saçmalamalarını da asla kabul etmiyorum. İnsan, zaman geliyor kendi bebekliğinden kalma bir şeyleri bile saklayabiliyor. Annesinden, babasından veya eski dostlarından bazı hatıraları korumak isteyebiliyor. Ne alakası var bunun geçmişte yaşamak ya da geçmişi bırakamamakla? Ben beslenmek istiyorum o geçmiş dedikleri şeyle. Evime düşen ateşe bir nebze olsun su tutuyordu, o eşyalar ve anılar. Attıkları sadece Ali'ye ait eşyalar olsa yine bir yere kadar anlayacağım yaptıklarını. O doktoru bir elime geçirsem, lime lime edeceğim. "Eskiye dair ne varsa atın," demiş. Şimdi bile düşününce deliriyorum. Bari kalkıp bir çay koyayım.

Okuduğum kitaba bak; geçmişin unutulan izlerini ve alışkanlıklarını anlatıyor. Yanlış değil ki geçmişi hatırlamak. Asıl unutturmaya çalışmak hata. Halının altına itmek, fırlatıp atmak doğru değil ki! Geçmişimin izlerini silip atabileceklerini zannedenler çok yanıldı. İçimdekileri nasıl atacaksınız ha, nasıl?

Terk edilmişlik hissini yaşayan bilir. Birisi gidince hayatından, insan kendini değersiz hisseder... O tercih edilmemiş, bırakılmış ve tek başına kalmıştır. Biriktirdikleri ve bildikleri elinden alınmış, öylece kalakalmıştır. Terk edilmenin şekli ölüm de olsa farklı hissettirmiyor. Sizin hayatınızdaki yeri boşalmıştır ve o en kıymetliniz artık yoktur. Bu halin yasını tutan bilir. Çok iyi anladım ben o pastanede oturan çaresiz Derin'i... Sevdiği adamın her istediğini yapmış ve sonunda oracıkta tek başına bırakılmıştı. Şimdi yol gösteren ya da akıl veren çok olur. Ama insan o akılla iş göremez, içinde yaşadıklarını tam olarak belli edemez. Derin'in gözyaşlarını Emir anlayamaz. O sevilen; Derin ise seven, bağlı ve sadık olan. Aşkını kaybetmemek için çocuğundan bile vazgeçen...

Terk edildi mi insan benim gibi, ölse bile affedemez sevdiğini. Öylece tek başına kalakalmışlığın bir açıklaması olamaz. Sevmek korkutucudur, sevilmek ise anlamsız. Bir amaca, bir insana, bir duruma sahip olmanın sonucu yoktur. Bu hayatın tapusunun kimsenin elinde olmadığını anladığın anda, ta içerilerde bir yerde, kendi çocuğuna bile bağlanmaya korkarsın. Bildiklerini kaybeder, tutkuyla ve kendinden emin bir halde sevdiğin halde yapayalnız kalırsın. Artık söylenecek söz de kalmamıştır...

Gözyaşlarım tenimi acıtana kadar ağladım. Uyku beni kucağına alana kadar bağıra bağıra ağladım. Beni tek başıma bırakan ve bu dünyada eziyet içinde karanlıklara terk eden her şeye isyan ede ede ağladım.

Sabah uyandığımda, göz altı torbalarım yüzümde yeni birer organ gibi belirgindi. Bu dengesiz uyku hali ve sayısız çay kahve bombardımanı; gözlerimden büyük göz torbalarına sahip olmama ve bir Uzakdoğulu gibi görünmeme sebep olmuştu. Kahvaltıda en iyi seçim yeşil çay gibi gözüküyordu. Kızarmış ekmek diye bağıran mideme iki dilim ödeme yaptıktan sonra soluğu yapı markette aldım. Bir mimarın rahatlama noktası, elbette yaşadığı mekânı değiştirmek olacaktır. Hele bu mimar inişli çıkışlı bir ruh haline sahip bir kadınsa, yaşanılan mekânda değişim artık şarttır.

Dün akşam çekmece yerleştirme seansları sırasında fark ettiğim bir hatayı düzeltmek için hemen işe koyulmalıydım. Bu eve taşınırken odaları boğucu renklere boyatmışım. Sanırım içinde bulunduğum ruh halim oldukça iç açıcı olduğu için biraz kasvete ihtiyaç duymuşum. Çok espriliyim bu sabah, ben bile kendime tahammül edemiyorum...

En ucuz ve uygulaması en kolay rengin beyaz olduğuna karar verdim. Boyaları, fırçaları ve bilumum malzemeyi alarak eve döndüğümde, henüz öğlen olmuştu. Boya işlerine başlamadan önce bilgisayarın başına geçtim ve Selva Hanım'dan başlayarak tüm ödemelerimi yaptım. Borçluluk hali beni her zaman ezik hissettirmiştir. Sanki bir tür özgürlük kısıtlaması gibi. Bu nedenle hiç sevmem borçlu olmayı ve borçlu kalmayı. Ne var ki son bir yıldır borçlar hayatımın vazgeçilmez bir parçası olmuştu. Gururumun en çok yara aldığı zamanlardı, borç verenlerin akıl istilası ile baş başa kaldığım anlar. Hiç aklıma gelmezdi bir zamanlar o kadar para kazanırken, bir gün gelip de birilerinden borç isteyeceğim. Kocaman laflar etmiştim geçmişte borç isteyenlere. Sanırım onların ödeşmesini yaşadım. "Anlayamıyorum!" derdim, "İnsan kazancı kadar yaşamalı... Ne eksiği ne de fazlası." Ne büyük laflarmış. Benim gibi hiç sıkıntı yüzü görmeden büyütülmüş ve sonrasında da iyi para kazanmış birisi için, normal gibi gözüken bu bakış açısına ait gözlüğü çıkarabilmenin yolu, bu yargıların aynısını yaşamakmış. Sahip olduğum her şeyi yavaş yavaş satarken, bana müdahale etmeye çalışan ablam ve eniştemin kapısına beni götürmeyen gururum, öncelikle bankaları dost eyledi. Krediler ve bankadaki kişisel müşteri danışmanım en iyi dostum oldu. İki yılda tükettiğim paranın miktarı gerçek anlamda şaşırtıcıydı. Borçlar büyüyüp de ödemeler gecikince tavırları değişen bankalardan kaçtım ve arkadaşlarımın kapısını birer birer çalmak zorunda kaldım. Ablam ve eniştem bir şeye ihtiyacım olduğunda ilk onlara gelmemi sık sık söyleseler de ben, arkadaşlarımın önünde eğilmeyi seçmiştim. Bir süre sonra önlerinde eğildiğim arkadaşlarımın her sözü batar oldu. Sürekli beni eleştiriyorlarmış gibi geliyordu. Ablam ve eniştemle maddi konularda bir bağ kurmak istememem in en önemli sebebi belki de buydu. Mesela Meliz her aradığında, ondan aldığım parayı hâlâ ödemediğimi bilmenin ezikliğinden mi, yoksa gerçekten de benimle sert bir şekilde mi konuşuyordu ayırt edemiyordum. Bir süre sonra daha az görüşmeye başladık. En son bana bulduğu iş görüşmesi için bile bir tarafım hâlâ ona kırgın. "Bize yük olmayı bırak," demek istiyor gibi algılıyordum her sözünü. Hazıra dağ dayanmıyormuş, bunu anladım. Daha önemlisi, insan bir hali yaşamadan yargılamamalıymış. Bunu da öğrendim. Tüm borçlarımı kapattıktan sonra, elimde doğru şekilde harcamak kaydıyla birkaç yıl kadar idare edebilecek bir miktar kalıyor. Eskiden özgürlüğü para harcamak, satın almak, istediğini istediğin zaman yapmak sanıyordum. Oysa gerçek özgürlük bu değilmiş. Bunları yapınca köşeye sıkışıp özgürlüğümü yitirdim. Gerçek özgürlüğü tatmak değil, hayatımın kalanında gerçekten özgür olmak istiyorum. Bir yandan çalışma hayatına geri dönme vaktimin geldiğinin de farkındayım. Bu da bir anlamda özgürlüğümün tekrar kısıtlanması gibi geliyor. Kendimi yara aldıktan sonra savaşmaya ara vermiş bir asker gibi hissediyorum. Yaralı yatmaktan sıkılmış, ancak savaş alanına dönmek için de henüz cesaretini tam olarak toparlayamamış bir asker...

Ufak tefek bir şeyler atıştırıp hemen boya işine giriştim. En sevdiğim uğraşılardan biridir ev boyamak ve hatta tamirat yapmak. Bir mimara yakışmayacak bir davranış bu biliyorum ama ne yapayım ki bunlar beni kendime getiriyor. Rutin işler yapmak, zihnimi susturan en güzel etkinlik sanki. Ayrıca beden yorulunca türlü türlü kuruntulara düşecek enerji de kalmıyor.

Akşama doğru çok yorulmuş ve acıkmış bir halde evin içinde telefonumu arayıp bulduğumda, sekiz cevapsız çağrıyı duyamayacak kadar kendimden geçmiş olmama şaşırdım doğrusu. Arayanlar arama sırasıyla; Can, Selva Hanım ve ablam... En ısrarcısı elbette Can, Tam altı kez aramış şaşkın. Önce kuşbaşılı pidemi sipariş ettim, ardından da sırayla herkesi aradım. Selva Hanım beni merak etmiş ve cumartesi akşam yemeği hatırlatması yapmak istemiş. Ablam benzer sebeplerle aramış. Ancak Can tamamen saplantıya düşmüş bir ruh haliyle beni bunalttı. Neyim ben onun için? Nasıl kurtulacağım ben bu adamdan? Çok enteresan bir durum. Yıllarca bekle, umut et ve seni arkasına bakmadan terk ettiğinde ölümü tattığını zannet. Yıllar sonra ise adamdan fersah fersah kaç. İnsanın doğasında var bu sanırım. Sadece o anın bir kıymeti var, işte o an geçtiğinde bir tür soğukluk giriyor araya. Acaba Ali için tuttuğum yas da böyle mi olacak? Bir gün gelecek, uzaklarda bir anı olarak mı kalacak yitirdiklerim?

İşime geri dönmeliyim, niyetim tüm evin boyasını cumartesiye kadar bitirebilmek ve sonra da her şeyi yerleştirmek. Sanki bu boya işi bana yeni bir eve taşınmışım hissi veriyor ve bu da kendimi iyi hissettiriyor. Boyama biter bitmez ilk işim, yıllardır atamadıklarımdan kurtulmak ve daha sade bir hayata geçiş yapmak...

Kendimi içsel olarak iyi hissetmeme rağmen bedenen tuhaf bir hal yaşıyorum, aşırı terliyorum. Sanki hayatım boyunca terleyebilmek için saunalara giden kişi ben değilim. Bir anda her yanım sırılsıklam oluyor ve yüzümden terler damlıyor.

Üçüncü günün sonuna geldiğimde artık dermanım kalmamıştı. Yetiştirmem gereken çok önemli bir iş gibi koştururcasına gece gündüz demeden çalıştığım bu badana işi, dış dünya ile aramdaki bağı iyice zayıflatmıştı. Kulağımda, kulaklıklardan gelen neyden üflenen nağmeler ile kendimden geçiyor ve bedenimin çığlıklarını duyamayacak kadar sarhoş oluyordum. Terlemem iyice artmıştı ve bir dakikada vücudumdan bir litre su boşalıyormuş gibi hissediyordum.

Sabah beş gibi uyanıp günü karşıladıktan sonra, kalan son duvarı da boyadım ve kendimi koltuğun üzerine bıraktım.

Beyazla Buluşma

Gözlerimi açtığımda kolum külçe gibiydi. Karşımda gördüğüm kişi yanılmıyorsam Selva Hanımdı ve yine yanılmıyorsam burası benim evim değil, bir hastane odasıydı.

Çığlık atacak bile halim olmadığından, sesimi kendim bile zor duyduğum bir tonda sorabildim:

"Ne oldu bana?"

Selva Hanım her zamanki sakin tavrı ile elimi tuttu.

"Şimdi iyisin güzel kızım, ancak bedeninin biraz dinlenmesi gerekiyordu. Ben de seni buraya getirdim. Şimdi kendini yorma ve biraz daha uyu lütfen."

"Evden buraya nasıl geldim? Ne kadar zamandır buradayım?"

"Seni apartman görevlisinin yardımıyla buldum. Ambulans ile on iki saat önce hastaneye getirdik."

Göz kapaklarım öyle ağırlaşmıştı ki ne ona daha fazla bakabildim ne de anlattıklarını dinleyebildim.

Tekrar gözlerimi açmama sebep olan ise doktorun seslenişleri oldu.

"Derin Hanım, beni duyuyor musunuz?"

"Efendim," diye mırıldanabildim.

"Hah şöyle! Hemşire Hanım hastamızın yatağını dikleştirelim biraz, arkasına destek koyalım. Evet, nasılsınız? Kendinizi nasıl hissediyorsunuz?"

"Biraz yorgun. Ne kadar daha burada kalacağım?"

"Bu gece buradasınız. Aşırı yorgunluğa ve strese bağlı mineral kaybınız var. Gece damar yolundan biraz destek sağlayacağız. Sabah genel durumu tekrar gözden geçireceğiz."

"Anladım ama buraya gelişimi falan hatırlamamam normal mi?"

Doktor bana kısaca bilgi verip, dinlenmem ve iyi beslenmem gerektiğini ve bir gün daha müşahede altında kalmamın iyi olacağını söyleyerek gitti. Ablam yanaklarından süzülen gözyaşlarını benden gizleyerek siliyordu.

"Bir tanem, ana baba yadigârım, bakamadım ben sana... Allah beni bildiği gibi yapsın."

"Ablacım sakin ol lütfen, kaç yaşıma geldim. Kendini bana karşı sorumlu hissetmeyi bırak, lütfen."

"Hiç olur mu? Gücüm yettiğince sana bakacağıma dair anneme ve babama söz verdim. Hem küçükler büyüklerin gözünde hiçbir zaman büyümezler. Hastaneden çıkınca direk bana geleceksin, karışmam ve itiraz da kabul etmem. Tartışma bitmiştir."

Ablamın hemen yanında sessizce duran Selva Hanım söze karışarak, "Haddim değil belki ama ablana katılıyorum. Kendini toparlayana kadar onunla kalman iyi gelecektir. İzin verirseniz Yeşim Hanım, bu gece Derin'e ben refakat edeyim."

"İzin ne demek, minnettar olurum özveriniz için. Aslında ben kalmak isterdim, ancak kızımın durumu kritik ve ilk doğum olduğu için de biraz tedirgin."

"Ben keyifle eşlik ederim kendisine, lütfen rahat olunuz."

Tam kendimle kalıyorum dediğim anda, bu olay yine beni başkalarına muhtaç duruma getirdi. Kendi sorumluluğunu alamayan aciz biri gibi hissediyorum artık.

Yorgunlukla uyuyakalmışım. Gözlerimi açtığımda hemşire biten serumu değiştiriyordu.

"Bu kaçıncı?"

"Şimdilik devam. Doktor bey böyle istedi."

Tekrar gözlerimi kapatıp açmam bana kalsa bir göz kırpması kadar, gerçekte ise iki saat sürmüştü. Sessizce pencereden manzaraya dalmış Selva Hanım'ı izledim. Onun bu dingin hali beni cezbediyordu. İçimde dinmeyen fırtınalardan yorulan tarafım, onun bu sakin ve kendinden emin halini sığınılacak bir liman olarak görüyordu sanki. Nitekim fark etmeden ona sığınmıştım. Bana bir evin satışına aracılık etmekten çok daha fazlasını yapmıştı. Tüm konuşmaları ve yaptığı yorumlarla, sanki emlak danışmanı görüntüsüne bürünmüş bir derviş gibiydi. Altmışlı yaşların ortasında olmasına rağmen, ince vücudu esnek ve oldukça dinç görünüyordu. Yaşına göre oldukça parlak olan cildi ile zamana meydan okuyan bir havası vardı.

"Nasılsın Derin?" diye sordu uyandığımı fark ettiği zaman.

"Çok daha iyiyim, bana ne olduğunu anlayabilsem sanki daha iyi olacağım. Hayatımın son yılları, bazı şeyleri anlamaya çalışmakla geçiyor."

"Doktoru duydun işte, kendine çok yüklenmişsin. Şimdi biraz dinlenmek iyi gelir. İnsanın hayatında yaşanan problemler, bazen bedenin arızalanmasını erteler. O dönemlerde bedenimizi ne kadar yorarsak yoralım hastalanmayız ama o dönemi atlatınca birdenbire sinek ısırsa yataklara düşeriz. İşte o gün beden, 'Daha fazla gidemeyeceğim, bırakayım da beni bir hatırlasın.' der."

"Aslında tam da dediğiniz gibi oldu. Nereden aklıma geldiyse evi boyamaya karar verdim ve acelem varmış gibi hiç dinlenmeden kendimi zorladım. Resmen şu olanları çağırmışım."

"Elbette biz ne istiyorsak verilir, hayırlısını isteyelim de inşallah öyle olsun."

"Tam da bitirmiştim biliyor musunuz her şeyi?"

"İznin olursa senin eve benim tanıdığım bir temizlikçi ile gitmek isterim ya da sen evine döneceğin zaman da gönderebilirim. Evi bir güzel temizlesin ve yerleştirsin. Sen yorma artık kendini, ne dersin?"

"Olabilir, şu anda evi temizlemek o kadar büyük bir iş olarak gözüküyor ki gözüme. Teklifinizi eve dönüş sürecimde değerlendireyim."

"Tamam. Ne renge boyadın evini?"

"Beyaz."

"Her yer mi?"

"Evet."

"Neden peki?"

"Beyaz daha sade bir hava verir diye onu seçtim. Başka bir anlamı var mı, bilmiyorum."

"Her şeyin bir anlamı var. Renkler, sayılar... Daha neler, neler..."

"Yani?"

"Ölüm ve doğum diyebiliriz."

"Nasıl yani?"

"Beyaz renk, kendini karanlıkta hissettiğini ve ışığa kavuşmak, huzuru bulmak istediğini anlatıyor. Bu dünyada ölüp giderken yok olmayız, bedenimizi bırakır ışıkla buluşuruz. Bir bebeğin anne karnından çıkışını düşün. Orada karanlıktadır. Ancak doğarken verdiği emek ve yaşadığı sıkıntı, ışığa doğmaktır. Bir nevi anne karnındaki halde ölmek ve yepyeniye doğmaktır. Burası iyi kalayım dese, sıkıntı çekmeyeyim dese, dünyanın ışığına kavuşamadan ölür. Anne de aynı şekilde bebeğim doğmasın, benim içimde daha güvende dese, çaba göstermese, hem kendisi hem de bebek ölür."

"İçimdeki fırtınayı dindiremiyorum. Bu söylediklerinizden bunu anlıyorum. Dinsin istiyorum ama durum değişmiyor."

"Tıpkı bebeğin doğuşu gibi sancı içinde ölmüşsün. Bu yeni hale alışman için süre geçmesi gerekebilir. Ancak bunun için eski hüzünlerini bırakmak istemelisin. Bizler bir durumu kabul edemediğimiz zaman, hayatla kavgaya tutuşuruz. Kabul etmek, kalbin rızasıyla olur. Kabul edemediğimiz bir durum karşısında kalbin kapısını sıkıca kapatırız, bizim dediğimizin dışına çıkmasın diye... O zaman kalp katılaşmaya başlar. Bu durum insanın cehenneme düşmesine neden olur. Kalbin kapısı cennete ve sadece içeriden açılır." Gözlerimden süzülen yaşları durduramıyordum. Bu kadın, sanki içime girip hayatı benim gözlerimden izliyordu.

"Ne güzel anlatıyorsunuz, ölüm dediğinizde çok gerilmiştim. Oysa böyle dinleyince susmak geliyor içimden. Bütün bunları evimi boyamak için seçtiğim bir renkten okumanız bana imkânsız geliyor. Sanki başka bir dil konuşuyormuşsunuz gibi hissediyorum."

"Yaşam bizimle konuşuyor, önemli olan bizim onun cevaplarını kabul edebiliyor olmamız. Yani bize yabancı bir dil değil de, istediğimizin dışında bir cevaba yabancılaşmak gibi işimize gelmeyebilir duyduklarımız ve gördüklerimiz. Falcılara sorduğumuz gibi tekrar sormak isteriz, 'Bir daha bak bakayım, yok mu bir şey?' diye..."

"İşime gelmediği için değil, gerçekten anlamadığım için bir şey soracağım. Beyazın anlamı ölüm ise, gelinliklerin beyaz olması neden?"

"Aslında Anadolu'muzun eski geleneklerinde, gelinlik rengi kırmızıdır. Kırmızı köklenmeyi anlatır. Gittiği yerde kalıcı olması istenir gelin kızdan. Sonradan beyaza dönüşmüştür. Tabii beyaz aynı zamanda; temiz, ellenmemiş, başlangıçta olan manasını da taşır. Bir durum analizi yaparken, mevcudun sunduklarını kavrayarak sonuca varmak önemlidir. Başka bir açıdan bakarsak kefen de beyazdır. Beyaz sadece ölüm değildir elbette, kullanıldığı yer ve duruma göre yorumlanabilir. Ölüm son değildir. Bir yerde sonlanan, başka bir yerde başlar. Evlilik bir kadın için baba ocağından çıkıp koca ocağına gitmektir. Büyüdüğü yeri, başka bir anlamda geliştiği anne rahmi gibi güvenli hissettiği bir yeri bırakmaktır. Bu kez yepyeni bir yere gider ve bir anlamda yeniden doğar."

"Kırmızı kuşak bağlarlar gelinlere, babam bana da bağlamıştı."

"Kırmızıydı dedim ya gelinlikler eskiden. İşte eskiden kalan ve nedeni pek bilinmeyen davranışlardan birisidir kırmızı kuşak. 'Gittiğin yerde kalıcı ol kızım,' der baba. Kuşağı sararken, 'Gönlüm var bu gidişinde,' der."

"Son bir soru daha. Bodrum'da da evler hep beyazdır, bunun ölümle ilgisi var mı?"

"Ne güzel anlatıyor doğanın ölümünü değil mi? İnsanlar ağaçları söküp evleri dikiverdiler. O evler aslında bize doğanın ölümünü anlatır."

Kendimi, yaşça kendinden büyüklere kafa tutup onları kavgaya çağıran ve sonra da bir dakikada yerde bulan ufak erkek çocuklar gibi hissettim.

"Peki, benim ölmek istediğimi nereden anladınız?"

"Bunun için bilgin ya da medyum olmaya gerek yok. Sen hayat amacını elinden kaçırmış bir cansın. Her yana bakman gerekirken, oturup mızmızlanarak ağlıyorsun. Böyle yapmaya devam ettiğin sürece azar işiteceksin hayattan. Hem amacını kaçırmış hem de dilek kapılarını kapatmış biri, hayatın içinde destek değil bolca kötek bulur."

"Madem hakkımda bu kadar şeyi bildiniz, o zaman kaybettiğim hayat amacımı da söyleyin de işimi kolaylaştırın."

"Maalesef! Kimse, kimseye bunu söyleyemez. Bu bilgi, her ruhun kendinde saklıdır. Kişi ancak kendisi ulaşabilir."

"Kaybettiğimi biliyorsunuz ama ne olduğunu bilemiyorsunuz, öyle mi?"

"Öyle efendim, haydi şimdi dinlenme vakti..."

"Biraz daha sohbet edelim lütfen, hem belki hayat amacım konusunda bana bir yol gösterirsiniz."

"Bazen insan amacıyla buluşana kadar koca bir hayat geçer. Zaten amaç denilen şey, yaşamın ta kendisidir. Hakkını vererek yaşamak, yaşamın her anından tat alarak ilerlemek, her ne yapıyorsan orada olmaktır. Gülü seversen, onu dikeniyle kabul edersin. Gül bahçesi oluşana kadar bahçıvan tarafından o ağaçlar kaç defa budanır, kim bilir? O budanma, güle acı vermek için değil; onu güçlendirmek ve güzelliklerini ortaya çıkarmak içindir."

"Benim budanmam ne zaman bitecek?"

"Derin, adın gibisin maşallah! Soruların ve isteklerin de derin. Sana son bir kıssa aktaracağım Hacı Bektaş-ı Veli'den, sonra da dinlenmen için seni sessizliğe davet edeceğim.. Günlerden bir gün Hacı Bektaş-ı Veli, baş halifesi olan Sarı İsmail'i yanına çağırır. Ona, 'Sen, benim baş halifemsin. Bugün ben ahirete göçeceğim. Vefat ettiğimde odamın kapısını ört, dışarı çık. Sabah olduğunda yüzü yeşil örtü ile örtülü beyaz atlı bir yiğit gelecek. Bu yiğit benim cenazemi yıkayacak, beni beyaz kefenle saracak. O bütün bunları yaparken ona yardım et. Onunla konuşmaktan sakın.' der. Bütün yapılacakları birer birer sayan Veli, Allah'ın rahmetine kavuşur. Sabah olur. Çile Dağı yönünden bir atlı görülür. Tıpkı tarif edildiği gibidir. Sarı İsmail ile birlikte cenazeyi yıkar ve kefene sararlar. Yiğit kişi görevini tamamlayıp tam atına bineceği sırada peçesi sıyrılır. Sarı İsmail gördüğü karşısında donup kalır. Karşısında duran Veli'nin ta kendisidir. Hacı Bektaş Veli ona dönerek, 'İsmail'im, er odur ki ölmeden önce ölür, kendi cenazesini kendi kaldırır,' der. Sonra da gözlerden kaybolur..."

Gözlerim kapanmak üzereyken dinlediğim bu öykü ile, uyku diyarına doğru yola çıkmıştım. Rüyamda, "Haydi gel!" diye bana seslenen küçük çocuklarla el ele tutuşup oyunlar oynuyorduk. Onların kahkahaları sarıyordu her yanı. Ben de küçük bir çocuktum, Ali de oradaydı. Tam büyük bir ağacın altına hepimiz toplanmışken uyanıverdim. Uzun süredir gördüğüm en güzel rüyaydı. Aslında başka ayrıntıları da vardı ama hatırlamaya çalıştıkça siliniyordu.

Su Bebek

Hastaneden sonra ablamın evinde geçirdiğim on günlük sürede, ailemize yeni bir üye katıldı. Bu bana son yıllarda verilmiş en güzel hediyeydi. Ablam torun sevinci yaşarken, kardeş kadar farkla teyzesi olduğum sevgili yeğenim Elif, anneliğe adım attı. Ne zaman büyümüştü bu kız anne olacak kadar?

Ablama bakıyorum; genç ve dinç hali ile sanki Su bebeği o doğurmuş gibi geliyor. Daha dün gibi aklımda, Elif'i ve sonrasında Azra'yı doğurması... Zaman ne kadar da hızlı akıyor. İki yeğenim benim kardeşim gibiydiler. Ablam hem onlara hem de bana annelik yaptı. Azra ile değilse de, Elif ile girdiğimiz kıskançlık savaşları inanılmazdı. Benim tuhaflığımdan kaynaklı bir durumdu yaşadığımız. Aramızda neredeyse on yaş varken, onu kıskanmam ablamı zor durumda bırakırdı. Neyse ki ergenlikle birlikte, Elif'i özgür bıraktım.

Elif'in "anne" olmasından çok, ablamın "nine" olması ilginç geliyor. Oysa yıllar sadece göz ve dudak çevresine birkaç derin çizgi yerleştirmişti. Ondaki en önemli değişiklik, her geçen yılla mânâ kazanan bakışlarıydı. Bir de yüzündeki çiller artmıştı, sarı kısa saçları ve çilli yüzüyle yaramaz bir nine olmuştu. Yaşlanmak herkesi farklı bir alanda yakalıyor. Ablama dışarıdan bakınca çok değişmiş gibi gelmiyor, ancak herhangi bir konudaki heyecanına bakınca anneannemizden daha yaşlı geliyor. Benim tonton anneannem hiç boş durmayan, her zaman anlatacak bir hikâyesi ve her olaya bir çözümü olan bilge bir kadındı. Ablamın tam tersiydi yani. Dışı eski, içi yeniydi.

Evin içinde yaşanan yoğunluk ablamı bitap düşürüyor, bebeğin her ağlamasında tüm sözler ve gözler ona dönüyordu. Birkaç gündür sanki daha hızlı yaşlanmaya başlamıştı ve hızla gerçek bir anneanneye dönüşüyordu. Bebeğe yapılacaklar ve yapılmayacaklar diye bir liste hazırlasaydık, işimiz kolaylaşırdı. Neyse ki eniştem tüm erkekleri alt katta toplayıp, ayakaltında dolaşmalarına engel oluyordu. Ancak kaprisli bir prensesimiz olmuştu. Küçük hanımı ablam pek kesmiyordu, evde o anda kim varsa tepesinde onu izlemesini istermiş gibi iki de bir borazanını çalıyordu ta ki ablam sinirlenip, herkesi geri püskürtene kadar bu böyle devam ediyordu.

Başta, bebek beni üzer, diye düşünmüştüm. Sanki anne olamayışımı bana hatırlatır ve ben de anılar denizinden çıkamazmışım gibi gelmişti. Elif'in hamileliğini duyduğumda, bu nedenle onlardan biraz uzak durmayı tercih etmiştim. Kader, doğum sırasında beni şahitlerden biri eyledi.

Bebeğin adını "Su" koydular. Neredeyse kıvrılacak kadar uzun siyah saçları, tombul yanakları ve pespembe dudakları ile bizim için dünyanın en güzel bebeğiydi. Tıpkı su gibi can verdi kurumuş hayatlarımıza, sanırım bu en çok da bana iyi geldi. Mis gibi bebek kokusunu özlemiştim. Elif'in ilk annelik deneyimi, keyifli bir hamileliğin ardından kolay gerçekleşen bir doğumla taçlanmıştı. Son yıllarda üst üste yaşadığımız kayıplardan sonra, inanılmaz bir kazanç gibi gelmişti bu doğum.

Elif seramik sanatçısıydı ve açtığı birçok uluslararası sergi ile ajansların gözdesiydi. Sanırım lohusalığı atlattıktan sonra işlerine yarı zamanlı devam edecekti. Eşi Yağız mimardı ve evin tek oğluydu. Bu nedenle kısa bir süre sonra, bebek savaşlarına şahitlik edeceğimiz bir hayli aşikârdı. Şimdiden ablam ve Elif'in kayınvalidesi arasında, bakıcıya kim eşlik edecek sürtüşmeleri başlamıştı bile. Bu aslında, "Bebeğin enerjisiyle sen mi besleneceksin, ben mi?" savaşıydı. O küçücük bedenin içindeki asilzade, emri altında kim varsa onu bir o yana, bir bu yana hareket ettiriyordu. Her an büyüyen bu dünya güzeli, şimdiden tüm aileyi parmağında oynatmaya başlamıştı. Ben biraz daha uzak durmak isteği içindeydim. Bahanem dışarıdan büyük anneler arasındaki itişme, içeriden ise bağlanma korkumdu. Bir süredir yaşadığım hâl sanırım buydu ve Su bebek de bana bunu çok güzel fark ettirdi: Yeni bir olay, kişi veya mekân beni korkutuyordu. Aslında korkutan, ona alışmak ve sonrasında da onsuz kalabilme ihtimaliydi. Henüz kayıplarımın gidişini kabullenememişken, yeni daha da korkunç geliyordu. Bu nedenle elimdeki mevcudu korumak daha güvenli hissettiriyordu.

Birkaç hafta rutin iş görüşmeleri, Su bebeği sevme seansları ve atlatılan arkadaş buluşmaları ile geçiverdi. Eve dönüş vakti gelmişti. Eskisi kadar saldırgan değildim. Hastalık mıydı iyi gelen, yoksa Su bebek mi bilemiyordum. Ancak huysuzluğa ara vermiş görünüyordum. Bu vesile ile Selva Hanım'ı aradım ve kahvaltıya davet ettim. Aramamın bir diğer sebebi de, temizlikçi desteği idi. Kahvaltı için iki gün sonrasına sözleştik, bu arada evin temizlik işi de güzelce halloldu.

Bitmek üzere olan yazın cömert sunumu ile güzel bir sabaha uyanarak güne başladım. Ilık bir duşun ardından, Selva Hanımla sözleştiğimiz yere doğru yola çıktım. Ne çok sıcağı severim ne de çok soğuğu... Herkes doğduğu mevsimde rahat edermiş ya, sonbahar da benim için en keyifli zamanlardır. Yaklaşan doğum günüm, aylar öncesinden beni germeye başladı bile. Yaşlanmak değil belki de, hani o kutlama mesajları, hadi dilek dile diye zorlamaları falan... "Eskiyi bırak!" öğüdünü verip duranlara sormak istiyorum: Arkadaşlarınızı ve ailenizi nasıl bırakacaksınız? Onlar geçmişiniz değil mi?

En başta Meliz arar. Sonra da sırasıyla Ahu, Efsun, Beril, Sinan... Saymakla bitmez ki... Ablamların sürpriz parti, dilek dileme ve mum üfleme seremonilerini düşündükçe, zoraki gülümsemelerin altında gerilen ruhum şimdiden daralıyor. Acaba şöyle telefon falan çekmeyen bir yerlere mi gitsem? Bunları düşünürken, sahilde denizin mis gibi kokusu fark ettirdi Selva Hanım ile buluşma yerine ulaştığımı...

"Günaydın!"

"Günaydın Derin. Hoş geldin, nasılsın?"

"Aslında son zamanlarda hiç olmadığım kadar iyiyim. Ama az önce kafamdaki bazı düşünceler yüzünden, yine kendi kendime ufak çaplı gerildim. Bazı ruh halleri benim kişiliğimin bir parçası oldu. Bırakmak mümkün değil..."

Bu sırada mekânın sahibi gelip yaptıkları börek, gözleme, tuzlama gibi yöresel lezzetlerini ve ev yapımı reçelleri bolca övdü. Evde kahvaltı hazırlama alışkanlığı olmayan birisi için harika bir mekân. Ne varsa getir stilinde bir sipariş verdik ve sohbetimize geri döndük.

Ben okuduğum kitapları, Su bebeği ve amacımı aramaya başladığımı anlattım. O da kızının Kanada'dan ziyarete geldiğini, işlerinin yolunda olduğunu ve kalan zamanını da hocam dediği Ekin Bey'in düzenlediği sohbetlere katılarak geçirdiğini anlattı.

Benim anlattıklarıma, tıpkı beyaz renkte yaptığı gibi çeşitli anlamlar yükleyerek yorumlar yapıyordu. Bunlara "okuma" diyordu. Okuma dediği şey, aslında hayatın içinde yaşadıklarının anlamlarıydı. Diyelim ki sabah arabanızla giderken, birdenbire bir sürücü aracını sizin üzerinize doğru sürdü ve siz de küfrü bastınız. Bu herhangi bir kişi için sıradan bir olay gibi algılanabilirdi, ancak Selva Hanım için sıradan bir olay değildi. Aslında hayat denen yolda, yanlış bir gidişatta olduğunuzu ve bu şekilde devam ederseniz birilerinin sizi durduracağının mesajıymış, falan filan... Onunla sanki çok eskiden bu yana tanışan iki eski dosttuk. Aslında tam olarak dost da denemezdi. Öğrenci–öğretmen, mürşit–mürit gibi bir benzetme daha doğru olabilirdi. Selva Hanım'ın, o sabırlı ve telkin veren sözlerini dinlemek ve hiçbir zaman ısrarcı olmayan tekliflerini değerlendirmek, bana çok büyük keyif yaşatıyordu. Kahvaltımızı bitirip tam kahvelerimizi söylemiştik ki Selva Hanım derin bir nefes alarak sözlerine devam etti:

"Yaşamın seni epeyce yorduğunun farkındayım Derin. Bazen inançlar, kitaplar, türlü türlü yöntemler çare olmaz da hiç umulmadık bir yerden duyduğu bir söz ile çözülür düğümler ve özgürleşir insan. Senin çok keyif alacağını düşündüğüm bir yer var. Özellikle havanın güzel olduğu bir zamanda ziyaret etmeni isterim. Sahipleri gönül dostlarımdır."

"Kim bunlar? Merak ettim doğrusu."

"Onlar anlatır sana kendilerini, merak etme."

Artık eskisi kadar şaşırtmıyor bu farklı yaklaşımlar... Ve anladım ki çok soru sormak aslında cevap almaktan bir kaçış...

İçime ferahlık veren bu sohbetin ardından Selva Hanım ile vedalaşarak, birikmiş işlerime zaman ayırdım. Tüm öğleden sonramı kalabalıkların içinde kendimi dinleyerek geçirmek, sanırım keyifle başlayan günümü hüzünle kapatma isteğini doğurdu. Neden kalabalıklar hüzün veriyor bana?

Yolda başlayan gök gürültüleri, içimdeki patlamaları andırıyor sanki. Başlayan yağmur gözyaşlarıma eşlik ediyor. Gücüm kalmadı artık. Ne tam yaşayabiliyorum ne de ölebiliyorum...

Çocukken en korktuğum şey gök gürültüsüydü. Annemlerle yatmanın en kolay bahanesiydi bu benim için, sıcacık kucaklarının lezzeti hâlâ tenimde. Oysa şimdi bana kucağını açacak hiç kimsem yok. Yalnızım ve yeniden başlamama engel olan ön yargılarımla başbaşayım. Karanlık sanki derin bir kuyu gibi beni içine çekiyor. Bilemediklerim korkutuyor ve tedirginliğimi artırıyor. Her an her şey olabilir bu hayatta, bunu bilmek hem içimi hem dışımı yakıyor.

Gecenin karanlığı uykuyla birleşip bedenime giriyor. Ve ben itiraz bir yana, istekli bir halde bırakıyorum kendimi onun kollarına... Belki de her şeyden ve herkesten, rüya âlemine geçerek kaçıyorum.

Kahvaltı

Sabah gözlerimi açtığımda henüz hava aydınlanmamıştı. Gördüğüm rüyanın tadı damağımdaydı ve yataktan kımıldamak dahi istemiyordum. Biraz daha uykunun kucağında kalmak için örtümü üzerime çekmiştim ki telefona gelen mesaj, güvenli sığınağımdan beni alıp yere fırlatıverdi:

Hazırlan geliyoruz. Polonezköy'e kahvaltıya gideceğiz, yarım saate sendeyiz.

Kim bu ya sabah sabah? Ah, tabii ya, Meliz. Bu saatte başka kim olabilir ki!? Emrivaki denilen sözün sözlükteki karşılığı bu ikisinin resmi ile anlatılır. Geliyoruz? Bu çoğul eki elbette ki Efsun'dan başkası olamaz.

Ne kahvaltısı, ne Polonezköy'ü? Kime sordunuz? Telefonun mesaj sesi susmuyor:

Uyuyor numarası yapamazsın, okudun mesajı.

Nasıl yani, okuduğumu nereden biliyorlar? Falcılık kursunu kaçıran bir ben varım herhalde bu dünyada...

Yaklaştık. On dakikaya sendeyiz.

Hay sizin yaklaşmanıza da...

Başıma gelecekleri biliyorum. Bu iki azılı, birbirlerinden güç bulur ve ne yapar eder, evde bırakmazlar bugün beni. Hava serin mi acaba, üzerime kalın bir şeyler alsam mı? Eşofman ve ince bir yağmurluk yeter. Sinir bozucu zil sesini susturmak için megafona doğru koşarken iki doksan yere yapıştım.

"Kapının zilinden elini çeksen de, ben de ayakkabımı giyebilsem Efsun!"

"Nasıl bildin ben olduğumu?"

"Fal bakmayı öğrendim. Geliyorum, geliyorum..."

"Gel gel, haberlerimiz var."

Bak sen! Çok şaşırdım?!

Nerede bunlar? Ha anladım, yeni araba almış Meliz cadısı. Beyaz yeni kasa bir *jeep*, terfi etti sanırım. Belki de yeni bir işe transfer olmuştur, neyse anlarız şimdi.

"Günaydın güzellik!"

İşte şimdi gerçekten şaşırdım. İltifat ve Meliz!

"Günaydın, hayırdır!? Güzellik falan, duyan da kibar biri sanacak seni."

Meliz tam cevap verecekken, Efsun ön koltuktan bana doğru döndü:

"Bomba haberlerimiz var. İnanamayacaksın," dedi. "İlk haber araba belli, güle güle kullan Meliz."

"Araba yeni değil, geçen yıl aldım. Sen yabani bir çiçeğe dönüştüğünden beri, her görüşmemizde kitap kalınlığında yeni haberler yüzünden araba falan gibi konulara sıra gelmiyor."

"Ne bileyim ben yeni gördüm. İyi de biz seninle birkaç ay önce görüştük."

"O gün arabayla gelmemiştim, ya hatırlasana."

"Ay tamam, neyse ne. Bırakın bu ıvır zıvırla uğraşmayı. Derin sana öyle bir şey söyleyeceğim ki şoka gireceksin!" dedi Efsun.

"Ben bir haberle şoka girmeyecek kadar şok yaşadım zaten. Rahat ol, söyle neymiş? Reyting peşinde koşmaktan, normal hayatta bile haberi bir avazda veremiyorsunuz."

"Kerim karısından ayrıldı."

"Ne!?"

"Yaaa, hani şaşırmazdın? Dur, asıl bomba geliyor. Meliz'e evlenme teklif etti."

"Yok artık?! Bir dakika, sabah mahmurluğumdan faydalanıp benimle eğleniyorsunuz değil mi?"

"Hepsi doğru, akşam hep beraberdik. Efsun, Mahir, ben ve Kerim."

"Bunlar daha üç yıl önce evlenmemişler miydi? Ay neyse, asıl konu sen ne dedin?"

"Ne diyebilirim Derin?"

İkisi de kıkırdayıp duruyordu. Kesin benden habersiz bir şeyler çeviriyorlardı. Meliz, Kerim ile neredeyse on yıldan fazla beraber olduktan sonra, "Bu ilişki beni tüketiyor biraz ayrı kalalım," dedi ve sonra uzun bir tatile çıktı. Tatilden döndüğünde ise Kerim'in ona bir sürprizi vardı: Bir ay gibi bir sürede bir kız arkadaş edinmiş, o da yetmezmiş gibi kızla üç ay sonra yıldırım nikâhı ile evlenmişti. Aslında tam olarak ayrılmayı bile değil, bir süre ara vermeyi deneyen Meliz öylece kalakalmıştı. Onun için hayatın önceliği olan kariyerine uyarıcı bir etki yapan bu olay sayesinde, basamakları ikişer üçer atlayarak televizyon camiasının en önemli yöneticilerinden biri haline geldi. Bu olanlar ona maddi güç getirse de, yıllar içinde daha gergin ve mutsuz bir kadın oluverdi. Aramızda geçen gergin konuşmalar yüzünden hiç küsmedik ama birkaç kez aylara varan uzaklaşmalar yaşadık. Dile kolay, yirmi yıllık arkadaşlığımızda neler atlattık. Ancak şu son üç yılda aramızda oluşan bu gerginlik, kopmanın sınırına getirdi bizi. Sanki eskiden yani daha az şeye sahipken daha çok şey paylaşıyorduk...

Ali ve ben evlenirken, onlar Kerim ile yeni tanışmışlardı. Kerim bilgisayar yazılımı konusunda bir dehaydı. Amerika'da eğitim görmüştü, akademisyen bir aileye mensuptu, hem yakışıklı hem akıllı, hem duygusal hem de romantikti. Haliyle neredeyse tüm kadınların peşinden koştuğu bir adamdı. Meliz ise Anadolu Lisesi ile başlayan yatılılık yıllarını üniversitede devam ettirmiş, kendi ayakları üzerinde durmayı küçük yaşlarda öğrenmiş, kendine güveni ve karizması ile her girdiği ortamda dikkat çeken bir kızdı. Amerika'da master yapabilmek için üniversitede gece gündüz çalışıp para biriktirmiş, kendi başına hayallerinin peşinden gitmişti. Master sırasında da boş durmayarak çalışmış, sonrasında ise en büyük hayali olan Universal Stüdyoları'nda iş bulup özgeçmişinde fark yaratmıştı. Dönüş yolculuğuna geçtiği sırada, kader Kerim ile yollarını birleştirmişti. Uçakta yan yana koltuklarda geçen on saatlik yolculuğun sonunda bir aşk doğmuştu. Ama ne aşk! Zaman zaman magazin basınına konu olacak kadar ilginçti. Kerim Türkiye'ye dönüşte çantasına, uluslararası bir yazılım şirketinin ülke müdürlüğünü koymuştu. Ancak onu medya açısından çekici kılan, aynı zamanda binicilik ve su kayağı gibi sıra dışı sporlardaki başarılarıydı. Meliz dönüşte uluslararası bir medya grubunda iyi bir konumda işe başlamış, kendi deyimiyle medyanın ciddi tarafında yerini almıştı. Kerim ise magazincilerin gözdesi oluvermişti.

Meliz kumral dalgalı saçları, yeşil gözleri ve uzun boyu ile modelleri aratmayacak çekicilikte olsa da uçan dişi sineği kıskanarak Kerim'e bu hayatı çekilmez kılmıştı. Çıkan her haber sonrasında edilen kavgalar hepimizi bezdirmişti. Meliz, ona bir türlü evlenme teklif etmeyen ve bu haliyle her teklife açık bir görüntü çizen Kerim'den intikam almak için durduk yerde ilişkiye ara vermek isteğini söyleyendi. Sonrasında olanlar oldu. Kerim'e diz çöktürmek isterken, kendi kapaklanıp burnunun tam üzerine düşüvermişti. Tam üç yıl önce, bizim kazamızdan iki ay kadar önceydi ve bir gece yarısı Meliz beni aradı. Meliz'in sesini tanımakta zorlandım. Hırslı, tuttuğunu koparan, dünyaya meydan okuyan o kadın gitmiş; yerine naif, kırılgan ve yeterince iyi olmadığı için terk edilmiş bir kız çocuğu gelmişti. Kerim yeni bir ilişkiye başlamıştı. İşin ilginci ise Meliz, bu gelişmeyi ciddiye almamış hatta onu kızdırmak için kızla anlaştığını düşünecek kadar özgüven bulutunda uyuyakalmıştı. Aradan geçen iki ay onu tedirgin etse de, gururu dile gelmesine engeldi ta ki televizyondaki magazin müdürü arayıp, Kerim'in evlilik haberini yaptıklarını ona söyleyene kadar. İşte tam o sırada tüm yel değirmenlerini yenen o kız çocuğu, başka bir kadına yenilmenin çaresizliği ile teslim alınmıştı.

O gece öğrendim Meliz'in gerçek hikâyesini... Anne ve babasının küçük yaşta ayrıldığını biliyordum. Ama her ikisinin de farklı evliliklerden ve eşlerden birer çocuğu daha olunca, ona yatılı okul yolunu gösterdiklerini bilmiyordum. O gece, on yedi yıllık arkadaşımı hiç tanımadığımı anlamıştım. Hâlbuki onun hakkında her şeyi bildiğimi zannediyormuşum. Gözyaşlarını elleriyle silen o kız bana, hiçbir şeyi tam olarak bilemeyeceğimi göstermişti.

O telefondan sonra Meliz ile aramız bir daha eskisi gibi olmadı. Benden uzaklaştı, sanki onu yaralayan Kerim değil de bendim. Bana karşı çok sert davranıyordu. Gerçi her zaman

sert bir yapısı vardı ama bu bahsettiğim sertlikten öte beni gör-
mekten duyduğu rahatsızlığı bile isteye bana hissettirmesiydi.
Kazadan sonra hastanede gözlerimi açana kadar hiç görüşme-
dik. Geçmişine ve aslında bugününe damgasını vuran duygusal
yaralarını görmem onu rahatsız etmiş olmalıydı. Benimle ya-
kınlaşması ancak bendeki yaralar onunkilere göre daha vahim
olması ile mümkün olabildi. Bu da kısa sürdü, sert mizacı bu
sefer de benim hayattan kopmama öfkeliydi. Hem en zor za-
manlarımda ilginç bir hissedişle yanımda bitiveriyor, hem de
kaybedenler kulübü üyeliğime tepki gösteriyordu. Kerim ile
yaşadığı hayal kırıklığı, onu neredeyse zirveye taşıyacak yakıtın
hiç bitmeyen kaynağı olurken, benim yaşadıklarım sanki yakıt
depomu delmişti. Geçirdiğim kazaya Benden daha fazla öfke-
liydi. Buna rağmen en çok destek gördüğüm kişi yine Meliz
oldu.

Efsun, Kerim'in yadigârı olarak son on yıldır aramızdaydı. O
her ne kadar Kerim'in çocukluk arkadaşı olsa da, sürecin sonun-
da yola Meliz ile devam etmeye karar vererek, ailesini ve sosyal
çevresini oldukça şaşırtmıştı. Efsun moda ve sanat fotoğrafları çe-
ken bir sanatçıydı. Her zaman aynı stilde olan kısacık saçlarının
rengi, gözlerine çektiği sürmeler gibi simsiyahtı. Giysilerini kendi
diken bir modacı, takılarını ninelerinin sandıklarından seçen sı-
radışı bir kadındı. Kısa sayılabilecek boyu, dolgun fiziği, 1960'lı
yılların kadınlarını anımsatan yüz hatları ve makyajsız çıkmam
felsefesi ile oldukça dikkat çeken bir kadındı. Yani fotoğrafı çe-
ken değil de, çekilmesi gereken tarz bir kadın izlenimi veriyordu.

"Nerelerdesin, hu hu?" diye seslenen Efsun'un sesi ile ken-
dime geldim.

"Ne bileyim, eski zamanlarda dolaşıyordum. Tam seninle
tanışmamızı hatırlamıştım, sen seslendin."

"Severim geçmişi bilirsin ama geçmişin izdüşümünü daha da çok severim."

"Evet, senin giyim stilin şimdi moda oldu. Eskiden sana ne garip bakarlardı Efsun."

"Babaanne eteğinin altına spor ayakkabı, üzerine de tişört giymenin adı var şimdi."

"Kızlar beni dinleyin! Polonez mi Riva mı karar verin, ona göre yola devam edeceğim," diyerek konuyu kapattı Meliz.

"Ben eskiden yanayım," diyerek kontrolü ele alan Efsun'a katıldım ve her zamanki kahvaltı mekânımızı seçtik.

Yol boyu yeşilden turuncuya dönen doğanın sunduğu renklerin ve radyoda çalan sakinleştirici yumuşak caz müziğinin etkisi ile biz de uyduk geçmişin çağrısına. Birbirimize eskilerden hatırladığımız anları sunduk tek tek, sadece bir kurala sadık kaldık: Ali'den ve Ali ile ilgili geçmişin kapılarından uzak durduk. Yaklaşık iki yıl önce henüz yaralarım taze iken, Meliz'in beni kendime getirmek için söylediği birkaç söz ile aramıza iki aylık bir sessizlik girmişti. Küsemezdik. Küsemedik ama buz tuttu sanki aramızda bir şeyler... Bu tatsız durumu çözmek için uğraşan Efsun sayesinde, bir gece ziyaretiyle normale döndük. İlginç olan ise o hafta çok ciddi sıkışmış bir halde, bankalara yapacağım ödemeler için çare aramamdı. Meliz ve Efsun'un ziyareti sonrasında masanın üzerinde, Meliz Yılmaz yazılı banka kartını buldum. Kartın yanında, *Ne kadar istersen çekebilirsin, kendini iyi hissedip sahalara dönene kadar sende kalsın* yazılı bir not ve kart şifresi vardı. Sabaha kadar ağladım o gece. Nasıl hissedebilmişti? Hiç soramadım, izin de vermedi ta ki bir gün beni arayıp, "Sen ne zaman çalışmayı düşünüyorsun?" diyene kadar da kart bende kaldı. O gün kalbimi gerçekten çok ama çok kırdı, sanki evi satmama sebep olan bu dürtmeydi.

Yol, sağa sola kıvrılarak devam ederken, kolayca geliverdik Madam Matilda'nın moteline. Cumhuriyet kurulurken buraya yerleşen Polonyalılar, doğayla uyumlu yaşamlarını devam ettirmeyi başarmışlar. İstanbul'a ulaşım olarak yakın, görsel olarak ise uzak olan bu yer ve tek katlı yapılar yeşil alanın içinde, köy ile kasaba arasında bir görüntü yaratıyor. Açık piknik alanları ve günübirlik konaklama yerleri nedeniyle hafta sonu panayır alanına dönse de, hafta içi sessizliği ve yeşil doğası ile tam bir tatil noktası.

Arabadan iner inmez sıkıca bana sarılan Meliz'in tavrına anlam verememiştim.

"Evi benim yüzümden sattığını biliyorum, telefonlarıma çıkmadın ve hemen ardından parayı gönderdin. Seni kırdığımın inan farkında değildim, çok özür dilerim Derin. Sen benim için çok ama çok kıymetlisin, bunu biliyorsun."

"Biraz gevşet kollarını, boğulacağım."

"Kızgınsın bana hâlâ..."

"Ne alakası var?! Ben zaten evi satacaktım, sadece vakti gelmişti. Satınca da parayı göndermemden daha normal ne olabilir, hem aklımdayken al şu kartını."

"Derin, lütfen böyle yapma. Senin sahalara dönmen lazım, konu para değil sen de biliyorsun."

"Hadi, kahvaltıda konuşursunuz, çok acıktım," diye seslendi Efsun.

Bizi kapıda karşılayan Madam Matilda, belki yetmiş yaşında belki de üzerindedir. Kızları evlenip gidince, o tek başına bu küçük moteli işletmeye devam etti. Öğrenciyken hep beraber kalmak ve küçük kaçamaklar yapmak için buraya gelirdik. Sonra geçmişimizin yadigârı oldu bu motel. Anılarımızı ve duygularımızı misafir etti. Kazadan birkaç ay sonra gelip kollarında saatlerce ağladığım Madam Matilda tam bir sır küpüdür. Beni burada saklayarak, ruhuma tecavüze kalkışanlardan ve yaşadıklarımdan beslenerek yas tutmamı acizlik olarak görenlerden korunmama yardım etti. Hâlâ kimse bilmez, o dönem burada bir aydan fazla kaldığımı.

Çocukken geldiği Polenezköy'de, bir dini bir de adı kalmış geçmişine dair... Ve bir de harika yemekleri. Başındaki rengârenk örtüsünü kulaklarının arkasından geçirerek tam tepede fiyonk yapması ve sırtından eksik etmediği şalıyla bir Polonyalıdan çok İspanyola benziyor. Yüzündeki derin çizgiler, onun zamansız bir kadın olduğuna vurgu yapsa da, bu kadını kaybetmekten korkuyorum. Uzun süredir motele uğrayamadım, buna rağmen her gelişimde burada olması için dua ediyorum. Sanki görüşme haklarımız kısıtlı ve daha az gelirsem o bu dünyada daha uzun kalacak gibi hissediyorum. Sevmekten korkuyorum, terk edilmekten korktuğum için... Belki de yakınlık beni her zaman uzaklara itiyor.

"Matildam!"

"Ah benim güzel kızım hoş geldin! Hepiniz hoş geldiniz. Nerelerdesiniz yahu? İhmal ettiniz beni, hepinizi çok özledim. Kahvaltı hazırlatıyorum, kalacak mısınız? Oda hazırlasınlar mı?"

"Kalmayacağız Matilda ama karnımız zil çalıyor. Güzel bir sofra kurarsın sen bize," dedi Meliz.

"Gelemedik belki ama kalbimizdesin her zaman biliyorsun," dedim. Ve kendi yaşlı, kalbi gencecik sırdaş kadınla sarıldık. Kalbimden bir kapak açılmış ve içinden bir kablo ile onun kalbine bağlanmış gibiydim. Aramızdaki bu alışveriş belki birkaç saniye sürdü, ancak tüm bedenimi titretecek kadar etkiliydi. Tüm hücrelerimin ihtiyacı olan bir yükleme yapıldı sanki, gözlerine bakamadım kollarını gevşetince... Bu hale ihtiyaç duymaktan korkan bir yanımı hatırladım.

Karşılama seremonisinin ardından, bahçede kurulmaya başlanan kahvaltı masasına geçtik. Şahane görünen taze yeşillikler, mis kokulu domates, köz patlıcan, sıcak ekmek ve taze çaydan daha iyisi tertemiz havaydı. Matilda, servis istediği kıvama gelince ortadan kayboldu. En önemli özelliklerinden biri, ona ihtiyaç duyulmadığında görünmez olmaktı. İhtiyaç anında ise bir lamba cini gibi yanınızda bitiverirdi. Bir keresinde bunu nasıl yapabildiğini sorduğumda bana, "Sessizliğin sesini dinlemeye alışmışım ben, onun içindeki en ufacık kımıltıyı hissederim. Kulaklarım az duyar ama kalbim minicik bir titreşimi hissedecek kadar güçlüdür." demişti.

Kahvaltının keyfini sürerken, sanki daha dün birlikte gibiydik. Şen şakrak ve bir o kadar tempoluydu diyaloglarımız.

Karnımız doyunca uzun bir sessizlik yaşadık. Meliz ile aramızda süregelen para alışverişinden kaynaklı gibi görünen, ancak altında benim çalışmayışıma karşı onun baskıcı tutumu yüzünden oluşmuş bir gerginlik duvarı vardı henüz aşamadığımız. Bunu konuşup halletmeden diğer konulara geçemiyorduk. Dostluğumuzun en kıymetli yapı taşıydı samimiyet ve birbirimizi acımadan eleştirmek. Bunun için yıllar önce söz vermiştik birbirimize. Başkasının acıtmasına izin vermeden, gerekirse birbirimizden uzak durma pahasına, ancak küsmeden ve acıyan/kanayan taraf iyileşene kadar, belki geri çekilerek devam edecektik... Ettik de... İkimizin ortak özelliği olan huysuzluk ateşi yükseldiğinde, çevremizi de yakıyor hatta her şeyi kül edebilecek bir hıza erişebiliyordu. O ateşin içine girebilen ise ancak ikimizden biriydi. Bu sefer bir fark vardı; ikimizi de yakın zamanlarda yaralamıştı hayat ve birbirimize faydamızdan çok zararımız oluyordu. İlk önce ben diyorduk, yaramızdan gözümüzü alıp birbirimize sarılamıyorduk. Bu sefer başka kucaklar gerekiyordu, biz birbirimize yetemiyorduk. Meliz, Efsun ile devam etti yola. Ben ise kısa soluklu duraklara sığınarak çare aradım. Ne yaptıysam geçiremedim yaralarımı, belki de bu yüzden bir kangrene dönüştü. Şimdi çaresizliğin koynunda gösteremez oldum içimde olup bitenleri... Ben bilemez, bakamaz iken nasıl açayım başkalarına? Benim seçtiğim yolda kitaplar, öğretiler, biraz depresyon, biraz da uyuşma durakları var. Meliz ise benim seçimlerime tamamen karşıydı. Ona göre bu tamamen saçmalıktı, hatta kendini sömürtmekti.

Tam bunları düşünürken Meliz'e takıldı gözüm, burada değildi sanki. Kerim dönmüştü dönmesine ama istediğinin bu olmadığını anlamış gibiydi. Elinin boş kalmasının ötesinde, boşa geçmiş bir üç yıl vardı.

"Kerim ile ilgili bir parmak bal verdiniz, sonra sustunuz. Gören de kahvaltıya geldik zannedecek. Hani kahvaltı bahane, dedikodu şahaneydi?"

Hepimizi güldüren bu yorumum havayı biraz yumuşatmıştı. Meliz bir anda bana döndü ve konuşmaya başladı.

"Kerim de bahane Derin, ben bu sürede seni kaybettim. Kafdağı'nın ardına gittin, ulaşamadığım bir perde girdi aramıza. Ne yapsam terseledin beni. Kerim dönse ne olacak, zafer mi şimdi gelmesi? Değil... Gidenler geri gelmez, anla bunu. Hayatta olsalar da fark etmez anlıyor musun? Ali girdi bizim aramıza ve çıkmıyor, gitmiyor. Keşke gelse de bitirse bu yası. Derin geri gelse, ben Derin'i özledim..."

Şoka girmiştim. Sadece ben değil, Efsun'la birlikte gözlerimiz iki kat büyümüş ve soluğumuz kesilmiş bir halde öylece kalakalmıştık. Bizim Meliz'in içinden bir anda başka biri çıkıp, asla olamayacağı bir itirafçı yapmıştı onu. Devam etti konuşmasına:

"Kerim gelse ne olur? Ben onun gidişini çoktan kabullendim. Terk edilmenin ağırlığı geçti benim üzerimden, kimselere diyemedim. Kerim on yılımı aldı benden, üç yılın lafı mı olur? Gelmesi zafer dersem, egeçmişim enkaz olur."

"Niye buluştuk o zaman dün akşam? Neden ona kabul edecekmişsin gibi davrandın Meliz? Kafamı karıştırdın şimdi."

Efsun lafa girince rahatladım birden. Çünkü Meliz'in sözleri karşısında ne cevap vereceğimi bilemedim. Çıt çıkaramadım. Nasıl çıkarayım? Bir anda Meliz'in içinden bambaşka biri çıkmış ve gelip oturmuştu bu masaya. Bildiğim ve tanıdığım biri değildi. O anda ağzından çıkanları anlamaya çalışmaktan başka bir şey gelmiyordu elimden.

"Yaralı bir kadın var benim içimde... Tercih edilmeyen, göstere göstere terk edilen ve linç edilen... 'Yeterli olamadın bir erkeğe, bak gitti başkasıyla evlendi!', 'Zavallı Meliz!' fısıltıları ile yaşadım ben yıllardır. Dünkü gösteri benim için değildi, beni yargılayanlara son gülen cevabımdı, zafer değilse de onurumun kurtuluşuydu. Kerim giderken aldı gitti yanında ona dair ne varsa. Kalan boşluk dolmadı ve o boşluğun yarattığı açlığın verdiği iştahı hayat doyuramadı. Hâlâ bir yanım yok gibi ama neye yarar..."

"Of Meliz ya, ne yaptın böyle?! Kendimi Kerim'in başkasıyla evleneceğini duyduğum zamanki halimden daha beter hissettim," dedi Efsun.

Meliz, Ali'nin gidişinin ardından yaşadıklarıma tercüman olmuştu sanki. Onun yaşadığı şeyler bambaşkaydı belki ama savaşılabilir bir acısı vardı. En çok başka bir kadına tercih edilmek acıtır bir kadının canını... Ne kadar toparlasa istediği gibi olmaz hiçbir şey, bu konuda çok şahitliğim var. Benim savaşacak bir konum bile yok, ölüm var karşımda. Elim kolum bağlı, öylece kabul etmem bekleniyor. Keşke ölmeseydi de ayrılsaydık, terk etseydi beni. Sanki o öfke dipsiz kuyulardan çıkmama yardım ederdi. Meliz'e kalsa, Kerim ölse daha iyiydi, hoş onun için ölüydü zaten.

"Peki, ne cevap verdin? Neler olmuş, detayları anlattı mı sana?" diye sorarak üzerime çöken bu hüzün bulutunu dağıtmak istedim.

"Bana, 'Ben zaten senden intikam almak için evlendim Hanzade ile. O kim, sen kim?' dedi. Erkek değil mi, hepsi aynı. Ya adama sormazlar mı, madem öyle bunca zaman evli kalmanda mı benden intikamdı diye?"

Efsun hemen atladı, kim daha çok Kerim'e kızgın belli değildi.

"Evet ya! Sanki adam nişanlandı, ayrıldı, iki ay sonra da geri döndü."

"'Ailem zaten seninle evlenmemi istemiyordu, mecburdum birisiyle evlenmeliydim. Hem zaten sen de bana bunaldım biraz uzaklaşalım dedin.' diyor. 'Beni bunaltan sendin,' dedim. 'Mecbur bıraktın beni, uzaklaşalım demekten başka çare bırakmadın. Arkamdan iş çeviriyormuşsun haberim yokmuş, sayende öğrendim,' dedim."

"Ne yüzsüzmüş, hiç kalıbının adamı değilmiş, terbiyesiz! Ne yüzle geri geliyor anlamadım. Gitsin annesinden onay alsın seninle görüşmek için, ahlaksız. Kendimi durduramıyorum. Karşımda olsa, Kerim'i Meliz'den önce ben paramparça edip, rahatlayacağım."

"Neye kızıyorum, biliyor musun? Terk etmesine değil, geri döneceğini o da biliyordu hepimizin bildiği gibi. Hiçbir şey olmamış gibi, 'Yaptık bir cahillik, aç kapıyı ben geldim!' edasına kızıyorum."

"Terk edilmişlikten çok, beni garanti görmesine, o bulunmaz Hint kumaşı ben ise sıradan terziymişim gibi davranmasına kuduruyorum zaten. Çevrenin de onun yaptığını alkışlarken, beni çaresiz bir halde algılaması... Bunlar içimdeki kadını katletti hep beraber. Ama şimdi sıra bende... Ben de onların içindeki temiz çocuğu ağlatacağım."

"Nasıl yani?"

"Görürsünüz."

"Saçmalama, intikam almaya değecek birisi değil o," dedi Efsun.

"İntikam alacağımı kim söyledi? Sadece umut vereceğim, bir gün olabilir halinde bırakacağım onu."

"Uğraştığına değmez inan," dedi Efsun.

Biz kendi aramızda konuşurken birden gök gürlemeye, rüzgâr hızını bir anda artırarak her şeyi yerden yukarıya taşımaya başladı. Hızla içeriye koştuk. Matilda kahveleri sedirle döşenmiş odaya hazırlattı. Dışarıdaki masayı toplamalarına bile fırsat vermeyen bir hızla indi yağmur, üzerimize çöken bu intikam ateşine de bir nebze olsun iyi geldi. Sanki birden kendimizi unutup, savaş baltalarımızla dövüşmeye hazır hale gelmiştik. Oysa yıllardır geçti sandığımız bir yangın için için yanıyormuş. Kızgınlığımız sadece Meliz'in terk edilişi değildi elbette, aldatılan hepimizdik. Kerim önce kendini, sonra Meliz'i ve dolayısıyla bizleri de aldatmıştı.

Kahveleri içerken Efsun fal baktırmaya gidelim diye tutturdu. Beni bu konuda uyaran Selva Hanım'ın sesi fısıldadı kulağıma:

"Geleceğin sırlarını tanımadığın insanlara teslim etme..." Benim içimde geleceğe dair bir istek olmadığından, gitmek ya da gitmemeyi onların seçimine bıraktım. Yıllarca her çeşit fal baktırmıştık, özellikle Meliz ve ben. Efsun arada sırada katılırdı aramıza. Bir keresinde kahve falı baktırırken fincanı açan kadın bana dönerek, "Sen çok başarılı olacaksın ama dikkat et başarın seni sarhoş etmesin. Bu sarhoşluğun sonunda ana rahmine dönmek isteyeceksin. Allah sana yardım eder inşallah." demişti.

Falcıdan çıkışta dakikalarca gülüp dalga geçmiştik kadınla, henüz iki öğrenciydik. Belki de kadının ne demek istediğini anlayamamanın ötesinde korkmuştuk, dalga geçerek kendimizden saklamaya çalışmıştık gelecek günleri. Hâlâ çıkamadığım ana rahmini bilen o kadının görüntüsü gözümün önünde. Gitme diyor, sakın gitme...

"Gitmeyelim," dedim.

"Oyunbozanlık etme Derin," dedi Efsun.

"Oyunbozanlık için değil. Ben bugünümü anlamamış ve başıma gelenleri çözememişken, çok anlamsız geliyor fal baktırmak."

"İyi ya işte! Sen de geçmişini sorarsın," diye itirazlarına devam etti Efsun.

"Bırak istemiyorsa ısrar etme. Falcı mı bilecek ne yaşayacağını? Eğlence olsun diye istedim ama takar şimdi o kafaya."

Meliz haklıydı, takardım. Onların da canına okurdum beni falcıya götürdükleri için. İçim rahatladı, son yıllarda fal baktırmayı eskisi kadar sevmiyorum. Gençken eğlence olarak severdim ama kötü şeyler söyleyenlere hiç tahammülüm olmadı, olamaz da. Şu günlerde rahatlamaya ihtiyacım varken, falcının söyleyeceği saçma sapan bir lafla gerilmek istemiyorum. Bu sırada Meliz, çalan telefonunu alarak hızla dışarıya çıktı. Yağmur durmuştu ama hava hâlâ kapalıydı. Oturduğum yerden siluetinin yarısını görebiliyordum.

Sanki arayanı tanıyor, ancak onunla konuşmaktan hoşlanmıyordu. Elini kolunu sürekli şekilden şekle sokarak sesini yükseltiyor, karşısındaki ile kavga ediyordu. Hışımla telefonu kapattı ve arabaya doğru yöneldi. Arabadan sigara aldı ve yaktı, arada sırada havaya tekme atmayı da ihmal etmiyordu. Oturduğum yerden yeterince göremeyince ayağa kalkmış ve onu izlemek için cam kenarına gelmiştim. Efsun'un dikkatini çektiğim için o da yanıma geldi.

"Ne yapıyorsun? Meliz'e ne oldu öyle!?" dedi ve koşarak Meliz'in yanına gitti.

O sırada Meliz tekrar çalan telefonuna baktı ve aramayı reddetti. Sinirle telefonu fırlattı. Bu hareketten sonra ben de soluğu dışarıda aldım.

"Ne oluyor Meliz, hayırdır?"

"Ne olacak! Arayan Kerim'in eski karısı, ayrılmalarına ben sebepmişim. Zaten hep aralarında olmuşum. Kerim, 'Meliz'i terk edip seninle evlenmekle hayatımın hatasını yaptım.' demiş."

"Ne saçma, zeytinyağı gibi üste çıkmak bu olsa gerek. Ayrılık kelimesi ona uğramayacak sanmış, ektiğini biçiyor."

"Konuşma böyle Efsun. Ben ne ekmiştim ki böyle olayları yaşıyorum? Bu laf beni daha da deli ediyor."

"Hah işte bak, beni anlamaya yaklaştın. Bir kazaya kurban verdiğim hayatımın bu hale gelmesi için ne ekmiş olabilirim? Bu soru beni kaç yıldır yedi bitirdi."

"Bir yerlerde bir hata var arkadaşlar cidden. Hani iyilik yap, iyilik bul diye bir şey varsa bunlar olmamalıydı."

"Evet ama hayat öyle değil işte Efsun."

"Dağıtalım şu havayı! Hadi beni dinleyin, gidelim şu falcıya işte ya!"

"Ne falcısı Efsun!? Fallık halimiz mi kalmış?" diyerek içeriye geçtim.

Yoruldum bu itişme halinden doğrusu. Sanki bütün iş geleceği bilmeye kalmış. Başına gelenleri anladın da yarın ne olacak diye merak ediyorsun. Hanımefendinin hayatı kolay tabi! Aileden gelen kira gelirleri, ona tapan bir eş, canı ne istese ayağına serilen bir hayat. Efsun ne bana ne de Meliz'e benzer. Ailesi kuşaklar boyu sanatla uğraşmış, zengin ve bir o kadar da keyifli insanlardan oluşur. İstediği sanat eğitimini aldıktan sonra Paris'te yıllarca yaşamış, orada bir Fransız ile evlenmiş. Her şeye olumlu bakmak doğasında var. Neden olmasın ki? Çünkü hayatındaki insanların tamamı pozitif düşünen insanlar. Kadına sıkıntı uğramaz, teğet geçer. Durduk yere sinir oldum şimdi şu Efsun'a.

Efsun koşarak bana doğru geldi ve tuhaf bir şekilde kucakladı beni.

"Kırdım mı seni?"

"Hayır, ne alakası var."

"Özür dilerim, hayat bana pek sıkıntı yüzü göstermedi biliyorsun. Bazen haddimi aşabiliyorum, sizin bu sıkıntılı halinizde teklif ettiğim şeye bak, çok sinir oldum kendime."

"Hayır, saçmalama lütfen. Sorun sende değil, biz gerginler kulübüne üyeyiz ve bunun hakkını vermeliyiz."

Allah Allah! Falcılık ya da düşünce okuma kursu falan var da, bir ben mi kaçırdım yahu?! Ne düşünsem birileri okuyor, kafamda baloncuk falan mı oluşuyor nedir? Üstüne bir de kendimi kötü hissettim, özür falan dileyince...

"Meliz ne yapıyor?"

"Ne yapacak? Kerim'in eskisini, Kerim'e şikâyet ediyor. Ben sana bir şey söyleyeyim mi? Bu kadın aramasa, bizimkisi Kerim'in canını yakıp bırakacaktı. Şimdi inada bindirecek, göreceksin bak."

"Ne alakası var? Onlar bu kadından çok önce bitirmeye karar vermişlerdi."

"Bence Meliz'i bu derece derinden etkileyen, Kerim'in annesine yenilmiş olması. Biliyorsun baştan beri kadının onayı yoktu. Meliz bir adım uzağa gidince, annesi yapmış bu evliliğin çöpçatanlığını. Hal böyle olunca da bizimkisi kendisini iki kez yenilmiş hissetti. Rövanş isteği Kerim ile değil, diğer iki kadınla ilgili anlayacağın..."

"Sana inanamıyorum! Bu açıdan hiç bakmamıştım, çok çılgınsın. Aklımın ucundan geçmezdi Mehveş Teyze'nin böyle arkadan iş çevireceği. Meliz hiç anlatmadı bana bunları, biliyor musun?"

"Anlatmaz, bazı konular insanın içinde kalır. Neyse geliyor, kapatalım bu konuyu."

Hiçbir şey olmamış gibi yanımıza gelen Meliz, "Hadi kızlar kalkalım, biraz da başka yerleri gezelim," dedi.

"Beni eve bırakın, sizin yolunuz uzun. Hem yarın sen çalışacaksın Meliz, başka zaman gezeriz," dedim.

"Hayır, çalışmayacağım. Söylemeyi unuttum, yeni açılan bir kanalın başına geçiyorum, iki hafta boştayım. Hafta sonu İngiltere'ye gidiyorum. Oradan da Amerika'ya geçeceğim, format görüşmelerim var."

"Tebrikler, sonunda en tepeye çıktın."

En büyük dileği sonunda gerçek olmuştu. Aslında Meliz, hiçbir zaman evlenip çocuk doğurup kolej seçmelerinde veya dans gösterilerinde bekleyebilecek bir anne olamazdı. Hep zirveye oynadı. Çevresindekileri yeteneğine ve kendine hayran bıraktı. Çok kazandı, hep kazandı. Tek bir yer hariç: AŞK. Oraya vakti de kalmadı, sanırım isteği de. Çünkü o alanda rekabet yoktu, ta ki Kerim başka birisiyle evlenme kararı alana kadar. Onun öncesinde Kerim'in annesiyle rakipti, sonra karısıyla. Onlarla savaştı durdu. Aslında istediği şey, ilişkisini bir yerlere taşımak ya da geri almak değildi. O daha iyi olduğunu göstermek için çabaladı ve çevresinin ona sıkça söylediği, "Seni seçmemekle ne büyük aptallık yaptı." pohpohlamalarıyla kendini daha iyi hissetti. Ta ki Kerim ayrılıp geri gelene kadar. Tam bu dönüşün aslında bir kıymeti yok ki diye düşünürken, eski eş yardıma koştu ve ipi uzattı eline: "Sen benden daha iyisin ama seninle savaşacağım!" dedi. Böylece Kerim tekrar değerli bir hale geldi. Ne zamana kadar? Bilmiyorum. Ben geleceği göremiyorum. Geçmiş beni daha çok ilgilendiriyor.

Matilda ile vedalaşıp bizim için hazırladığı taze sebze meyve sepetlerini de aldıktan sonra yola koyulduk. Kızların yaptığı telefon görüşmeleri sayesinde yol ve ben başbaşayız. Sanki birazdan gürültüsü ve temposuyla bizi içine alacak olan İstanbul'da değiliz. Burası dingin ve huzur veren, yeşilden kızıla dönen muhteşem sonbahar renkleriyle el değmemiş bir yer. Hayat da böyle değil mi? Bir yanı gürültülü, telaşlı, gergin. Bir yan yolda ise huzur veren sakin bir yer var, insanın ta içinde. Ve ben o yola nasıl ulaşılır hiç bilmiyorum. Beni düşünceler ormanından, arabanın içine Meliz'in sesi çağırdı.

"Derin, senin Amerika vizenin süresi bitmedi henüz, değil mi? Beraber almıştık, on yıllıktı. Sen de gel benimle, biletini ayarlayayım, ne dersin?"

"Teşekkürler, ben gelmeyeyim. Zaten sen meşgul olursun görüşmelerle."

"İyi ya işte! Ben görüşmelerdeyken sen de gezer, kafa dağıtırsın biraz."

"Başka bir zaman yapalım olur mu Meliz? İnan hiç o kadar yolu çekecek gücüm yok."

Neyse ki evin kapısına geldik de konu daha fazla uzamadı. Oturup doğru düzgün konuşamayacak hale gelmişiz, beraber onca yolu gidelim diyor. Asıl amacı kaçacak yerim olamayacağı için çalışmamamı bahane edip vıdı vıdısıyla canıma okumak. Rüşveti de alışveriş. Onun olsun alışverişi, gezmesi, bahanesi. Vedalaşma seremonisinin ardından arabadan inip tam apartman kapısını açıyordum ki Efsun'un çığlığıyla birden irkildim.

"Derin, Derin! Dur. Telefonun arabada kalmış. Can arıyor."

Hay aksi! Bu ne zamanlama yahu! Herkes falcılık kursuna, Can da tesadüf yakalama kursuna gitmiş belli. İşin yoksa dinle şimdi bu cadıları. Apartmanın kapısında benimle birlikte ağzı kulaklarında bir telefona bir bana bakarken arama sonlandı. Tam oh demiştim ki bir saniye sonra yeniden çalmaya yeltendi, tek bir hamleyle tarafımdan susturuldu.

"Niye açmıyorsun, bu senin Can değil mi? Mısırlı?"

"Evet ama şu anda konuşmak istemiyorum."

"Delisin sen! Görüşüyorsunuz ve sen tek kelime etmedin! Paralel hayatlar, ay çok ilginç. Meliz'in hayatına Kerim dönüyor, senin hayatına Can. Ne ketumsun Derin, neden bahsetmedin? Ama artık kaçamazsın, anlat bakalım! Ne zamandan beri görüşüyorsunuz? Neden geri dönmüş? Ne istiyor?"

Tam ağzımı açıp ne var ne yoksa sayacağım sırada Meliz kornadan elini çekmeden öyle bir gürültü çıkardı ki ikimizde yerimizden sıçradık. Bu halden şikâyet etmem söz konusu bile değildi. Bu sayede Efsun tek kelime etmeden arabaya koşmak zorunda kaldı ve konu da şimdilik böylece kapanmış oldu.

Can da sıktı ama! Sanki ben dedim İstanbul'a dön diye, iki de bir neden arıyor bu adam beni?

Ödül

Dışarı çıkmanın en güzel yanı eve geri dönmek... Bugün biraz kendimle kalmanın tadını çıkarmak istiyorum. Sabahın köründe başlayan bu tempoyu unutmuşum, eskiden ne hızlıymış hayatım.

Biraz kitap okuyup gevşemeye ihtiyacım var. Önce belki yaseminli bir yeşil çay içsem hiç fena olmaz. Yeni aldığım kitabı ararken çarptığım ödülüm tuzla buz oldu. Kala kala bronz plakası kaldı elimde. Sanki bir patlamayla en küçük atomlarına ayrılan kristal, vücudumun her yerine ince ince saplandı. Bir bu eksikti, öte yandan içim de fena oldu. Sol bileğim kesilmiş, önce pansuman yapayım sonra etrafı toplarım.

Mustafa Mısırlı ile başladığım projenin açılış töreni vardı. Müjdeyi kürsüde tüm basının ve misafirlerin önünde vermişti. Hafif bir tebessüm ve gurur duyduğu her halinden belli bir ifade vardı yüzünde:

"Değerli misafirler, yaklaşık dört yıl önce başlamış olduğumuz 'Tarlabaşı Tarihin İzlerini Taşıyor' projesini tamamlamış bulunuyoruz. Tarihin yorgunluklarını hafifleterek koruduğumuz mi-

rasların yanında yenilenen semtin sadece Türkiye için değil, tüm dünya için örnek teşkil edeceğinden eminim. Proje ortaklarımızın, tüm teknik ekibimizin, taşeronlarımızın kısacası hepimizin ellerine sağlık diyorum. Bu akşam buraya geldiğiniz için sizlere de teşekkürlerimi sunuyorum. Konuşmamı bitirirken, beni gururlandıran bir haberi de sizinle paylaşmak istiyorum. Bildiğiniz gibi projemizin koordinatörü Yüksek Mimar Derin Şenocak, Unesco Mimarlık Ödülü'ne aday gösterilmişti. Az önce aldığım telefonda, kendisinin bu ödüle layık görüldüğünü ilk ağızdan öğrendim. Bu projeye başladığında yetenekli bir mimar vardı karşımda ama şimdi ödüllerle taçlandırılan ve adını tüm dünyaya duyurmaya hazırlanan tecrübeli bir yüksek mimar var."

Yüksek lisans tezimle hak kazandığım bu ödül, zamanla bileklerime takılmış bir kelepçe gibi oldu. Her attığım adımda benden önce içeriye giriyordu. Gelen projelerin ağırlığı altında eziliyordum.

"Hay aksi, boynumu nasıl kesti bu kristaller böyle!"

Boynum kan içinde kalmıştı. Sanki bir avuç camın üstüne düşmüş gibi minik minik kanamaları ilk başta fark edememem, iflah olmaz dalgınlığımın hediyesi. Canımın acısı yetmezmiş gibi, bir de susmayan telefon beni daha da gerdi. Boynuma ufak bir pansuman yaptıktan sonra telefonu arayıp buldum. Çok şükür ki arayan Selva Hanım'dı. Bizim kızlar ya da Can arıyor diye iyice gerilmiştim. Koltuğa uzanıp yarım kalan keyfime devam etmeden önce çayımı yenileyeceğim. Herhalde bir daha yasemin çayı içmem, rahatlatsın diye yaptım ama ortalığı patlattım.

Bu kadar keyif yeter Derin Hanım, şimdi ara bakalım Selva Hanım'ı.

"Merhaba Derin. Seni aradım ama müsait değildin galiba."

"Hayır, sadece küçük bir kaza oldu. Tam onun üzerine aramışsınız, açamadım."

"Hayırdır inşallah, sana bir şey olmadı umarım."

"Ufak tefek birkaç sıyrık, maddi bir zarar yok. Ancak değer verdiğim bir eşyam kırıldı, cam parçalarının neden olduğu ufak tefek birkaç çizik o kadar. Siz nasılsınız?"

"Çok şükür ben de iyiyim, her şey yolunda. Seni bir sohbete davet etmek için aradım. Cuma akşamı müsaitsen eğer Fenerbahçe sahilde vereceğim adrese gel lütfen, sana iyi geleceğini düşünüyorum."

"Aslında bir işim yok gelebilirim, kimler geliyor? Siz de orada olacak mısınız?"

"Ben de olacağım elbette, küçük bir grup yaklaşık yirmi kişi kadar olacağız. Seveceğin insanlar var. Hem bu bir tür seminer gibi ama yine de sen bilirsin."

"Bilemedim... Ben sizi cuma günü arayıp kararımı bildirsem olur mu?"

"Olur, tabii ki. İyi akşamlar."

"Size de..."

Tanımadığım insanların içinde olmak mı daha kötü, yoksa tanıdıklarımın mı bilemedim?

Soruların Cevapları

Sabah evden çıkarken yeni komşumla karşılaştık. Ben yürüyüşe, o işe yol alırken selamlaştık. Karşı daire neredeyse ben taşındığımdan beri boş duruyordu ve sanırım iki ay kadar tadilat yapıldı. En azından tadilatın bitmiş olmasından dolayı memnunum.

Sahile ulaştığımda yüzüme vuran serin hava beni kendime getirdi. Sonbahar en sevdiğim mevsim, belki de doğduğum dönem olduğu içindir. İnsanın içini ürperten ama üşümeye varmayan bir şekilde dokunur rüzgâr. Güneş ısıtır ama bunaltmaz, renkler en harika halini alır. Hem yeşil vardır hem kahverenginin tüm tonları. En önemlisi ise zamanı gelmişliği hatırlatır. Neyin zamanı gelmiştir bilemiyorum, bana böyle düşündürten belki hasat alınması olabilir. Bu zamanı gelmişlik duygusu, sanki hayatımın şu dönemine vurgu yapıyor. Deme bırakılan çayın altını tam zamanında söndürmezseniz tadı acıya varır ya, kendimi öyle hissediyorum. Az biraz var geçmesine demimin. Sanki bir adım sonrası, bu yaşam boşa harcanmış olacak. Amacıyla buluşamadığı için, onca çaba ve onca eziyetin sonu tatsız bitecek.

Bu düşünceler ve kulağımdaki müzik ile neredeyse bir saatten fazladır yürüdüğümü, Kalamış'a geldiğimi fark edince anladım. Geriye dönmek için gücüm var mı emin değilim fakat yürümekten başka şansım da yok. Yanımda ne para ne de telefon var.

Eve kendimi attığımda sürüklenerek yürüyordum. Ne tuhafım yahu! Yanıma para almamak açıkçası çılgınlık, susuzluktan da öldüm. Önce su, sonra da çay suyunu koyayım. Ardından duş ve kahvaltı.

Duştan çıktığımda sanki telefonum çalıyor gibi geldi. Bulamıyorum ki nerede bu telefon? Hah, işte buradasın. Kimmiş arayan? Kim olacak, Can... Derken zır zır çalmaya başladı yine...

"Günaydın Derin, seni gerçekten merak ettim. İyi misin?"

"İyiyim Can. Bazen atlayabiliyorum cevapsız aramalara dönmeyi."

"Tamam, sen iyi ol da dönme, önemli değil. Ne yapıyorsun, şimdi işin var mı?"

İşim yok kahvaltı yapacağım desem, atlar gelir bütün gün de gitmez. En iyisi işim var deyip kurtulmak.

"Ben de hazırlanıyorum şimdi. Bir randevum var, sonra da ablama gideceğim."

"Öyle mi, bana ne zaman randevu vereceksin? Seni zorluyor muyum?"

"Açıkçası bilmiyorum Can. Ben seni arasam..."

"Sen arama diyorsun yani, peki senin istediğin gibi olsun."

"Tamam, hoşça kal..."

Ne istiyorsun benden? Neee? Bir anlasam neden peşimdesin? Sana sıra gelene kadar daha neler var, neler? Seninle ilgili bir şey duymak istemiyorum Can Mısırlı. Sen yoluna, ben yoluma dedik biz yıllar önce. Anla bunu artık...

Sabah keyfimin içine ettin ya, daha ne diyeyim. Bir şeyler atıştırıp, dışarı çıkmak en iyisi. Şu ispiyoncu telefonu da yanıma almayacağım. Bu cep telefonları icat olduğundan beri hesap vermediğim kimse kalmadı. Açarsın olmaz. Telefon çekmez, sen suçlusun. Cevap vermedin, zaten bittin... En iyisi bırak gitsin, oh be rahatladım.

Soluğu Bağdat Caddesi üzerindeki bir kitapçıda aldım. Edebiyat bana iyi gelecek. Dokunulabilir hayal dünyamı canlandıracak karakterleri okumak, kırlarda ve saraylarda dolaşmak istiyorum. Ne yapacağım, nasıl yapacağım söylemlerinde boğuldum. Son dönem aldığım kitaplara heyecanla başlıyorum. Derken kitabın içine girdikçe bunalmaya başlıyorum. Sanki derse geç giren öğrenci gibi hissediyorum. En can alıcı yeri kaçırmış da, sözlüye yetişmiş gibiyim. Şunu de, bunu deme, o eşyayı buraya koy ya da oradan kaldır, bunu ye, bunu yeme, hayal et, tekrar et, olmadı melek çağır, yetmezse nefesinde problem vardır. Yoga yapmadan olmaz, çakralar kapalıysa işin bitik, sevgili istiyorsan bu renk giy, ha bir de evrenden isterken dikkat et... Neye dikkat edelim? Hem hayatı akışana bırak hem de planlama yapmazsan olmaz. Hepsini birden nasıl yapabilir ki insan? Buna imkân var mı? Hem tezgâhı kuran benim hem de hayırlısı böyleydi deyip kabullenmeliyim!

Guguk kuşunun yeni sürümü içimizde çevriliyor. Tımarhanedeyiz ama açık modelinde ve doktorlar ilaç yazmıyor. Kitap verip seminerlerle tedavi ediyor. Kendilerini mi, yoksa bizi mi? Orası da meçhul!?

Ben sadece şunu istiyorum: Birisi gelsin ve bana neler olduğunu anlatsın...

Madem bu kadar prosedürü vardı hayatın, neden prospektüsünü yapmadınız?

Hepsi ayrı telden çalan ve "Ben anladım!" diye etrafta koşan bu ekip, yüzyıl önce olsa diri diri yakılırdı.

Duygular karşınca hayat içinden çıkılmaz bir hal alıyor. İyi de niye içimize duygu denilen şey verilmiş?

"Soruların cevapları burada yazıyor!" kitabını arıyorum.

Ölmek nedir? Ölünce nereye gider insan? Ölenler geri gelir mi? Gelirse bunu bilir mi?

Bile bile yaşamak, ölümüne yaşamak, onu en iyi bilen benim...

Ölmek mi canlı tutar? Biteceğini bilmek midir ıstırap veren?

Bitmese de ıstırap olur muydu yaşamak?

Normalleşmeye karar verdim en iyisi bu diyorum, bu sefer de normal ne diye soruyor içim.

Peki, içimden hiçbir şey gelmemesi mi normal olan? Aynaya her baktığımda başka yüzler görmem mi normal?

"Bir şey alır mısınız?"

"Teşekkür ederim, birazdan alacağım. Önce bir iki kitap var, onlara bakacağım."

Bu kitapçının içinde yer alan kafe benim için harika bir ağaç ev gibi. Bir çocuğun sığınmak için mevcudiyetini koruyarak biraz uzağa gidip, kendiyle kalması gibi baş başayım Derin ile.

"İyi misiniz?"

"Evet, evet iyiyim. Teşekkür ederim."

Yere çömelmiş ve öylece boşluğa bakar haldeyken, seslenenlere cevap veremeyecek kadar uzaklara kayıp gitmişim.

Özenle seçtiğim kitapları çantama yerleştirip, evin yolunu tuttum.

Öğleden sonra evin kapısında kendi kendime düşündüm, bu yol nereye gidiyor? Bilmem mi daha iyi, bilmemem mi?

Neyse ilginç bir gün oldu. Telefonda cevapsız listemde ablam, Meliz, bilmediğim iki numara, bir iki tane de çağrı merkezi yer alıyor.

Bilinmeyenle başlayalım.

"Merhaba ben Derin Şenocak, beni aramışsınız."

"Derin Hanım, Tuna İnşaat'tan arıyorum. Bora Bey sizinle görüşmek istemişti, ancak kendisi şu anda ofis dışında yarın arayabilir misiniz?"

"Evet, elbette. İyi günler."

Şaka mı yoksa uyanamadığım detaylı bir rüya mı tüm bu olanlar? Can'ın gökten bir şekilde önüme düştüğü gün görüşmeye gittiğim adam aylar sonra, hem de Can'ın ısrarlı aramalarına yanıt verdiğim gün arıyor. Normalleşmek istiyorum dedim, aklımı kaçırmak değil. Bora denilen adam ne istiyor acaba?

Meliz de bunun için mi arıyor acaba? Bir dakika, eğer öyleyse gerçekten bu sefer geberteceğim onu.

"Alo Meliz, beni aramışsın."

"Evet, ben Londra biletimi öne aldım, sabah uçuyorum. Gitmeden bir arayayım dedim."

"Ya ben de şey sandım..."

"Ne sandın?"

"Ne bileyim, şu iş görüşmesi vardı ya senin ayarladığın. Bir şey çıkmamıştı hani, Tuna İnşaat... O adam aramış bugün, ondan önce sen aramışsın, neyse ya kafam allak bullak zaten, sen bana bakma. İyi yolculuklar..."

"Senin için gerçekten endişe ediyorum. Dönünce arayacağım, bu arada Bora ne diye aramış?"

"Telefonum yanımda değildi, yarın görüşeceğiz. Ben iyiyim, hadi görüşürüz."

"Tamam canım, iyi davran kendine."

Paranoyak olmak üzereyim. Acaba insan delirirken bunu anlar mı? Bunları düşünürken *Simply Red* albümünü arama meşguliyetim, eski plağımı bulunca son buldu.

Holding Back The Years...

Yıllar öncesinden gelen bu tınılar, jet hızıyla uykuya geçişimi kolaylaştırdı.

Sıcak Poğaça

Sabah uyanır uyanmaz ılık bir duş aldım ve sıraya koyduğum telefon görüşmelerinin Tuna İnşaat kısmına geldiğimde, bir eşiğe gelmiş gibi hissettim. Hani o anda atlayamayınca iskelede kalakalmak gibi... İnsanın onlarca kez atladığı o iskele birden büyür ve ürkütücü hale gelir ya... İşte öyle bir hal aldı, basit bir görüşme için telefonun düğmesine basmak.

Elime hükmedemez oldum. Aramakla aramamak arasında sıkışıp kalmama sebep olan şey ise, olası bir iş teklifi karşısında alacağım tutum hakkında kendi fikrimi bilmemdi. Özgürlüğümü iş görüşmesini kabul ettiğimde zaten yitirmiştim. Kendimi Meliz'in kıskacı içinde hissediyordum. Sadece o da değil, aslında "tüm diğerleri" ve "ben" olarak ikiye ayrılmıştı hayat.

Kendi parmağıma eziyet edercesine, yeşil tuşa bastım. Bora Tuna ile görüşmem sırasında yaşadığım hâle, kendim bile şaşırdım. Çok uzun zamandır hapiste olup da, tahliyesinin öne alınabileceğini öğrenen bir mahkûm gibiydim. Özgür kalmayı ne kadar çok istesem de, mevcudiyetimin değişecek olması beni geriyordu. Dışarısı benim bildiğim bir yer değildi. Ne zamandır devam ettiğini hatırlayamadığım mahrumiyetlerim vardı, onlar olmadığında karar verme sorumluluğunu kaldırabileceğimden emin değildim. Kendi kararlarımı vererek geldiğim durum ortadayken, yeniden bilinmeyenle buluşmak istemediğimi fark ettiriyordu sanki bu telefon...

Büyük iddialarla başladığım bu hayat yarışında, zamansız yaşadığım bir kazada, tüm cesaretimi kaybetmiştim. O dönemeçlere eskisi kadar kolay giremezdim. Nitekim girememiştim de...

Bora Tuna, bana akıl almaz bir teklif yapmıştı. Son görüşmemizde beni o kadar ezdikten sonra, bu dönüşünün sebebi çok tuhaf gelmişti. Böyle bir teklifi hem de telefonda yapmış olması, *"Derin Tuhaflıklar Diyarında"* kitabımızın gidişatına uyuyordu. Bu nedenle üzerinde durmadım. Kibarca reddettim.

Teklif, Bakü'de yapılacak büyük bir projede kavram danışmanlığı idi. Sorumluluğu ağır, ücreti bir o kadar dolgundu ama en önemlisi verdiğim arayı kapatacak gücü barındırıyordu.

Sanırım nefesimin kesilmesinde etkili olan da buydu. İtiraz edemeyeceğim şıklıkta sunulan tabaktaki bu kanlı biftek, benim etimden yapılmış hissi veriyordu. Kendimden bir parçayı yok eden yine bendim, beni yok eden ise yine benim iştahımdı...

Beni sahalara bir yıldız olarak döndürebilecek bu projeyi reddetmiş olmam iyi hissettirmiyor, aksine bir yanım pişmanlık ateşiyle yanıyordu.

İki arada bir derede yaşam benimkisi, iki adım atarak bir adım dahi ilerleyemeyen bir temposu var. İlerlemek için attığım adımlar, her vites değişiminde sanki beni geriye doğru çekiyor. İçim içimi yiyor. Adamı arayıp, bir daha düşündüm kabul ediyorum desem mi acaba? Bunu düşününce kalbim sıkışıyor. Nereden çıktı bu teklif? Zaten allak bullak olan halim daha beter oldu.

Telefon çalıyor, belki de ısrar etmek için arıyordur Bora Bey. Hayır, Selva Hanım arayan. Hay Allah, bugün günlerden ne? Sanırım cuma...

"Merhaba, nasılsınız?"

"İyiyim Derin, rahatsız etmedim inşallah. Akşam için aradım, karar verdin mi? Kayıt yaptıracağım sana."

"Evet, geleceğim. Yani gelsem iyi olacak, hayatım durduk yere karıştı şu aralar. Ben hiçbir şey yapmasam da olaylar peşimde."

"Akşam konuşuruz inşallah. İstersen erken gelirsin Kalamış'a, birer kahve içer öyle gideriz. Düşün, beni ara, olur mu? Haydi, şimdilik hoşça kal."

"Olur, ararım. Hoşça kalın."

Telefonun ardından çalan kapı, günün temposunun yüksek olacağını haber veriyor. Bazen siz hiç kımıldamasanız da, hayat sizi kıpırdatıyor, hem de istediği yöne doğru...

Kapıyı açtım. Karşımda güler yüzlü, süt beyazı cildinin üzerinde özenle çizilmiş minik benekleri ve kızıl kıvırcık saçları ile bir çizgi film karakteri kadar sevimli incecik bir kadın duruyordu. Elinde bir tabak poğaçayı bana uzatarak, "Günaydın, karşı daireye yeni taşındım ve iyi bir bahane ile kapınızı çalıp tanışmak istedim ben Sonya," dedi.

Eee, bu benim geçen gün gördüğüm kişi değil. O kim acaba, diye düşünceler aklımın içinde uçuşmaya başlamadan frene bastım. "Günaydın, bir anda şaşırdım özür dilerim. Ben de Derin, çok teşekkür ederim."

Karşı kapının ardında minik bir silüet el sallıyordu. Sonya'ya hiç benzemeyen bir çocuk...

DERİN

"Merhaba…"

"Aris, gir tatlım içeriye, geliyorum hemen."

"Kaç yaşında, çok tatlı?"

"Dört yaşında, bende misafir. Annesi bir seyahatte, yeğenim olur. Bu minik beyin adı Aris, görüldüğü üzere biraz utangaçtır, hemen kaçtı."

"Sanırım kardeşinizle karşılaştım geçen sabah."

"Aris'i bırakmaya gelmişti."

İçime mahallenin muhtarı kaçmış gibi kadını kapının önünde sorguya çekmem ne iğrenç. Fakat sormak istediğim o kadar soru var ki kendisine. Benim gibi bir yabaniye yakışmayacak bu yakınlaşma atakları da ne oluyor, ilginç doğrusu!

Sonya tabağı uzattı ve ben de kibarlık edip boşunu vermedim. Buradaki kibarlık, kalan soruları sormak için fırsat yakalamış olmamın uyanıklığıydı. Birdenbire ilgimi çeken bir şey olmuştu, karşımdaki kapıda gördüğüm minik yakışıklı içimde bir heyecan yaratmıştı sanki. Karşılıklı iyi niyet mesajlarımızla komşumla vedalaştık.

Sabah vakti sıcak poğaçaya kim hayır diyebilir? Rejim yapanlar diye cevabı patlattı, içimdeki hazır cevap. Rejim yapmak hiç bana göre değil. Yeme içmeyle aram hep gelgitli oldu hayatım boyunca. Ruh halim iyi ise yerim, değil ise yemem. Böyle olunca hayatım iyi gidiyorsa biraz etine dolgun, iyi değilse sıska olurum. Bu aralarda oldukça sıskayım.

Çay, poğaça ve okuduğum şahane kitap ile taçlanmış bir sabahın ardından ablama doğru yola koyuldum.

Şansıma Su bebek ablamdaydı. Bugün çocuklar bana desteğe gelmiş gibiler, sabah Aris şimdi Su… Çocuklar sanki sonsuzluğu anlatıyor. Doğan her çocuk, hayat devam edecek diyor. Bildiklerim boşuna gitmeyecek, gördüklerim ve göstereceklerim var. Tüm doğa üreyerek sonsuzluğa koşuyor gibi. Çocuk umut etmek gibi. Ağzımı yüzümü çizik içinde bıraktı minik elleriyle Su bebek. Büyümüş huyu değişmiş ve karakteri oluşmuş. O ne isterse o oluyor.

İnsan karakteriyle doğuyor, belki de kaderin baştan yazılı olduğu bilgisi doğrudur.

"Derin akşama yemeğe kalıyorsun değil mi? Elif ve Yağız yoklar. Enişten, sen, ben olacağız. Balık yapacağım. Onlar yemekten sonra gelir, hatta bizde kal bu gece, hafta sonu son bir kez adaya gideriz."

"Sağ ol ablacım, Selva Hanım bir yere davet etti. Onunla sözleştik, hatta geç olmadan kalkayım. Ona da erken buluşuruz diye söz verdim. Uğrarım yine."

"Uğraman ayları bulmasın lütfen."

"Tamam, herkese selam, hoşça kal."

Toplantı

Selva Hanım ile ev yemekleri yapan güzel bir lokantada buluştuk. Salatalarımızı yerken, kısaca olanları anlattım. Anlattıklarımı yorumlamayacağını, çünkü inkâr döneminde olduğumu söyledi. O da ne demek öyle? "İnkâr dönemi!" Yükseliş, duraklama dönemleri falan olsa anlarım da...

"İnkâr, insanın yaşadıklarını kabul edemeyerek bir şekle bürünmesi ve akabinde buna kendi kendini ikna etme dönemidir. İkna olmak için haklı çıkması gerekir. Ekin Hoca'nın çalışmalarına katılarak belki sorularına bir nebze olsun cevap bulabilirsin. Tabii karar yine senin."

"Sahi onunla ilgili söylediğiniz şey neydi, göbek bir şeysi?"

"Göbek kaçması, ilahi Derin!"

"Öyle bir şey mi, bu gittiğimiz?"

"Hayır, o anlattığım Ekin Hoca ile ilgili bir fikrinin oluşması içindi. Bu akşamki çalışma 'İsimlerimiz ve Biz' adını taşıyor. Böyle seminerler dışında, düzenli bir sınıf gibi aynı grup ile aldığımız dersler de var. Farklı konuları ele alıyoruz her hafta, onun için yeni bir çalışma grubu oluşturulmasını beklemen gerekiyor. Belki birkaç ay sonra olabilir."

"İsim konusu ilginçmiş, merak ettim. Grup çalışması falan nedir? Terapi gibi mi mesela? Ben çok katıldım o tip çalışmalara, hepsi birbirinden tuhaf geldi. Ama bu isim konusuyla ilgili hiçbir bilgim yok. Benim adım zaten apaçık anlatıyor anlamını, derin demek işte. Daha ne anlamı olacak ki?"

"Haydi, kalkalım. Sorularını akşama sakla."

Bir apartman dairesiydi gittiğimiz mekân. Kapıyı bize beyaz giysiler içinde bir kadın açtı. İçerisi oldukça kalabalık gözüküyor. Ama dairenin büyüklüğü sayesinde ortam çok da boğucu değil. Gelenlerin profilleri, dinsel ya da tasavvufi bir merkeze geldiğim algısı yaratıyor. Zaten içerisinin dekoru oldukça sade, yer minderleri ve sedirlerle döşenmiş biraz mistik bir mekân. Ancak en önemlisi, dinlendirici bir havası var. İçeriye girerken ayakkabılarımızı çıkardık ve bize verilen patikleri giydik. Hafif bir müzik çalıyor insanın içini rahatlatan. Bugüne kadar katıldığım hiçbir etkinlikte rastlamadığım bir dinginlik hâkim ortamda. İnsanlar gülümsüyor ve fısıltı şeklinde konuşuyor. Ambere benzeyen güzel bir koku yayan buhurdanlık dikkatimi çekti, neredeyse yarım metre boyunda.

İkramlar yapılıyor. Tepsilerin içinde bitki çayları, meyveler, kurabiyeler. Sanki başka bir ülkede mistik bir toplantıya gelmiş gibiyim. Ekin Hoca'yı gördüm uzaktan. Onu ilk gördüğüm halinden çok daha farklı görünüyor. "Bey" diyemezsiniz ona. Bu ortamda, sıradan bir adamdan bu kadar insanın ilginç bir saygı ve hayranlıkla izlediği karizmatik bir lidere dönüşmüş. Rahat bir giysi var üzerinde, krem rengi bir alt ve beyaz bol bir gömlek. Yanık teni ve mavi gözleri ile mistik bir lider havası oldukça etkileyici. Çevresindekilere gülümseyerek ve onlarla tokalaşarak bana doğru ilerledi, yanıma gelip gülümseyerek elini uzattı.

"Ne güzel sizi aramızda görmek, hoş geldiniz Derin Hanım."

"Hoş buldum, ne kadar farklı bir mekân burası. Hem çok sade hem de çok huzur verici."

"Zaten huzur sadelikte gizlidir."

Beyaz tenli, koyu renk saçları turkuaz bir tülbentle toplanmış ve simsiyah gözleriyle insanın ta içine bakan bir kadınla birlikte yanımıza geldi Selva Hanım. Sırtıma dokunarak, "Sevgili Derin, seni çok kıymetli bir insanla tanıştırmak istiyorum. Bu geceki sohbetimizi yönetecek ve bize ışık tutacak olan Revan Hanım..."

Her ikimizde aynı anda elimizi uzatarak memnun oldum, dedik.

Bütün seminerleri Ekin Hoca veriyor sanıyordum. Belki de karısıdır bu Revan denilen kadın, kim bilir?

Selva Hanım'ı yalnız yakalayıp, soru bombardımanına tutmaya başladım hemen.

"Ekin Bey ne iş yapıyor? Revan Hanım ne iş yapıyor? Buranın sahibi kim?"

"Derin, sende bu merakın uyanmasına çok sevindim. Bizi hayata dâhil eden merak duygumuzdur. Ekin Hoca tarım ile uğraşır. Kaz Dağları'nda zeytinlikleri var. İnşallah nasip olursa önümüzdeki bahar seninle de gideriz. Yine aynı yerde bir yaşam merkezi var, ruhsal ve bedensel arınmalar uyguluyor ailesiyle beraber. Revan dünya tatlısı bir kadındır, tıp doktoru ve aynı zamanda akupunktur uzmanıdır."

"Ne alaka peki, bu akşamki seminer?"

"İlahi Derin, hangisiyle alaka kuramadın?"

"Ne bileyim! Bu işleri yapanların hikâyelerinde hep şurada

şöyle başarılıydım, kariyer sahibiydim, Ferrari'mi sattım, tepeden aşağıya düştüm falan gibi geride bırakılmış bir kıdem öyküsü yatar. En azından benim bugüne kadar dinlediklerim hep bu türden hikâyelerdi."

Selva Hanım'ın kahkahasıyla dikkatler bir anda bize yöneldi. Aklım çıktı bu söylediklerimi diğerleri ile paylaşacak diye. Neyse ki ilahi deyip, yüzümü okşamakla yetindi.

Ufak bir çan sesi duyduk. Dikkatleri kendine çekmek isteyen Revan Hanım ortada durmuş, yine tüm bedeniyle gülümsediği hissi ile topluluğu sessizliğe davet etmişti. Bu sessizliği başlatan ve bitiren kendisi oldu.

"Hepimiz bu güzel geceye hoş geldik. Bu gece hep beraber isimlerin manalarını ve bize ne mesaj ilettiklerini inceleyeceğiz."

Salonda çıt çıkmıyordu. Her yeri saran miski amber kokusu, hafif serin ortam ve ilgi çekici konuyla ilerledik Revan'ın arkasından.

"Bizim kimliğimize işaret eden harfler ve oluşturdukları anlamlar ile en kıymetli varlığımızdır seçtiğimiz isimler. Peki, düşündünüz mü hiç, aldığınız isimleriniz size ne anlatır?"

Bugüne kadar katıldığım herhangi bir seminer ya da benzeri bir toplantıda, anlatıcı böyle bir soru sorsa uğultu yükselirdi hemen. Oysa burada konuşma öncesi herkese usulca dut yedirmişlerdi sanki. Çıt bile çıkmıyordu.

Revan Hanım anlatmaya devam etti.

"İsmimiz hayat boyunca en çok duyduğumuz ifadedir. Kelimeler hayatın akışı ile aramızda aracılık görevi görürler. Biz isteklerimizi, arzularımızı ve hayata dair tüm hallerimizi kelimelerle ifade ederiz. İşte tam bu noktada durup düşünmenizi istiyorum. Gözlerinizi kapatın ve derin bir nefes alın. Bu hayata geldiğinizden bu yana en çok duyduğunuz kelime hangisi?"

"Derin!" dedim kendi kendime. Ve etraftaki herkes de kendi adını fısıldıyordu.

"İsim karaktere bir gönderme yapıyor olabilir; Gürkan, Bilge, Ateş, Aslan, Melek gibi... İsim kişinin karakterini yansıtabileceği gibi, tam tersi ona 'Böyle ol!' mesajı da verebilir. Göbek adı ile anlatılan ise bu dünyaya geliş sırasında ilk hitap olarak düşündüğümüzde, bence önemlidir. Tekrar edilemese de yani kullanılmasa da, kişiye bir mesajı olabilir. İki ya da fazla isim taşıyanlar için, kullanılan ismin enerjisi daha yoğundur. Ancak resmi daireler ve yazılı evrak üzerinde yazıyor olması, o enerjinin arada sırada da olsa aktifleşmesine sebep olur. Nüfusa yanlış yazılan isimler için dikkat edilmesi gereken, yapılan yanlışlığın manaya etkili olup olmadığıdır. Eğer olmuş ise, bu yanlışlığın düzeltilmemesi halinde kişinin kadersel olarak yaşayacaklarına etki edebilir. Kişinin kendi isteği ile ismini değiştirmesi ise, yine hayatının gidişini değiştirebilecek bir etki taşır. Kafanızda soyadları da bir soru oluşturabilir. Elbette onlar da etkilidir. Özellikle evlilikle değişen soy isimleri, enerjiyi yatıştırabilir de sertleştirebilir de."

Yan tarafta oturan orta yaşlı bir kadın söz istedi. Ancak Revan daha sonra diyerek devam etti. Konuşmasının bölünmesine izin vermeyişi ve güçlü anlatımı sayesinde akıcı bir seminer oluyordu.

"Bazen de isim, eksik olanın tamamlanmasına etki eder. Diyelim ki, 'Bora, Rüzgâr, Poyraz' gibi bir ismi olan birinin astrolojik element tablosunda hava elementi ya da öncü burçlar eksiktir ve bu şekilde hareket etme enerjisi, isim ile tamamlanma sağlayabilir. Gelelim atalarının isimlerini taşıyanlara ya da bunu reddedenlere. Burada da iki farklı konu görürüz. İlki ataların geleceğe yazdığı yarım kalan işler mektubu, diğeri de bir koruma ya da isim aracılığı ile aktarılan mesajdır. Ancak ortak olan miras konusuna yapılan vurgudur. Yani ismini aldığı kişinin hayat içindeki miraslarını devralır. Zaten dikkat ederseniz bu kişiler arasında, karakter özellikleri birbirine benzer veya yaşanmışlıklarda da benzerlikler görülebilir."

Soru sormak isteyenler sırayla el kaldırarak kafalarına takılanları paylaşmak isteseler de, Revan kimseye söz vermemek konusunda istikrarını korudu. Ardından kısa bir ara verdi. İhtiyaç molası çok kısaydı ve yine özel soru kabul etmedi. Moladan sonra devam etti. İlk başlarda hoşuma giden bu diktatör havası artık oldukça antipatik geliyordu. Tek bir soru sormadan anlat da anlat... İyi de bizim aklımıza takılanlar ne olacak? CD yap dağıt evde seyredelim, buraya niye geldik o zaman? İsmimizi biz seçiyormuşuz. Tabii ya annemin karnında ben karar verdim: "Derin koyun benim adımı, ona göre. Bak çıkmam yoksa!" Bu son vallahi bir daha buraya gelmem.

"Aslına bakarsanız isim mi kader yaratır, yoksa kader mi isim seçtirir? Bu sorunun cevabı verilebilirse, o zaman konuyu enine boyuna anlarız. Ancak bu sorunun net cevabını vermek de mümkün değildir. Yani hem isim kader yaratımında etkilidir hem de kadersel etkenler o ismi seçtirir. Kader konusu, ayrı bir seminer konusu. Ekin Hocam bu konuyu size havale ediyorum."

Herkes bir anda Ekin Hoca'ya döndü. O da elini kalbine götürerek bir tür selam verdi. Daha sonra da Revan Hanım'ı işaret ederek devam dedi. Veremedi cevabı, nasılmış Revan Hanım? Attığın pasa cevap gelmedi. Öyle saçmalık mı var? Seçtiğimiz isimlerden kader yaratıyormuşuz... Alın yazısı ne oluyor o zaman?

"Biliyorum, birçoğunuzun kafası kadere bakış açısı yüzünden karışmıştır. Bir örnekle gidelim isterseniz. Sevgili Selva, izniniz olursa sizin isminizden yola çıkabilir miyiz? Birçok anlamı olduğu için güzel bir örnek olabilir."

"Sevgiyle, lütfen," dedi Selva Hanım.

"Selva, Arapça bir kelimedir ve Kuran'da geçer. İsrailoğullarına Tıh Çölü'nde bulundukları sürece helva taşıyan kuş, aynı zamanda bal ve İspanyolcada da Ekvator ormanlarına verilen isimdir. Birbirinden ne kadar farklı anlamları bir arada toplamış değil mi? Selva, etrafındakilere topladıklarıyla fayda taşıyan bir karakter özelliğini anlatır diyebiliriz. Selva Hanım da öyledir gerçekten."

Ne ilginç, Meliz de bal demek. Tesadüf ötesi, en yakın arkadaşımın ismi ile Selva Hanım'ın isminin anlamı aynı çıktı.

Ama huyları hiç mi hiç benzemiyor. Ne olacak şimdi? Soru sormama izin verse hop kündeye alırdım Revan Hanım'ı ama izin vermiyor ki!

"Bir ismin hem söyleyene hem de duyana etkisi vardır. Sizin çevrenize topladığınız, yani iletişim içinde olduğunuz kişilerin isimlerinden oluşan bir enerji bulunmaktadır. Onların isimlerini sürekli tekrar edersiniz. Bir de sizin isminiz söylenerek, size bir tekrar yapılır. Aslında bu bir tür yüklemedir."

Benim çevremdekilerin adları "bal, bir, narin, su" falan filan...

Bana tat veren narin su mu, denmek isteniyor? Ne saçma!

"Şimdi, Selva Hanım'a biz seslenirken verdiğimiz mesaj; bize nimet getirmesi, bize destek olması, beklentilerimizi karşılaması olabilir ya da adının bal manasından bakarsak, hayatımıza tat istediğimiz için onun bize sunacaklarına ihtiyaç duyabiliriz.

Onun açısından bakarsak ise ona hatırlatılan, 'İnsanların hayatlarına tat kat, güzellikler sun!' ya da 'Farklı tatları, faydaları, renkleri bir araya getirip yepyeni ve faydalı bir tat yarat.' mesajlarını anlayabiliriz." Eh sonunda bu salon da uğuldadı ya, rahatladım. Bunlar başka bir yerden mi gelmiş acaba, diye düşünüyordum. Hâlâ beynim tam olarak anlamakta zorlanıyor. Ne yani, Meliz ve Selva Hanım aynı hayatları mı yaşayacak? Yok artık!

"Şu gelebilir aklımıza..."

Bu cevap bana geliyor, adım kadar eminim...

"Aynı isimleri taşıyanlar, aynı huya mı sahip veya aynı kaderi mi paylaşıyorlar?"

Kesinlikle ben rüya formatında oyuna girdim ama girdiğimi hatırlamıyorum. Tek çıkış şansım ise girerken oluşturduğum şifreyi hatırlamak ya da delirmek...

"Burada hatırlamamız gereken en önemli konu, her kader bir parmak izi kadar kişiye özeldir. Aynı ismi taşıyan veya aynı anda doğmuş insanlar, aynı kaderi yaşayacak diye bir şey yok. Bir üzüm bağında dahi kuzeye bakanla güneye bakan, toprağa yakın olan ile uzak olan gibi birçok unsur; bir üzüm tanesini diğerinden ayırmaktadır. İnsanın kaderinin yaratılışında da bir unsura takılmak doğru değil elbette. Biz burada farklı bir açıdan bakıp, hayatı kolaylaştırmaya çalışıyoruz."

Peki, Derin ne anlama geliyor? "Başka örneklerle devam edelim."

Evet, hatta benim adımı yapalım. Başkasına söz verdi, gıcık ya... Burada yabancı olmanın ürkekliğinden mi, yoksa duyacaklarımdan korkmamdan mıdır, bir türlü el kaldırıp söz alamadım. Kendi yaptığı bazı isim analizlerini seyyar tahtaya yazdı.

DERİN

Çalışma bittiğinde tam olarak istediğimi alamamış olmanın tatsızlığı vardı üstümde. Kalabalıkla çevrili Revan Hanım'ın yanına gitmeye de gururum elvermiyordu. Bu gece bana buradan nasip yok, diye düşünmeye başlamıştım. Derken omzuma dokunan ele doğru döndüm. Ekin Hoca bana gülümsüyordu.

"Nasıl geçti bu toplantı senin için? Verim alabildin mi?"

"Ne bileyim, tam olarak verim aldım diyemiyorum. Derin isminin bana kattığı nedir, pek anlayamadım?!"

"O zaman verim alamamışsın demektir."

"Evet, işte ben de bu yüzden biraz tuhaf hissediyorum. Acaba benden kaynaklanan bir şey mi bu?"

"Elbette senden kaynaklı Derin, her şeyin kaynağı insanın kendisidir. Biz seçimlerimizle ilerleriz bu hayatın içinde. Bu birçoğumuz için kabul edilemez gibi gözükse de böyledir. İnsan dışındaki tüm yaratılmışlar, varlıklarını devam ettirmek ve soylarının devamını sağlamak üzere güdülenmiştir. Sadece insan kâinatın bilgisini alıp kullanma ve hayatına yön verme hakkına sahiptir."

"Bu söylediklerinizi iç sesim olumlu bir durum için kabul ediyor. Ama kötü bir olay karşısında seçimi yapanın ben olduğunu kabul edemem, edemiyorum... Kocamın ölümünü ben neden seçeyim? Bu çok anlamsız geliyor. Yani daha doğmamışken ismimi nasıl seçeyim? Bu da çok saçma. Oldu olacak annemi ve babamı da ben seçiyorum deyin, olsun bitsin."

"Haklısın, zamana esir olan insan zihni için bu söylediklerim kabul edilemez. İstersen farklı toplantılara katıl ve üzerinde konuşalım. Arada sırada buraya uğra, sorularına farklı yönlerden de bakmış olursun. Bildiklerimiz bazen öğrenmemizin önünde engel teşkil edebilir."

"Olabilir ama bu gecelik bu kadarı bana yetti zaten. Selva Hanım'ı gördünüz mü?"

"Evet, bak ileride fincanları topluyor."

Selva Hanım ile vedalaştıktan sonra biraz yürüyüş yapıp eve döndüm. Adımın manası gayet açık, zaten derin işte ne anlatacak ki? Bu saçma eğitimlerden uzak duracağım diye kararlar alıp da yine cazibesine kapılmam zaafımdan başka bir şey değil.

Neyse çok yorgunum, bunları düşünmek de ayrı bir ıstırap kaynağı...

Karşılaşma

Birkaç hafta hayatın akışıyla geçiverdi. Günler gittikçe kısalıyor ve kış yüzünü göstermeye başlıyordu. Sabah yaptığım yürüyüşler, bazen ablamı ve yeğenim Elif'i ziyaretlerle günlerimi dolduruyordum. İçimi doldurmak ise ne mümkün... İnsanın içini ne doldurur acaba? Herhangi bir meşgale olmadığı kesin. Hatta bir şeyle meşgul olmak bunaltıyor beni, öte yandan boş oturmak da benzer etkiyi yapıyor. En kıskandığım hallerden biridir, öylece durarak veya bir şeylerle uğraşarak günü mutlu mesut tamamlayanlar... Kendi işimi yaparken, sanki daha bir iyi geliyordu çalışmak. O zaman da üzerimdeki baskıyla bunalıyordum, bunun bir ortası yok mudur acaba?

Selva Hanım uzun süredir ortalarda yok. Meliz de İngiltere ve Amerika gezilerinden sonra işe daldı. Ablamın gündemi belli. Aslında genel bir sessizlik hâkim. Fırtına öncesi mi, sonrası mı bilemedim.

Bu pazar kazanın yıl dönümü, aslında cesaretimi toplayıp mezarlığa gitmek ve orada Ali ile olmak istiyorum. Bir yanım avaz avaz, bir yanım gözyaşını gösteremeyecek kadar donmuş bir halde. Kendimi bir buz kütlesinin içinde son ses bağırıyormuş gibi hissediyorum. Buzlar sadece ağzımı açmama izin veriyor ama kulaklarımın duyması yasak. Kendi sesini duyamayınca sağır olunuyormuş. En çok da kendi sesimi duymaya muhtaçmışım. Ne söylüyor içim, duyamıyorum. Birisi çıkıp anlatsa bana neler olduğunu? Benim kim olduğumu, hayatımın nasıl ve nereye gittiğini? Ne bileyim; yediğim kazıkları, işittiklerimi, dünyanın bu halini anlatsa da ben de rahatlasam...

Kim bilebilir benim içimi? Açıp göstermeye razıyım, yeter ki canımı acıtmadan dokunsun yaraya merhem olacak olan... Şefkat ve merhamet istiyorum. Kucaklanmak, sevilmek, anlaşılmak istiyorum... Ama en çok da anlamak, bu dünyanın tuhaflıklarını anlamak... İşte öylesi tuhaf bir hal içindeyim...

Belki biraz çıkıp dolaşsam iyi gelir. Gerçi kendimi de yanıma aldığım için nereye gittiğimin pek bir önemi olmuyor, dünyanın öbür köşesi burnumun ucuyla aynı.

Bu düşüncelere dalmış gitmişken, telefon sesiyle kendime geldim. Selva Hanım arıyordu, sanırım onu düşündüğümü duydu. Gerçekten yerin hatta meşhur evrenin kulağı olduğuna ikna oldum ama tam olarak inandım diyemem.

Pazar günü bütün gün Ekin Hoca ile birliktelermiş, benim de gelmemi istedi. Açıkçası kafam karıştı. Ali'nin yanına gitmek ve bir mezarla konuşmak ne kadar doğru bilemiyorum ama ona karşı görevimi yerine getirmek isterken bu teklif hiç de fena olmadı. Yani kaçacak bir bahane buldum. Kaçışım Ali'yi benden uzağa koymuyor. Sanki hep yanı başımda bitiyor...

Selva Hanım'ın teklifine, olabilir ama bir ihtimal başka bir yere de gidebilirim, gibi yuvarlak bir cevap verdim. Hem daha pazar gününe çok var.

Tam telefonu elimden bırakmıştım ki yine ve yeniden Can aradı. Ne zaman vazgeçeceksin, merak ediyorum Can?

Mümkün olduğunca kısa, soğuk ve duraksayarak konuşma tekniği ile ondan kurtulduktan sonra hemen kendimi sokağa attım. Üzerimde bu derece soğuk duş etkisi yapmasını bir türlü anlamıyorum doğrusu. Taksim'e, belki oradan da Galata'ya gitmek iyi gelebilir. Yıllar var ki Galata tarafına geçmedim.

Bağdat Caddesi'ne yaptığım kısa bir yürüyüş ve Taksim'e dolmuşla geçmek işimi kolaylaştırdı. Gümüşsuyu civarında indim. Yürüyerek, biraz da havanın sertliği ile kendime gelmeye çalıştım. Meydana kadar yürümüştüm ki nefesimin kesildiğini hissettim. Kasım ayına göre oldukça soğuk bir hava var.

Buradan Galata'ya yürümek en az bir saat sürer. Turistlerin en gözde mekânları tatlıcılar olmuş, sanki benim bildiğim bir yer değil burası. Dünyanın her yerinden insanların akın ettiği bu caddede alışveriş yapılacak dükkânlar ve yeme-içme dışında bir şey yok aslında. Ancak bu kadar kalabalık, başlı başına ilginçlik arz ediyor. Her yaştan ve neredeyse her ülkeden insan omuz omuza yürüyor. Normalde olsa, bu kalabalık iyi gelebilirdi belki. Ama bugün pek havamda değilim. Bu düşüncelerle dolaşıp dururken ablam aradı ve ısrarla cumartesi günü yemeğe davet edip, kaçacak tüm kapılarımı da sıkıca kapatarak beni ikna etti.

Cihangir'e ulaşmıştım. Eski ile yeni arasında bambaşka bir yerlerde duran ilginç dükkânların kimilerinde eski ev eşyaları ile modern eşyalar bir arada satılırken, kimileri de eski ev eşyalarıyla dekore edilmiş evinizin salonu havasında minik kafelerdi. İlginç sanatsal sunumlar, az önceki kalabalığın yorucu havasından sonra beni sakin ve evimin salonununda çay içiyormuşum hissi vererek rahatlattı.

Bir üçlü koltuk, iki küçük masa ve bir tekli koltuğun önündeki sehpa ile dekore edilmiş, açık bir mutfağa sahip evin salonunda, eski taş plakları andıran musiki, beni bambaşka diyarlara götürdü. Harika yemekler ve başlayan yağmur ile misafirliğim uzadı. Benim bile şikâyet edemeyeceğim bir sadelik hâkim buraya, ne bir eksik ne bir fazla. Uzun süreden bu yana, içimdeki kanat çırpan kuşun bu derece sakinlediği olmamıştı. Akşamı burada geçirebilirim, ortamda toplamda beş kişiyiz. Kulak misafirliğim sayesinde hafiyelik yaparak, kafenin sahibi Rezzan Hanım hakkında kısa bir özgeçmiş yazabilecek hale geldim. Başkalarının hayatlarını dinlemek mi huzur veriyor bana acaba? İçimde durmadan çırptığı kanatla beni yoran kuşa sormak lazım.

Konu, ben ve benim hayatım olunca sıkıntı basıyor ama bir başkası olunca içim birden açılıveriyor. Belki de ortak bir yanımızın olmaması ilgimi çekiyordur.

Yağmur durduktan sonra hesabı istedim, ancak bir yanımın hâlâ oturası var bu mekânda. Bir köşede öylece uyumak, dinlemek ve susmak, sadece öylece bakmak... Dikkatli, daha dikkatli bakarsam göreceğimden emin olduğum ama ne göreceğimi bilemediğime doğru bakmak...

Dışarıdaki hava şahane. Hafifçe nemli, temiz ve içe çekilesi bir İstanbul. İyi geldi bu keşif. Arka sokaklardaki kestirmeleri kullanarak geldiğim Galata'da şu kule olmasa, doğru yere gelip gelmediğimden emin olamayacaktım.

Galata'da daha önce çalıştığım birkaç atölye ve ustayı ziyaret etmek istedim, ancak dükkânlarını çoktan kapatmışlardı. Eskisi kadar el yapımı işler revaçta değil, elbette o ustaların iş bulabilmesi de oldukça zorlaştı. Sahile doğru yürümeye başladım. Yapılar o kadar güzelleşmiş ve yenilenmiş ki, insan tarihin canlandığı hissini yaşıyor.

Tam sokak ortasında, büyük bir çarpma hissi ile yere serilene kadar avare bir haldeydim.

Aman Allah'ım! O da neydi öyle?

Kafamı kaldırdığımda Ekin Hoca'nın bana uzattığı elini görmem, en az çarpışma etkisi kadar şaşırtıcıydı.

"Ekin Hoca?"

"Ver elini Derin ve lütfen şu hoca lafını bırak."

"Şaka mı bu? Koskoca İstanbul'da, yolun ortasında sizinle mi çarpıştık?"

"Senin gözün yükseklerde belli! Havaya bakarak yürürsen, olacağı budur."

"Çok ilginç, hâlâ çok tuhaf geliyor... Yani onca insan içinde, hay Allah ne kadar ilginç!"

"İlginç olan ne, söyle bakalım?"

"Yani kaç milyonda bir ihtimal..."

"200 milyonda bir olman ilginç gelmiyor da, çarpışmamız mı ilginç geliyor?"

"Nasıl yani, o ne demek anlamadım?"

"Doğabilmemiz için gerçekleşen olasılık hesaplarından birisi."

"Tanıdığım en ilginç adamlardan birisisiniz. Yani her şey için bir açıklamanız var gibi ve çok az şaşırıyorsunuz. Bu daha da ilginç geliyor. Yani sıradan biriyle çarpışsak, karşımdaki de en az benim kadar tepki verirdi. Siz de tuhaf bir hava var, çözemediğim..."

"Boş ver şimdi bu inceleme araştırma konularını. Vaktin var mı, bu tesadüfün siparişine bakalım?"

"Tesadüfün siparişi mi?"

"Evet, yaşam hiçbir boşluk içermez. Bizi burun buruna getirdiğine göre, cevapları bulalım. Sohbet için vaktin varsa bir yere oturabiliriz, ne dersin?"

"Harika olur, ayağıma kadar gelmiş bir guruyu çevirmek bana bile yakışmaz."

"Guru ağır oldu. Henüz bir konuda tamamlanmış bir halimiz yok, çok şükür. Biz her bir zerremizin kıymetini bilme çabası ve bir zerre dahi olmadığımızın şuuruyla ilerliyoruz. Lütfen hoca da dahil olmak üzere, sıfat eklemeden bana sadece Ekin diye hitap et. Ben de sana Derin derim iznin olursa. Bu arada kendini niye huysuz gösterme çabası içindesin, söyle bakalım?"

Birden kıpkırmızı oldum. Hem guru tabirime verdiği bu tuhaf cevap ile susasım geldi hem de huysuzluk önlüğümü almak için yaptığı bu hamleden dolayı içimde bir yerler utandı.

İş trafiğinden önce vapurla karşıya geçmeye karar verdik. Böylece hareket halinde iken konuşma ritmimize görsel ögeler ekleniyor ve hatta karşılaştıklarımızın tepkileri sohbete dahil oluyordu. Bizi fırçalayan şoför, karşıya geçerken yardım ettiğimiz yaşlı adam, vapurdayken uzaktan el sallayan turistler ve bize yol boyu eşlik eden martılarla beraber Anadolu yakasına geçtik.

Ekin konuşma sırasında beni dikkatlice dinliyor, anlattıklarımdan çıkardığı bir analiz ile bana geri dönüyor ve sanki orada yanımdaymış ama başka bir köşeden beni seyrediyormuş gibi olayın göremediğim taraflarını açık ediyordu. Bunu nasıl yaptığını sorduğumda şöyle cevap verdi:

"Çok basit, tam olarak buradayım ve sadece dinliyorum. Sen bana bazı şeyleri anlatırken, seçtiğin cümlelerin arasında her şeyden bahsediyorsun. Aslında benim sana yaptığım açıklamalar, senin anlattıklarının içinden seçerek tekrar sana söylediklerim... Yani cevaplar zaten senden geliyor. Duyabilmek Derin, en kıymetli öğretendir. Dinlemek ise bir eylemdir. Âdeta içinden gelir ve geçer. Tıpkı bir müziğin ritmi gibi içine alabilir, hiç fark ettirmeden bitebilir de... Oysa duymak eylemsizliktir, içine girersin ve orada olanı fark edersin. Bir müziğin içine girmek gibidir, o sazı çalanla olabilmek... Aynı zamanda o anda ritme akabilmektir. Bir aktarım vardır. Bir iletim vardır. İşte bunun adıdır iletişim. Duymak, iletilebilen mesajın okundu bilgisidir. Bunun için susmak gerekir. Susturmak değil. Gönüllü katılmak gerekir dansa, zorla sürüklenenler dans pistinde kendilerini çıplak hissederler. Oysa ritme katılarak piste çıkan için sadece uymak vardır; akışa, olana, ritme...”

Susmaktan başka bir şık kalmadı seçebileceğim. Sen kimsin Ekin? Sen yakarışlarımın cevabını getirmiş olan mısın? Sormaya cesaretim olsa... Derken, vapur Kadıköy iskelesine yanaşmıştı ki bana dönerek, “Akşam için bir planın var mı?” diye sordu.

Ne planı, sen delirdin mi? “Bulmuşum seni hiçbir yere gitmek yok, sen nereye ben oraya,” demeyi çok isterdim. Biri bana anlatsın neler olduğunu dememle birlikte, senin yanıma gelmen arasında geçen kısacık zaman ve karşılaşmamız *Derin Tuhaflıklar Âleminde* kitabına yakışır bir mizansenken, hiç bırakır mıyım seni üstat? Üstat demek yok Derin, hatırla...

“Bir işim yok, sohbete devam etmeyi çok isterim.”

Allah'ım en sonunda gönderdin aradığım kişiyi. İçim ferahlıyor o konuşurken. Ne ilginç bir adam, ilk defa beni de duyduğunu hisseder gibiyim. Ancak daha istediklerim tam gerçekleşmedi, ona göre lütfen.

Bir iki telefon görüşmesi yaptı. Ardından taksiye bindik, farklı bir yere doğru yola çıktık. Gideceğimiz yer biraz uzaktı.

Bu sayede yolda da sohbete devam etme fırsatı yakalamış olduk. Konu dönüp dolaşıp, nasıl olduğunu anlayamadığım bir şekilde benim Ali'nin yasını tutmama, hatta onun ölümünü reddetmeme geldi.

İlk defa her yanımı ateş bastı. Şimdi pişmanlık çukuruna doğru sürüklenmeye başladığımı hissediyordum. Ne güzel tatlı tatlı sohbet ederken, ne oldu da şimdi konu buraya geldi? Hayat benim acılarımdan mı ibaret ya da bir tek ben mi yaşıyorum bunu? Ermiş miyim ben? Hemen unutup geçeceğim, hiçbir şey olmamış gibi devam edeceğim. Ne istiyorsunuz benden? Beni rahat bırakın! O şirin yüzlü ve beyaz dişlerini göstererek gülen adam, birden dişleriyle beni yiyecek bir kurt oluverdi.

Kaçacak yer de bırakmadın Derin kendine, ben şurada ineyim zamanını çoktan kaçırdın. Otoyolda yol alırken kulağımda uğuldayan ses arada sırada "ölüm, yas, terk edilmek" gibi kelimeleri yüksek sesle, geri kalan her şeyi duyamayacağım tonda fısıldıyordu. Onunla göz göze gelmekten korkuyordum, gözlerine bakınca yüzüne bir tane patlatmak ve kaçıp gitmek istiyordum. Sesi birden netleşti.

"Ben de seninle gelebilirim istersen. Önce mezar ziyaretine gideriz, sonra bizim orada sohbete katılırız. Bu seni gerçekten özgürleştirecek Derin."

Ne zaman geldik bu konuya? Ne mezarı, ne ziyareti, neden benimle geleceksin? Bunları bile sormaya mecalim yok. Güvenilir bulup sarıldığım bu ağaçtan ellerim kayıp gidiyor. Tutunacak bir dalı kalmayanlar ne yapabilirlerse, ben de onu yaptım ve bıraktım kendimi... İşte o anda ilk gözyaşım çıktı geldi. Ruhumun feryadı, gözlerimden tek bir damla akıtmadan sessizce çağlıyordu ve ben çaresizce yutkundum.

"Lütfen, ben bunu yapmak istemiyorum. Neler yaşadığımı bilemezsin, hazır değilim..."

Değilmişim, şimdi daha iyi anladım. Kalbim tam boğazımın altında atıyor şimdi, bu yüzden nefes alamıyorum.

"Ben sana ısrar etmedim ki Derin, sen istedin bunu..." Tamam, Derin delirdi herkesin gözü aydın! Ne zaman istedim? Ne yaptın ilaçlı mendil mi koklattın da o ara mı söyledim?

"Anlamadım, ben mi istedim? Neyi ben istedim?"

"Konuşmamız sırasında, hayatın benim için hiçbir anlamı yok o kazadan sonra dedin. Ölümü kabul etmediğin için yas tutmaya devam ediyorsun. Bu nedenle hem giden huzur bulamıyor hem de sen kalan olarak huzura kavuşamıyorsun."

"Neden tam kendimi iyi hissedecek iken, birden saldırıp beni köşeye sıkıştırmaya çalışıyorsun?"

"Köşeye sıkışmak mı? Kaçmak mı istiyorsun, anlamadım. Sen cevaplarının peşinden koşan, sorular kraliçesi değil misin?"

"Şimdi de alay etmeye başladın."

"Hayır, alay bizden uzak olsun. Saygısızlık ettiysem, af diliyorum. Soru sorma kapasiten oldukça yüksek ama cevapları alacak sabrın az Derin."

"Cevap değil aldıklarım, genellikle azar. Bu dünyanın günahkârı benim. Herkes cennete, Derin ise doğru cehenneme..."

"Seni bu kadar gergin yapan, bu içinde yaşadığın günah-sevap, yanlış-doğru, iyi-kötü ikilemi olabilir mi?"

"İyi ya da kötü diye bir şey yok, ben bunun içinde yaşıyorum demek. Aaa oldu, süper bak bulduk cevabı: Sorun benim içimde."

"Dalga geçmeden duramıyorsun."

"Hayır, dalga falan geçmiyorum. Tam da senin dediğini yapıyorum. Dinliyorum ve söylediklerini aynen sana geri gönderiyorum. Sen dedin, iyi-kötü ikilemini içinde yaşıyorsun ve uyduruyorsun diye. Yani uyduruyorsun demedin ama oraya çektin manayı."

"Seni ancak beklentisizlik hali rahatlatabilir. Olan her ne ise kabul etmek, sunulanı alabilmek, sonuca gidebilmek sana huzur verir. Beklenti itirazı doğurur. İtiraz ise öfkenin kardeşi, huzursuzluğun dostudur. Kalp huzursuzluk ile buluştuğu an, kapılarını sıkıca kapatır. Tekrar açabilmek için şaşırması, nedensizce kabul edildiğini hissetmesi ve sımsıkı sarılan bir kucakla buluşması gerekir."

"Ekin sen nesin, Şaman falan mı?"

"İlginç bir insansın Derin. Bu konuya nasıl geçebildin, şaşırtıcı doğrusu. Sürekli isimlerin önüne bir sıfat ekleme ihtiyacın, içindeki kurtarıcı beklentisinden kaynaklanıyor. Sen 'Şaman' ne demek biliyor musun ki?"

Tam konuyu dağıtıyorum diyorum, hoop adam arkamdan kündeye. Oradan doğru mindere... Tövbe tövbe, saatlerdir minder yüzümü dayamaktan yorulmadı.

"Ne bileyim? İşte, büyücü falan gibi her şeyi bilen, şifacı gibi bir şey var kafamda Şaman denilince."

"Ben büyücü, şifacı ya da her şeyi bilen birine benziyorum yani öyle mi?"

"Olabilir, ne bileyim işte birden ağzımdan çıkıverdi. Yanlış bir şey söylediysem özür dilerim. Son zamanlarda okuduğum kitaplar kafamı bir hayli karıştırdı. Sen de taktın benim içime, ne varsa içimde oluyor. Ne iç varmış bende, söküp yıkayasım geldi."

"Senin için en kıymetlindir ve sırrının saklandığı sandığındır. Çünkü seni sen yapanı, bir tek sen biliyorsun. Bir tek sen seyrediyorsun. Seni sen yapan ben değilim, senin hissettiklerin ve ben ne yaparsam yapayım, seni, kendim kadar anlarım. Yargılarım ve bir yerlere koyarım. Kendimle karşılaştırırım. Seni tanıdığım raflara kaldırırken, o ana kadar bildiğim, bilmediğim, isteyip ulaşamadığım veya ulaştığım her ne varsa devreye girer, senin hakkında bir yorum yapar. Sen bildiğim değilsen daha fena, o zaman sistemden atmak zorunda kalırım. Seni koyabileceğim bir rafım yoktur, senin bir değerin de. Seni bildiğim raflardan birine kaldırmak isterim. Yapmazsam senden nefret edebilirim. Belki de hayran olur, hatta âşık olabilirim. Senin şahitliğini önemsememle merkezime yerleşebilirsin."

"Vay canına, ben neymişim!"

"Yani karşımızda duran her kimse bizi tanımlayan, konumlayan olduğunda, biz bizden gideriz. Şahitliğe muhtaç halimiz, yaşanılanı önemseyebilir de, küçümseyebilir de... Şu anda okyanusun bir yerinde bir balık, diğer balığı yerken hiçbir şahit olmasa, yiyen balık yine de zalim midir? Yoksa onu zalim yapan gözlemleyenin yorumu mudur? Hayat olduğu gibi akarken, bir yorum olmadan da, yine iyi kötü olur mu? Bizi cehenneme koyan ve yargılayan zihin midir? Ödül ve ceza bizim kendimizi yargıç zannetmemizden kaynaklanır. Hiçbir yargıç tam ve doğru karar veremez. Bir prensibe bağlı olarak kararını sağlamlaştırır. O prensip de yine bir başka prensibe bağlıdır. Yani görecelidir. Ölen ve öldüreni seyreden doğru cevabı veremez. Cevap en az üç tanedir: Ölen için, öldüren için ve seyreden için... Seyreden eşit bakamaz. Bu nedenle adalet sembolü elinde terazi taşıyan ama gözleri bağlı bir kadındır. Görmek, taraflandırır ve yorumlamayla devreye girer yargı, ayrıca baktığın bir açı vardır. Ama mutlaka görmediğin bir açı ile tamamlanır. O açı cezalandırılanın gözlerinde saklıdır. Peki, ölen ölmek ile öldüren de öldürdüğü için cezalandırıldıysa, ödül kimindir? Ödül yargılayanındır. Yani izleyerek olaya dâhil olan ve sorumluluk almadan sorunu yakın eden. Kendi merkezinden kaçan, başkalarının hayatlarına dâhil olmaya çalışan. Kısaca, kendine ihanet eden... Çünkü hayat kendi merkezinden yönetilir. Yönetimi terk eden, yönetilir elbette. İşte tam bu nedenle insan almadığı, alamadığı kararlar için karşısında her kim varsa suçlar. O kararlar alınırken orada değildir, duymamış, görmemiş, bilememiştir. Bu nedenle sahiplenemez olanı ve doğanı. Sonuç onun değildir, bu doğru. Ama sadece onun aldığı karar da değildir. Egosu almıştır tüm kararları. Onaylanmak için onaylamıştır, önüne gelen her ne olursa...

Küçük dil ve yutma durumu, acil durum butonu, pes etme şarteli, yani bir sus da kendime geleyim molası...

Bu ne yahu! Daha neler, bir de duyuyorum ve dinliyorum demez mi? Nereyi, kimi dinliyorsun? A, dememle kitap okudun. B, demeye fırsat olmadı. Yok, ben bunlara laf yetiştiremem. Mümkün değil! Yani düşün, bu Selva'nın hocası, büyük lokma ısırmışım. Girdik bir yola, ne yapacaksın Derin sus ve sesini çıkarma kızım! Bu var ya gördüğüm en tuhafı çıktı. He de geç, başka çare yok. Konuyu nasıl dağıtsam acaba? Bu doktora tezi kıvamı biraz dağılsın, şiştim vallahi.

"Ya Şaman dedim, nerelere geldin. Şaman diyorduk."

"Peki, demek ki merkezinden kaçan benmişim, anladım. Bilgi diyorsan, o yoldan gidelim. Bazen Şaman kimi yerlerde 'Kam, Ozan' olarak anılır. Bütün dünyada binlerce yıldır süregelen Gök Tanrı ya da Tengri inancını doğada var olanda arayan, her bir nesnenin yani canlı cansız her bir varlığın bir sahibi, ruhla bağlantısı olduğuna inanan... Sanıldığı gibi puta ya da güneşe değil, bir Yaratıcı ve onun yarattığı, yer ve gök arasında yaşayan her ne varsa ona saygıyla yaklaşanların yol göstericisidir. Bağlantıya geçiren, sorunları doğada var olanda arayan ve liderlik edendir. Kam eğitilmez, seçilmiş olandır."

Hiç nefes almadan dinliyordum, öyle güzel anlatıyor ki az önce ona karşı alevlenen öfkem sönüverdi.

"Yani sonradan Kam olunmaz. Birçok işi sadece ona verilen yetenekler sayesinde yapar. Doğanın tüm eylemlerini bilir, öte âlemle bağlantıya geçebilir. Hekimdir, ozandır, kötülükleri kovmakta ustadır. Bazı yerlerde kartallarla ilişkilendirilir, bazı yerlerde ise geyikle ya da başka hayvanlarla. Sibirya'da, Türk coğrafyalarında halen yaşayan Şamanlar var. Görüştüklerimiz de var ama biz Şaman değiliz. Bu kadar bilgi yeterli, zaten neredeyse gelmek üzereyiz."

"Ekin, senin bir kitabın falan var mı, bunları yazdığın? Oradan okusam ben tüm bunları, ne iyi olur."

Ayrıca ağzım bir karış havada dinlemek varken devam etseydik. Ne tuhafım, bir sus kızım...

"Hayır, henüz yayımlanmış bir kitabım olmadı."

"Yayımlanan olmadı derken, bu yazıyorsun anlamına mı geliyor?"

"Vakti geldiğinde yayımlanmak üzere hazırlanıyor, diyelim. Biraz ilerde sağda inelim lütfen."

Akşamın gelişi göğün kızıllaşmasından belli. Sakin bir yere geldik ve güzel bir restoranın önünde durduk. Ekin içeri girmem için öncelik vererek geri çekildi.

"Geç bakalım her şeyi hemen çözmek isteyen, geçmiş bağımlısı. İçeride konuşuruz."

Geçmiş bağımlısı mı? Sensin o. Neden geçmiş bağımlısı olayım ki? İsa Peygamber, "Sana bir tokat atan olursa, öbür yanağını çevir!" demiş. Peki ben neremi döneyim? Bana tek başına girişen yok ki...

Duyabilmek

İçeriye girdiğimizde, her yeri taze kıymalı börek kokusu sarmıştı. Sanırım sekiz - on masa vardı ve hepsi doluydu. İlginç ve güzel bir atmosferi vardı. Bugün gittiğim mekânlar, çok şahsına münhasır yerler. Burayı asıl ilginç yapan ise menüsü olmamasıymış. Menüsü sahibinin ruh haline bağlıymış. Yani en az Ekin kadar ilginç bir mekân. Tezgâhın arkasında servis için hazırlık yapan bir kadın vardı. İri ela gözlü, çıkık elmacık kemikli, yüzüne göre biraz iri burunlu, belirgin köşeli çenesi ve neredeyse süt beyazı bir tene sahip ince uzun kadının mekânın sahibi olduğu belliydi. Üzerinde cıvıl cıvıl desenli pazen elbisesi, tülbentle sımsıkı toplanmış saçları ile eski bir film karesinden fırlamış gibi duruyordu. Bildiğim ya da tanıdığım kadınların hiçbirine benzemiyordu. Bakışları öyle etkileyiciydi ki göz göze gelince tutulup kalıyor ve bu ilginç kadınla aranızda oluşan çekim alanına teslim oluyordunuz. Bize doğru baktığında hafifçe tebessüm etti ve dışarıda duran büyük masayı işaret etti. O ana kadar nefis bahçeyi görememiş olmam, resmen benim körlüğümdü. Dışarıya çıktığımızda anladım ki hayat baktığınız kadarını gösteriyor. Siz ne kadarsanız hayat da o kadar... Koskocaman bir bahçe içinde çardaklar ve süs havuzlarının yanında her yerden rengârenk akan çiçek şelalelerinin arasında bir cennet yaratılmış. Hava soğumuş olsa da kurulmuş harika bahçe sistemi, hem temiz hava nimeti sunuyor hem de henüz kışa dönmemiş havayla aranızı ısıtıyordu. Masaya oturur oturmaz hemen servis açıldı. Bizimle ilgilenen güler yüzlü genç kız elindeki beyaz porselen tabakları masaya bıraktı.

"Böreklerinizi birazdan getireceğim," diyerek uzaklaştı. Böreklerden önce, sanki eski zamanlardan kalma incecik fincanlarda çay geldi. Doğrusu bu gerçekten iyi geldi. Çayımın içindeki yasemin yapraklarından yayılan koku içimi açtı.

Ekin, yüzünde hep var olan gülümsemeye yakın ifadesi ile sanki çok sevdiği birine bakıyormuş edasıyla bahçeyi seyrediyordu. Onu her gördüğümde hakkındaki fikrim biraz daha değişiyordu. Kendi merkezindeyken sanki biraz daha mistik görünüyordu. Sanırım bir de daha ulaşılmaz. Hayatın içinde, özellikle de bugün sanki bir yerlerde dosttuk, görüşemedik. Ama şimdi bir vesile ile karşılaştık ve hasret gideriyormuş gibi yakındık. Ancak onun da en az benimki kadar kalın duvarları vardı, hissedebiliyordum. Yine de benim tanıdığım en şahane adam ve bence Şaman olduğunu da gizliyor. Seçilmiş kişi, belki de o yüzden bir kitap yazmak istemiyordur ya da gizli bir kitapları vardır ve henüz bana güvenmediği için açıklamıyordur. Burada olmak oldukça hoşuma gidiyor. Arkadaş ve aile çevremdeki tekrar edilen sohbetlerden çok farklı, üstelik çok ilgi çekici bir sürü bilgi öğreniyorum. Ben bu Ekin Hoca'nın grubuna dahil olsam, hiç fena olmaz. Akıl okumuyor olmasını dilemekten başka şansım kalmadı.

Neler geliyor aklıma, inanılır gibi değil! Kumanda elimde kanal değiştiriyorum sanki.

Bahçede oynayan iki çocuktan biri süs havuzuna düşünce ortalık birdenbire hareketlendi. Çocuk annesinden bir hayli azar işitti.

"Sen ne akıllanmaz bir çocuksun Ömer!"

Kadın, Ömer diye bağırdıkça, Ömer ile olan son buluşmamız geliverdi aklıma.

Ömer, evlenme fikrine kadar gayet yumuşak ve sevecen bir adamken, nişanlandığımız andan itibaren tam bir maçoya dönüşmüştü. Son buluşmamızda, bu kadar geç saatlere kadar çalışmamın onu delirttiğini ve şantiyelerde başka erkeklerle çalışan bir kadın istemediğini ağzından köpükler saçarak haykırmıştı. Ne olmuştu benim romantik ve duygusal sevgilime de bu hale gelmişti? Ona sorsanız tek nedeni bendim. İşkolik, hırslı ve ihtiraslıydım. Derhal bu işten ayrılacaktım. Hem zaten paraya da ihtiyacımız yoktu. Sanki ben sadece para için çalışan düşkün biriydim. Telefonda konuştuğum her erkekle flört ettiğimi iddia ederek çıkardığı kavgalar yetmezmiş gibi, şimdi de patronumla ilişkim olduğunu ima ediyordu. "Mustafa Bey benim babam yaşında, sen gerçekten delirdin artık. Bu ilişkiyi bitiriyorum. Sen benim tanıdığım kişi değilsin. Söyler misin, nerede benim sevdiğim adam, ne oldu ona?"

"Sen delirttin beni sen... Yok akşam yemeği, yok İtalya seyahati, yok akşam mesaisi... Neyim ben, aptal mı? Onun gibi mimar yokmuş da, hocalarından bile bu kadar bilgi alamamış da!"

"Sen aklını yitirmişsin. Ben gidiyorum, sakın ama sakın beni arama."

Bunu söylememle birlikte üzerime çullanıp, bana vurmaya başlaması on saniyeyi bulmadı. Elinden zor kurtulup kendimi sokağa attığımda, elim ayağım tir tir titriyordu. Meydan savaşından çıkmış gibiydim. Gecenin bir vakti taksi bulmak mucize derken, kafamı çevirdim ve yolcusunu indiren bir taksiyi fark ettim. "Kul sıkışınca Hızır koşa koşa gelirmiş," diyerek attım kendimi arabaya. Ömer sanki bana yetişip, kaldığı yerden devam edecek gibi geliyordu. Taksici halimi gördüğünde hem şaşkın hem de beni kırmamak için sakince sordu:

"Abla pansuman lazımsa, ileride hastane var."

"Yok, lazım değil. Karşıya geçeceğiz, Suadiye'ye. Hemen gidelim yeterli."

Telefonumu hiç durmadan arayan Ömer, iki dakika arayla özür mesajları atıyordu. Bense bunca aydır bu hali kabul edip ses çıkarmamış olduğumdan dolayı kendime kızgındım. Bir yandan onu yüreğimden söküp atmanın hafifliğini yaşıyor, bir yandan da bedenime yapılanların ağırlığı altında eziliyordum. Eve geldiğimde banyoda soyundum ve üzerimdeki her şeyi çöpe attım. Ona o kadar kırgındım ki ağlayamıyordum bile. İhanete uğramış gibi hissediyordum kendimi. Kandırılmıştım. Adam içindeki canavarı saklamıştı. Yıllarca bir psikopatla birlikte olmuşum da haberim yokmuş. Birden içimi bir korku sardı. Benim ona dönmeyeceğimi anladığında yine şiddete başvurabilirdi. Ablamlar İstanbul'a yeni taşınmışlardı, acaba bir süre onlarla mı yaşasam diye düşündüm. Bunu sabah düşünürüm diyerek, sıcak bir duşun ardından yatağa girdim. Sabaha karşı zorla uyuyabildim. Sabah çalan telefon sesiyle deli gibi yataktan fırladım ve giyinip taksiye atladım. Taksi şoförünün tuhaf bakışlarına bir anlam veremiyordum. Makyaj çantamı açıp, biraz kendime çekidüzen vereyim dediğimde, o bakışların nedenini de anlamış oldum.

Yüzümün iki yanına yerleşmiş morlukları görmemek için gözünüze perde inmiş olması gerekiyordu. Ben ise hiçbir şeyin farkında değildim.

"Aman Allah'ım bu ne hal!" diye kendi kendime istemsizce bir çığlık attım.

Taksici yarı mahcup yarı meraklı bir ifadeyle bana aynadan bakakaldı.

"Eyvah, eyvah! Ben nasıl toplantıya katılacağım şimdi? Ben ne yapacağım? Allah'ım bittim ben, bittim. Bugün sunum yapacağım ve halime bak. Allah seni bildiği gibi yapsın Ömer..."

Hemen acil durumlarda ilk aranacak kişi olan Meliz'e ulaştım. Olanları özetle anlattım. Ömer için söylediklerini bir bir onayladım. Onaylamazsam asla bana yardım etmeyeceğini ve hatta benimle bir daha görüşmeyeceğini söyleyen canım arkadaşıma, Ömer ile bir daha asla görüşmeyeceğim sözünü de verdikten sonra, çözüm için ona on dakika vererek telefonu kapattım. Bu arada trafiğin şansıma akıcı seyirde olması, bir cinsiyeti olsa kesinlikle kadın olurdu dediğim İstanbul'un bana ikramıydı.

Meliz'in ekibinden en iyi makyöz, arabayla bizim şirkete doğru hemen yola çıkmıştı ve kapıdan girerken resepsiyonda beni bekliyordu. Hemen tuvalete girdik ve bu olayı tam bir ekip çalışması ile atlattık. Elbette sadece sunumu kurtarmıştım. Sunum sonrasında yanıma gelen patronum, *"Seni odamda bekliyorum,"* dedi ve bu da artık kaçacak yerimin olmadığını bana gösterdi.

Odasından çıkarken, ne kadar doğru bir yerde çalıştığımı bir kez daha anladım. Beni üç aylığına İtalya'ya gönderiyordu. O üç aylığına diye göndermişti, ancak dönmem altı ayı bulacaktı. Bu arada geri döndüğümde Ömer'in başka biriyle nişanlanmış olduğunu öğrenmek beni bir hayli rahatlatacaktı. Can'ın birkaç kez İtalya'ya gelmesi ile kurduğumuz arkadaşlık sayesinde biraz olsun yaşadıklarımı hafifletebiliyordum. Güçlü bir babanın gölgesinden çıkmak için çırpınan yavru bir aslan edasıyla, Can da kendi başına işler yapmak için yollar arıyordu. Tam bu sırada, biz de İtalyanlarla başladığımız projenin son etabına gelmiştik.

Aradan geçen aylar Can ile daha fazla vakit geçirmemize zemin hazırlıyordu. Bir gün beni eve bırakırken, arabayı yolun kıyısına park etti ve bana dönerek, "Derin, ben galiba sana âşık oldum," dedi.

Kalbim yerinden çıkacakmış gibi atmaya başladı. İçimden bir ses, "Haydi, sen de itiraf et!" diyordu ancak dilim tutulmuş gibiydi, tek kelime edemiyordum. Can her zaman ikimizin yerine konuşurdu ve yine böyle oldu.

"Bu duygularımın karşılıksız olmadığını hissediyorum. Birlikte daha çok zaman geçirmek istiyorum, ne dersin?"

"İlginç bir teklif oldu bu."

"Biliyorum ancak ben buyum işte, biliyorsun biraz tuhaf bir adamım."

"Evet, biliyorum ve bu tuhaflıktan uzak durmak istiyorum." Kapıyı açıp oradan uzaklaşırken beklediği cevabı alamayan Can arkamdan bakakalmıştı. Mustafa Mısırlı mı daha kıymetli, yoksa Can Mısırlı mı deseniz, o anda Mustafa Mısırlı diye cevaplardım bu soruyu. Bu dediğim elbette gemilerini Haliç'ten geçirerek, Bizans'ı gafil avlayan Fatih gibi beni fethedeceği hamleye kadar geçerli oldu.

"Derin," diye bir seslenişle başımı çevirdiğimde, karşımda Ekin'i görmenin hafif çaplı şokunu zoraki bir gülümseme ile kapatmaya çalışsam da "bay iç okuyucu" durumu anlamış, ancak kibarlığından konuyu değiştirmek için hamle yapmıştı.

"Boşuna anlamamış gibi yapma, geçmişimin tekrar tekrar oynattığım sahnelerinden herhangi bir sonuç çıkmıyor. Takılmış gibi her seferinde aynı sahneler geri gelip duruyor."

"Peki, bu sahnelerde neler oluyor?"

"Genelde tanışma, terk ediliş, iş ve kazadan önceki hatıralar."

"Sadece birini anlat, onun üzerinden bir bakalım. Biliyorsun ki hayatımızdan herhangi bir kare bütüne ulaştırır bizi."

"Biliyorum ama anlıyorum dersem yalan olur."

"Farkındayım, olsun bir gün kendi merkezine döndüğünde daha kolay gelecek tüm bunlar sana..."

"Peki, ne zaman döneceğim?"

"Vakti gelince diyelim ya da kabul edince. Olan ne ise, yaşadıklarımız bizi nereye götürdü ise, orada olmayı ve o hali kabul ettiğimizde diyelim. Aslında biliyor musun, en önemlisi hayata diklenmeyi bırakınca çıkarız tekrar çemberinden. Diğer türlü, tıpkı bozulunca takılan saatin yelkovanı gibi aynı yerde sayıp dururuz. Hayat akıp giderken yanı başımızda, her şey değişir. Bir tek biz ve hissedişimiz değişmez, aynı yerde takılır kalırız. Anlattığımız anılar, hissettiğimiz duygular, birlikte yaşadığımız hayaletler tıpkı o yelkovan gibi ya da masaldaki anlatım gibidir: Gittik, gittik, dere tepe düz gittik. Bir de baktık bir arpa boyu yol almışız... Onca yaşanana ve hissedilene rağmen zaman akıp gitmiş, yıllar geçmiş ama bizde her şey aynı kalmıştır. Oysa zaman, en kıymetli hazinemizdir. Zaman; en çok geriye almak istediğimiz, 'Şimdi olsa kıymetini bilirim,' diyerek kör kuyulara attığımız ve boşluklarla tanımladığımızdır. Olana karşı direncimiz arttıkça, zaman daha çabuk kayar gider ellerimizden. İlerlememizle paralel ilerler hızı, en kıymetlisi ise şimdidir. Çünkü geçmişin yükünü bırakabileceğimiz geri dönüşüm alanına sahiptir. Geri dönüşüm kıymetlendirir, daha önce yük gibi görünen faydaya dönüşür. Tekrar çemberinde gizli parça açılır ve bir spiralin ucu gibi yukarıya doğru bir yolculuk başlar, bambaşka olana doğru bir yolculuk... Ve hepimizin peşinden koştuğu işte budur.

Aslında tekrar çemberinden çıkış ne güzel ifade etti tüm yaşadıklarımı biliyor musun? Benim birlikte olduğum insanların adları, görünüşleri değişmiş ama benim hissedişim hemen hemen aynı kalmış. Yani ben hep terk edilen ya da vazgeçilen olmuşum. Bu hep aynıymış ne yazık ki... Benim kendime ait bir hissedişim olamıyor, sanki ben yokum ve ne istediğimi bilemiyorum. Benden istenilmesine alışkınım, biri benden bir şey isterse hayat benim için daha kolay. Bana kim olduğumu söyleyecek birisine ihtiyacım var. Bu kişi senmişsin gibi geliyor. Geçmişi istemiyorum. Neredeyse o çöplük, dönüşüm kutusu adı her ne ise, göster her şeyi fırlatıp atayım.

"O kişi ben değilim Derin, o kişinin adı Derin. Kaçtıklarınla yüzleşmelisin. Gömdüklerini de oldukları yerden çıkartıp yüzleşmelisin. Yüzleşme en kıymetli özgürleşme eylemidir. İnsan itişmeyi bırakıverir, kibir ve gururun kalesine girilir, bu kaleler düştüğünde fetih gerçekleşir. Ganimet ise kendi derinliklerine yolculuktur. Orada saklıdır; kim olduğun, aslında ne istediğin, nasıl mutlu olacağının reçeteleri..."

Neyden kaçıyormuşum? Sana göre her şeyin anlamı böyle mi bulunuyor? Her şeyi zorlaştıran sizin bu yaklaşımlarınız. Uzun uzun üzerinde düşünmeye gerek yok. Doğduk, yaşıyoruz ve ölüp gideceğiz. Toprakla örtecekler üstümüzü. Kibirli olan ben değilim, aksine tam olarak karşımda duran bu kişi. Bilen kişi, sensin. Daha kendi kalenizi alamamışsınız, Hoca Efendi. Bunları ben seçme-

dim, ben deli miyim kendime eziyet edeyim. Bu yaşadıklarımın bir anlamı varsa ve bu anlam her ne halt ise, sadece benden mi saklanıyor? Hepiniz bülbül oldunuz da, dutu bir ben mi yedim?

"Bu konuştuğun dil nerenin dili? Ben anlamıyor!"

"Tamam haklısın, henüz anlayamıyor olabilirsin. Ancak sen sordukça cevaplar önüne yığılacak. Ya sormayı bırak ya da cevapları almak için sessizleş ve dinle. Bak bakalım, sana ne deniliyor."

"Dinliyorum ya işte! Söyle diyorum. Cevabı biliyorsan söyle, ben bulamıyorum diyorum."

"Cevaplar kendi içimizde, merkezimizde saklı Derin. Dışarıdan açılamıyor, kolu yok, kapı içeriden açılıyor. Bizler sadece yol boyunca rehberlik eder, yol gösteririz. Sen ilerlemezsen bir adım dahi attıramayız."

"Nerede o merkez, nasıl gidilir? Söyle artık madem biliyorsun, kıvranmam hoşuna mı gidiyor? Yeter ne olur! Canım acıyor, etim acısa kolay, ruhumdan kanlar fışkırıyor. Ölemiyorum, yaşayamıyorum. Bu uzatılmış cümleler, felsefeler, sözler, kitaplar parmaklıkları açmıyor. Aksine üzerine ek yapıyor. Çaresizlik hapishanesinde yaşamak nedir, senin haberin var mı? Senin hiç derdin yok mu yahu? Hep gülüyorsun, hep bir memnuniyet hali, sanki benim bu durumum hoşuna gidiyor. Yok, yapamayacağım cidden. Ben bu mektep midir, medrese midir, her neyse istifa ediyorum. Çünkü ondan istifade edemiyorum."

Kaç Derin, kaç!..

İçimdeki ses ilk kez bu kadar net konuşuyordu. Yerimden fırladığım gibi koşarak dış kapıya ulaştım. Koştum, koştum... Nefesim kesilene ve gözyaşlarım tükenene kadar hem koştum hem de ağladım. Arkamdan gelecek olanın paniği miydi beni bu derece hızlandıran? Çok anlamamış olsam da, karanlığın kucağında durduğumda kalbim yerinden çıkacakmış gibi çarpıyordu. Eve dönmenin bir yolunu bulmalıydım. Arkamdan gelmemesine de ayrıca çok ama çok sevindim. Dervişten dönme guru...

Kaçış

Sabah uyanır uyanmaz ilk iş ablamı aradım. Cumartesiyi beklemeye gerek yok, kahvaltı dâhil akşama kadar orada kalabilirdim. Su bebek de ondaymış, yaşasın bebek kokusuna boğacağım kendimi.

Hazır kahvaltı masasına kurulup, önce karnımı sonra da cilveli bir kıza dönüşen minik Su ile kalbimi doyurdum. Şu bebekler ne muhteşemler, dokunur dokunmaz kendinizi iyi hissediyorsunuz. Dünden sonra en çok ihtiyacım olan şeye kavuşmanın coşkusuyla kana kana içtim minik Su'yu.

Günü, abla-kardeş muhabbeti ve akşam yemeği hazırlığı ile geçirdik. Genel ruh halimi iyi görünce mutluluğu gözlerinden okunan ablam, mutfakta yardımcısı ile ziyafet sofrası hazırlığına girişti. O gece ve sonrasında birkaç gün onlarda kaldım. Sanırım bu kalma isteğinin asıl kaynağı, annesi yurtdışında olduğu için anneannede kalan Su idi. Ben anne olmadım ve çevremde de kimse çocuk yapmadı. Çocuk sevgisine aç bir haldeymişim, Su doğunca anladım.

Ablam işe geri dönmemem ile ilgili bir hayli sitem etti. Hayatı bu şekilde boşa harcama diyerek, başımın etini yedi bitirdi.

"Sanki hayatın anlamı çalışmak abla, anlamıyorum seni."

"Hayatın anlamı, çalışmak değil üretmek Derin. Sen üretmiyorsun, canlılığın asıl kaynağı üretmektir."

Üç gün önce Ekin diyor ki, bildiklerini bırakmazsan ölüsün. Geliyorum ablam diyor ki, bildiklerinle üretmezsen canlı değilsin. Ben öldüm de altıncı his filmindeki gibi, bir tek ben mi farkında değilim, nedir?

"Tuhaflıklar diyarı son hızla devam ediyor, bizimle kalın..."

Biraz gündem değiştirelim vallahi bunaldım, ben de insanım biraz mola lütfen.

"Abla sana bir şey soracağım. Elif evleneceği zaman önce seninle mi konuştu, yoksa eniştemle mi?"

"Biz tanıyorduk biliyorsun Yağız'ı. Elif bir ay kadar sonra tanıştırmıştı. Ancak evlenmeden önce bir hayli konuştum, sağ olsun o da akıl danıştı."

"Hangi konuda? Yani evleneyim ya da evlenmeyeyim diye mi?"

"Tabii canım. İyi bir sevgiliden iyi bir koca olacak, iyi bir kocadan da iyi bir baba olacak diye bir şey yok."

"Ne ilginç bir kadınsın, yani şu söylediğin hem çok doğru hem de bir kız annesinden beklenemeyecek kadar özgürlükçü. Yani genelde gezdin tozdun evleneceksin baskısı olur. Ne dedin peki çok merak ettim?"

"Onu sakın kaçırma. Bir kadın kendine âşık bir sevgili bulabilir ama hiçbir aşk bir adamı iyi bir koca ya da iyi baba yapmaz. Bir adamın fıtratında ya vardır ya da yoktur babalık. Bu adam sana âşık, hem iyi bir koca hem de iyi bir baba olur, dedim."

"Çılgınsın sen, sanki oğlan senin de kızı alıyorsun."

"Oğlan da benim kız da! Yağız uygun bir aday olmasa Elif beni dinler miydi, bilemiyorum. Ancak doğru söz ve doğru insanın hakkı verilmelidir, ben anamdan babamdan böyle gördüm."

"Nurlar içinde olsunlar. Abla, biz neden hiç konuşmadık bunları seninle? Yani benim aklım neredeydi? Gelip sana hiçbir şey sormadım. Başıma buyrukluğumdan çekiyorum tüm bunları değil mi?"

"Hayır, başına buyrukluk denilemez. Deneyim hayatın kıymetidir. Düşündüğünü eyleme geçirmeyen özgür kalamaz. Bu her düşündüğün doğrudur ve her eylemin haklıdır, demek anlamına gelmez. Bir kere içinden geldiği gibi yapan, zaten kendi görür doğrusunu eğrisini. Yaranmaya ya da başkasını mutlu etmeye çalışan ise pişmanlık yaşar. Pişmanlık, en derin kuyudur. İnsanı çığlık çığlığa bırakır. Bak, en çok bağırıp çağıran insanlar hayatlarında pişmanlıkları olanlardır. Öfkelerini dindiremezler. Eski evde karşı komşumuzu hatırlar mısın?"

"Firdevs Teyze mi?"

"Evet. Sürekli bağırır dururdu. Bir gün annem çaldı kapısını, 'Firdevs, hele gel bir bize, seninle konuşacaklarım var,' dedi. O sürekli gergin ve sinirli Firdevs Teyze, sakince bize geldi. Annem, kahve yapmamı ve sonra da evden çıkmamı istedi. Döndüğümde ikisinin de gözleri kan çanağıydı. Evde tuhaf bir hava vardı. Annemin gözleri, sakın soru sorma der gibi boğazıma kilit vuruyordu. Ama meraktan da çatlıyordum. Birkaç gün geçtikten sonra cesaretimi toplayarak o gün bizim evde neler olduğunu anneme sordum. 'Firdevs'i kusturdum,' dedi. Kişi kendinden bilirmiş karşısındakini ya, annem onun bir konuda kendisini suçladığını ve pişmanlık yaşadığını anlamış. Çağırdığı gün önce annem anlatmış, Firdevs Teyze dinlemiş. Annem anlattıkça ağlamış, ardından iki kadın birbirlerine pişmanlıklarını anlatıp rahatlamışlar. Annem bunları anlattıktan sonra, bana hayatımın sonuna kadar kulağıma takacağım bir nasihat hediye etti:

"Hayatta hep karar vererek yol alırız. Bunun adına irade denir, irade bizim kendimizi ifade edişimizdir. Hayatı tren istasyonu gibi düşün. Karar bir tren gibi senin bulunduğun istasyona uğrar, o trene ya binersin ya da binmezsin. Hatırla ki kızım, her ikisi de senin kararındır. Gitsen de kalsan da, sahip çık. Sahip çıkman için tek bir anahtara ihtiyacın var. Kalbinin dediğini dinlemek. Tren kaçmaz. Tren gider, başkası gelene kadar sen yine sadece kendinle başbaşınasındır. Gelen trene nasıl davranacağın, gideni uğurlayıp uğurlamamanla ilgilidir. Gideni uğurlayamayan, yeni gelene binemez. İşte o istasyonun adı PİŞMANLIKTIR. Bir yüzyıl, bin tren geçse adım atamazsın o istasyondan. Gideni gönderdin miydi, geleni kucaklarsın..."

Ben o gün, pişmanlık duymak ne demek anladım. Annemin, bana verdiği en güzel çeyizdir. Bu olaydan bir ay sonra nişanlandım. Çok şükür, bugüne kadar yaşadıklarımın arkasında durdum. Duramayacak olduğumda da kıyıya çekildim ve dua ettim. Yardım istedim, inatlaşmadım, gururumu değil kalbimi dinledim. Yaşadığım her ana şükrettim. Belki annemi ve babamı kaybettiğimde, aslında kaybettiğimde değil uğurladığımda, huzurum kaçmadı, kalbim kırılmadı. Kucakları yerine özlemleri sardı, sarıyor bedenimi ve ben onların nasihatlarının ışığında mutlu bir hayat sürüyorum."

Ablama bak sen. Mum dibine ışık vermezmiş. Ben dervişleri dışarıda ararken, bizim ev felsefe okulu çıktı. Ya anneme ne demeli? Psikolog anne, terapist abla. Acaba cevaplar sende deyip dururken bu cemaat, böyle bir şeyi mi kastediyorlar? Uzaklarda aradığım, yanı başımdaymış. Ablamla uzun süredir bu kadar keyifli zamanlar paylaşmamıştık. Sanırım hayat güzelleşmeye başladı. Hoş henüz şu saçma felsefelerin üzerimde kurduğu ekstra baskıyı atlatmış sayılmam ama normalleşme çabam ve ablam biraz da olsa hayatımı renklendirdi.

Pazar sabah erkenden herkes derin uykudayken uyandım ve evin içinde gürültü yapmamak için küçük bir notla sıvışıverdim. Kendime gelmenin ödülü, evde tek başıma kahvaltı yapmak olacak. Ablamla konuştuklarımız içimde tekrar ediyor. Sanki bir çocuğum olsa hayatımda her şey farklı olabilirdi. Aslında Ali iyi bir baba olurdu. Benim pişmanlık istasyonum evliliğimin meyvesini alamamak mı acaba? Geleceğe tutunacak bir nedenim yok. Ablamın kocası ve çocukları, yaşamı bir tören gibi kutlarcasına yaşamasının en önemli nedeni. Hatta belki onun tüm neşesinin kaynağı, sahip oldukları. Gerçekten de benim sahip olduğum bir şey kalmamış. Evim, işim, eşim, çocuğum hiçbir şeyim yok. Yarın uyanmak için beni heyecanlandıran herhangi bir gerekçem kalmamış. Elbette isteksiz olacağım. İnsanı ne mutlu eder? Ben geçmişte mutlu muydum, değil miydim? Hatırlamıyorum. Mutluluk, coşku, heyecan, hareket, hareketsizlik, tatmin, doyum mu? Her ilişkimde, her alışverişimde mutlu muydum? Alamadığım bir karar olabilir mi? Ya abla ya, sen de kafamdaki soruları artırdın. Ne vardı şimdi karar treni, pişmanlık istasyonu felsefi konuşmalarına... Erkeklerle ilgili doğru bir şey söyledin, bak buna bir şey demiyorum. Her erkek baba olmak istemez, bunda haklısın. Mesela ne Can ne de Ömer iyi birer baba olabilirdi. Onlar daha çok kariyer odaklı hayatı benimseyen, gergin adamlardı. Hoş, Ömer'in gerginliğinin yanında Can'ınki pamuk gibi kalır. Ali ise ikisinin de çok ötesinde bambaşka biriydi. Sanırım bugünü sağır, dilsiz geçiremeyeceğim. Önce bir kahve ayıltabilir bu uyuşturan sorgulamalardan beni. Sonra fotoğraf albümünü bulup, geçmişin dehlizlerine gömülmek istiyorum. Nereye götürürse kabulümdür. Ölmenin ağırlığı nedir? Kaybettiklerimizi unutturarak bizi bu dünyaya bağlayan, tekrardan planlar yaptıran, ruhumuzu tıka basa doyurma isteği veren o düğme nerede saklı? Toprağın kara yüzünü düşündükçe nefesim kesiliyor. Sanki orada da nefes almalıyım gibi geliyor, mezarlıklar bana uzak yerler. Bugüne kadar ne anne babamı ne Ali'yi ne de başka sevdiklerimi ziyaret edebildim.

Sayfaları içinde kendimi bulduğum albümün yaprakları bildiklerimle dopdolu. Ne güzel günlermiş her biri, yaşarken o kadar da farkında değilmişim. Yıldönümleri, doğum günleri, tatiller... Elimin altında çevirdiğim sayfaların değişmesi gibi, hızla yaşanmış gitmiş. Zamanın hızı insanın yaşadıklarına bağlı olabilir mi? Sevgilisini bekleyen kişinin zamanı ile boğulmak üzere olanın zamanı aynı hızla mı akar? Eğer öyleyse ya da değilse, neden zamanı bazen daha hızlı, bazen daha yavaş algılarız? Yas tutarken, beklerken, özlerken bir asıra dönüşen dakikalara rağmen, nasıl oluyor da onca yıl yaşananlar sanki birkaç gün önceymiş gibi geliyor? Ölüm benim için zamanın durması gibi bir şey. Her yanım uyuşmuş bir halde hissedişim yok olup gidiyor. Yemek, içmek, istemek, kızmak, coşmak gibi duygularımı derin dondurucuya atıyor.

Ölümü bile bile yaşamak mı daha ağır, yoksa bırakıp gidenin terk edişi mi, bilemedim. Hakkını veremediğimiz zamanlar için midir feryatlarımız, sevgimizi ifade edemediğimiz için mi? Belki de zamandan başkası yalandır. Elimizdeki tek servet olan zamanı fütursuzca harcamanın ağırlığı mı çöker, yoksa mezarlıklar gerçekten ağırlaştırır mı insanı? Ölüm en büyük düşmanım benim. Yatağımı ve yüreğimi soğutan, hayatımı donduran... Sevmekten korkar hale getiren... Ölmek kolay geliyor, asıl yaşamak zor olan. Bedenimi saran ürperti, soğuktan değil yaşadıklarımın katılaştırdığı yüreğimden kaynaklanıyor.

Pişmanlık istasyonunda tutsak düşmüş halim, beni hiçbir yere kımıldatmıyor. Ben annemi özledim. Annemi istiyorum, onun kucağında uyumak istiyorum. Büyümek canımı acıtıyor annem. Senin kucağın, azarın, sitemin bal gibi tatlıymış. Hayat denilen ana o kadar acımasız ki, kalbimin buz tutan halini ancak senin kucağın eritir. Neden bu kadar erken gittin ve beni yalnız bıraktın? Bana ne olacağını kimse sormuyor. Ayağımın üşümesi, sırtımın terlemesi kimseyi ilgilendirmiyor. Herkes birlik olmuş, "Sen yaptın, sen dedin, sen karar verdin ya da vermedin," diyor. Birlik oldular beni paramparça ediyorlar. Sen hayatta olsan buna asla izin vermezdin. Uzaktayken bile varlığını düşünmek bana güç verirdi. Şimdi neresi olduğunu bilemediğim bir yerdesin. Cennet diye bir yer varsa, oradasındır. Babama kahve yapıp yanına ilişiyorsundur. Kendine orada bile komşu yapmışsındır. Duramazsın bilirim. Herkesin bahçesi olsa da, senin bahçen en güzelidir ve misafirlerini orada ağırlıyorsundur. Sen her şeyin en güzelini yapan annem. Canım annem, neredesin? Seni çok özledim, kimsesizim, çaresizim. Gözlerimden akan yaşlar tüm albümü sırılsıklam yaparken, hıçkırıklarımın kontrol edemediğim şiddeti ile halının üzerine kapaklandım. Ne kadar süre olduğunu bilmeden, kendimden geçene kadar avaz avaz ağladım. Hızım kesilip normale dönmeye başlayınca, her yanım uyuşuk bir halde burnumu çeke çeke salondaki kanepeye uzandım. İçimi kaplayan koca bir boşluk var. Bunu ne dolduracak? Onu bilmiyorum. Dolmalı mı? Onu da bilmiyorum. Hiçbir şey bilmiyorum. Zaten bilmekten yoruldum ya... Öylece bakmak, öylece yemek, öylece yaşamak ve ölmek istiyorum.

Kendimi gecenin serin koynuna bıraktım. Sabah uyandığımda felç olduğumu zannettim. Bir kalıp haline gelmiştim. Beni bu hale getiren, serin gecenin bedenime serdiği örtü olmalıydı. Çözülmek için girdiğim sıcak duşun altında kendime gelmek tam yarım günümü aldı. Aslında tam açıldığım söylenemezdi. Bu halden çıkmaya çayın gücü yetmez. Bana bir kahve lazım, hem de en sertinden.

Tutamadığım yasım bir yandan, annemin yokluğunun içimde yarattığı boşluğu fark edişim başka bir yandan, bedenimi esir almış gibi. Sanki kaskatı kesilmiş bir halde sabitlenmişim. Sırtım, boynum, kollarım, belim kısacası her yerim tutulmuş. Kahvaltı, kahve ve kas gevşetici ile kendime zor gelebildim.

Evde oturup kendimi dinlemeye devam edersem, yakında beni bir tımarhaneye kapatacaklar. En iyisi biraz dışarı çıkmak ve yürüyüş yapmak. Zor geliyor ama sahile kadar yürümek belki daha iyi hissettirir.

Yürüyüş sonrasında ev yapımı ürünler satan dükkâna uğrayıp, aldığım kek ve kurabiye takviyesi ile çayla buluşma vakti için hızlı adımlarla eve doğru yürürken birden kaslarım açıldı. Sanırım iştah, spordan daha hızlı esnetiyor bedenimi.

Tam kapıyı açıp içeriye giriyordum ki, salonda çalan telefonumun sesiyle telaşa düştüm. Arayacaklar belli iken ne bu telaş? Salona doğru koşarken telefonun sesi kesildi. Tanımadığım bu numara da kimmiş acaba? Aman şimdi arayamam... Koşu yaptıran istek, şimdi çay özlemime yenik düştü. Çay suyumu koyup keyfime bakacağım.

Pişmanlık

Kaybedişin ve yalnızlığın kasvetinin yıl dönümünün ardından geçen üç gün tadımı iyice kaçırdı. Ne ilginç; bunca insan bin tane şey anlatıyor, onca kitap okuyorum, hepsini çöpe atasım varken birden "anne" duvarına toslayıveriyorum. Pişmanlık durağında kalakalışımın yüzleşmesi beni çok yordu. İnsan annesiyle dışarıda kavga edebilir ama içeride sessizce onu dinler. Benim dışarıda kavga edecek annem bile yok ki, ablamla gönderdiği mesaja itiraz edeyim. Susup dinlemekten başka çarem yok. O kalakalmışlığım daha da derinleşti, abla ziyareti ile huysuzluğa ara verdim.

Annem hayatta iken çok yakın değilmişiz gibi gelirdi. Benim gözümde hep yaşlı bir kadındı, katıydı. Oysa şimdi anlıyorum ki, gencecikmiş. Pamuk gibiymiş kalbi, yumuşacıkmış elleri. O her konuştuğu dinlenen, her soruna çözüm üreten bir kadındı. Anılarımda kendinden sürekli emin olması ile sakinliği kalmış. Ne zaman anne desem, aklıma ensesine topladığı gri saçları ve bakışlarını süslediği gülümsemesi geliyor. Hep gülerdi. Gülüşünü yüzünden ölüm alabildi. Aslında o bile alamadı. O ölüme bile kucak açacak kadar sevgi doluydu. Bir nefesle koştu gitti bu dünyadan ve bizi boşluğu bıraktı. Ablam yerini dolduruyor sanıyordum dün geceye kadar. Oysa ablam, yalnızca bir ablaymış. Tuttuğum ve bırakamadığım annemin eliymiş. Şimdi nereden başlasam bilemediğim bir halde, seni uğurluyorum anneciğim. Gittiğin yerde huzur bul tontonum, derinliğim, kaybettiğim, belki de kazandığım. Kim bilebilir?

Bugün dışarı çıkmalıyım. Bu sefer uzaklara yelken açmalı, denizleri aşmalı, dalgaları seyretmeli, kalabalıklara katılmalıyım. Ensemde duran Azrail'e sesleniyorum; "Ya al canımı ya da vedalaşalım!" Mehter takımı bile yüzde elli ilerliyor. İki ileri, bir geri. Ben ise ne ileri ne geri, her seferinde dizlerin üstünde dinlenme stili... Bitsin... Bitsin de nasıl? Bir de bunu cevaplayan birileri olsa ne harika olurdu.

Çık Derin, çık dışarı çık! İçerisi bunaltıyor, dışarısı rahatlatıyor.

Duş alıp saçımı başımı düzelttikten sonra doğru kendimi sokağa attım. Tam karşı yakaya geçmek için vapur iskelesine gelmiştim ki telefonum yeniden çalmaya başladı. Bu numara sanki geçenlerde arayanla aynı gibi. Kim bu acaba?

"Efendim?"

"Ben sana kimseye efendim deme diye öğretmedim mi?"

"Hocam!"

"Ben ya, aramaz sormazsın tabii bizi unuttun. Ama ben bulurum işte böyle adamı..."

"O kadar şaşkınım ki şu anda, ne diyeceğimi bilemiyorum."

"Bir şey deme, yarın ofise gel. Yeni bir projeye başlıyoruz."

"Ne projesi? Ne? Nerede?"

"Çok soru sormak iyi değil. Topkapı Sarayı restorasyon bölümündeki ofisime bekliyorum. Saat onda orada ol, saat ikide de yapılacak ekip toplantısından önce seninle detayları görüşelim."

"Hocam, sizin Topkapı Sarayı'nda ne işiniz var?"

"Harem-i Hümayun'u toplayacağız, lafı uzattırma şimdi telefonda. Çok konuşmam yasak zaten. Bekliyorum..."

Her şey umduğumdan iyi gittiği zaman da bir korku basıyor tüm vücudumu. Hani kötüye alışmışsındır ve eminsindir başına iyi bir şey gelmeyeceğinden... Oysa bir kez iyi gitmeye başladı mı her şey, kötü olmaz sanrısı ile hayallere dalıverirsin. İşte en tehlikelisi de budur. Hiç ummadığın anda tepetaklak oluverirsin. İyiyken düşüverdin mi bir kez, çıkmak öncekinden daha zor olur. Yaşadıklarım mı böyle yaptı beni, hep mi böyleydim acaba, bilmiyorum. Sanırım gençken daha bir cesurdum. Aklımın ucuna gelmezdi; ya öyle olur, ya böyle olursa diye... Aman derdim, ne olmuşsa olmuş, ne olacaksa olsun...

Kendimi en ürkek hissettiğim dönemlerde gücümü ve yeteneklerimi fark etmemi sağlayan eski öğretmenimin, tam da dizlerimin üzerinden bir türlü doğrulamadığımda, zaman treninden çıkıp gelişi pek bir manidar. Üstelik eskiyi restore etmek üzere çağırıyor.

Aslında aldığım telefonla yaşadığım şoku henüz üzerimden atmış değilim. Ağzım bir karış havada, öylece kalakaldım. Aradan geçen birkaç dakikadan sonra ise etraftakilere aldırmadan çığlığı bastım.

Karşıya geçmesem mi acaba ya da geçsem mi? Yok, geçmeyeyim. Kadıköy'de kahvaltımı yapar, biraz kitaplara bakar, sonra eve dönerim.

O gün ve gece geçmek bilmedi. Sanki binlerce defa birbirine çarpıp bir türlü ateş çıkartamadığım çakmak taşlarım, bir anda tutuşuvermişti. Hiç beklemediğim bir biçimde içim ısınmaya başlamış, harekete geçmek için enerjiyle dolmuştum.

Ertesi sabah bir solukta geldiğim iskelede, işe gidenlerle birlikte tıklım tıklım olmuş vapura bindim. Yine güneşli bir havada gayet keyifli bir şekilde ve dışarıda tüm boğazı içime çekerek güne başlamak iyi geldi. Bütün ihtişamı ile karşımda duran İstanbul, her geçen gün yeşilini kaybetse de, sahip olduğu yüksek enerji her dönem onu çekici kılmaya devam ediyordu. Dünyanın hiçbir noktasında olmayan bir etki, çekim ve bir tür büyüye sahip. Bir şehir değil sanki burası. Açıklayamadığım şekilde bir ruhu var; canlı, tarzı ve hatta felsefesi olan bir bütün. İstanbul ihtiyaca göre gece gibi örterek saklayabilir insanı ya da açık edebilir, yükseltebilir, düşürebilir ama ayırmadan her gelene kucağını açık tutar. Tıpkı bir anne gibi olduğunuz gibi sever sizi. En önemlisi ise yeniyi içine alırken, eskiyi reddetmeden yapar bunu. Süregelen bir şahanelik... Biz de öyle olabilsek keşke... Geçmişin gücünü bugüne taşıyabilsek reddetmeden ve inkâr etmeden, ne güzel olurdu.

Vapur iskeleye yanaşırken, inen insanlar kadar binecekler de iskelede bekliyordu. Sanki iki yaka arasında takas var gibi bir grup Asya'ya geçerken, aynı sayıda başka bir grup Avrupa'ya gidiyordu.

Koşar adımlarla tramvaya oradan da sarayın bahçesine attım kendimi, sora sora Mustafa Hoca'mın yanına vardım. Harem'in girişinde seyre dalmıştı boğazı. Yüzündeki ifade, geçmişi seyreder gibiydi. Usulca yaklaştım yanına, beni fark edince yüzünü kaplayan gülümsemeyle birlikte kollarını iki yana açıp bir baba gibi sarıldı. O anda yaşadığım huzur, tıpkı kaybolmasının ardından babasını bulan bir çocuğun hisleri gibiydi. Sımsıkı sardı. Kollarını gevşettiğinde, gözlerimdeki yaşlar da kendilerini yanaklarımdan aşağıya bırakıverdi. Sustu, hiçbir şey söylemedi, sormadı. Hayatımdaki ilk derviş ocağına geri dönmüştüm. Başladığım halimden çok uzaktaydım belki ama fırtınadan sonra aradığım limana kavuşmanın huzurundaydım.

"Gel bir kahve içelim boğazın koynunda," dedi.

"İçelim Hocam."

Taşlık denilen yoldan geçip ofisine gittik. Kendisine, müze müdürünün odasının yanında küçük bir oda tahsis edilmişti. Aramızdaki sessizlik kalbime o kadar büyük bir yük oluyordu ki, açılmış ama akamayan bir çeşme gibiydim Bir tıpa takılmış da, gelen geri tepiyor gibi hissediyordum. Sessizliği bozan o oldu.

"Burayı neden seviyorum, biliyor musun?"

"Mimarisi yüzünden mi?"

"Hayır, bu dünyanın geçiciliğini hissettiriyor. Ne yer, ne giyer, ne içersen iç; sen de buradaki bir çiçek ya da bir ağaç kadar kalıcısın bu dünyada diyor."

"Kimler geldi geçti, kim bilir?"

"Öyle ama bak şimdi senle bana kaldı. Şu andan bakarsak eğer, bize emanet edildi."

Çok özlemişim koca çınarı, kanseri yendiğini duymuştum Can'dan. Ona kanser ne yapsın, sövüp göndermiştir düş yakamdan diye... Yıllar, izlerini bırakmıştı bedenine. Yine de sanki her giden yıl onu derinleştirmiş ve bilgeliğine bilgelik katmıştı.

Ne neler yaptığımı sordu ne de ne yapmak istediğimi. Can'la konuşmuş olabilir miydi, diye düşündüm Ancak onu hiç ilgilendirmemişti kimin ne yaptığı. O her zaman olan ile ilgilenir, karşısındaki ile dikkatlice kurduğu iletişimin gücü sayesinde her şeyi iyice kavrar, hatta kişiyi kendisinden bile daha iyi anlardı. Bu nedenle de ona ihtiyaç duyardınız; o sizden çok bilirdi sizi, ne istediğinizi ve de ne yapacağınızı. Karısının öldüğünü duymuştum. Nasıl hissediyorsunuz diye sormak geçti içimden ama soramadım. Hemen cevabı yapıştırırdı, "Benim hissettiğimi anlamanın sana faydası ne olur acaba, işin dedikodusundan başka." diye. Kahvelerimiz geldi, hemen çekmecesini açtı ve yoğun bitter çikolatasından ikram etti. Bir başka ortak özelliğimiz de kahvenin yanında yediğimiz ve neredeyse saf kakao yoğunluğundaki bitter çikolata zevkimizdi. Kahvelerimiz bitene kadar ağzımızı bıçak açmadı. Sevmezdi boş konuşmayı. "Sesle soldurma zamanı, susmak iyidir konuşmaktan, söz yerini bulacaksa konuş," derdi.

Kahvelerin ardından projeyi ve neden benimle çalışmak istediğini anlattı.

"Anladığın üzere bu bir yenileme projesi. Eskinin zarar veren izlerini silerken, özü koruyarak bir tür zamanla uyumlama yapacağız. Seninle çalışmak istiyorum, çünkü diğer tüm meziyetlerinin yanı sıra, senin ruhunun da buna ihtiyacı olduğunu biliyorum."

Öylece bakakaldım, hayatla aramızda sanki ortak bir lisan ile konuşan farklı görüntüde bir sohbet vardı. Görüntüler değişiyordu ama hepsinin dili aynıydı. Bazen Selva Hanım bazen Ekin bazen yan masamda oturanlar, sokaktaki dilenci, karşı komşum ve şimdi de Mustafa Mısırlı olmuştu. Ne diyeyim, başımı salladım onaylarcasına ve kabul ettim teklifini. Derken ekip yavaş yavaş toplanmaya başladı. En genç üyelerimiz üniversiteden henüz mezun olmamış olan Emre ve Sara idi. Onlarda sanki kendimi görmüştüm. Hevesli, çalışkan, bir o kadar da ben buradayım diyen özellikleri vardı. Zanaatkâr diyebileceğimiz ustalarımızla birlikte elli kişiye yakın bir ekiptik.

Kısa zamanda bitecek bir proje değildi. İnce ince ve imtina

ederek çalışılmalı, yeni doğmuş bir bebeğe dokunur gibi hassas olunmalıydı. Başıma talih kuşu konmuş gibi hissediyordum. Tarih, mimari, Mustafa Hocam, İstanbul'un en güzel yerinde, üstüne üstlük bir de harika sponsorlarla ve iyi bir bütçeyle yürütülecek projenin başına geçmiştim.

Proje koordinatörlüğü hem her şeye dokunma hem de hiçbir şeye karışmama işi gibiydi. İş yapanların akışlarını ve ihtiyaçlarını organize edecek, hocanın kararlarını ve planlamalarını hayata geçirecek, ayrıca çalışma saatleri konusunda da esnekliğe sahip olacaktım. Lambanın cini beni de buldu, böyle bir siparişi uyurken falan vermiş olmalıyım. Saraya zamanın yaptıklarını silerken, bir yandan da benim paslanan yanlarım onarılacaktı.

O gün toplantıyı kısa tuttuk. Görev dağılımlarını yaptık, hep beraber sarayın yanında Sultan Ahmet Meydanı'nda yemek yedik ve erkenden iş başı yapmak üzere sözleşerek ayrıldık.

İçimde yanan ateş, kurumuş tüm yanlarımdan beslenerek enerjiyi son gaz içime gönderiyor, bunca yıllık yaşanmışlıkların ağırlığını tütsülüyordu.

Ertesi sabah gün doğmadan uyanıp, kahvaltımı yaptıktan sonra koşar adım soluğu sarayda aldığımda sadece güvenlikler ve ben vardık. Ekip yaklaşık bir saat sonra toplanmıştı.

Buluşma

İlk iki haftamız dış cephe ile ilgili iskele ve diğer teknik hazırlıklarla ilerledi. Bu süre içinde, ekip de birbirine iyice kaynaşmış oldu. Stajyer sanat tarihi öğrencileri, uzman seramik sanatçıları, işlerinde rütbe sahibi ustalar, hepimiz Mustafa Mısırlı yönetiminde bir orkestra kadar uyum içindeydik. İstersek olmayalım; onun için dün yaptığınız işin bir değeri yoktu, o gün yaptığınız kıymetliydi ve o kıymet de bir sonraki işinize kadar sürerdi. Bu derece zor bir adamla çalışmış olmak, piyasada en yüksek ücretle en iyi işlerde çalışmanın anahtarı olurdu. Sadece bu da değil, sizinle çalışmayı kabul ettiyse zaten siz de bir ışık görmüş demektir. Şekillendireceği taşı bulmuş bir heykeltıraş gibi, tüm hevesiyle eline aldıklarına şekil verirdi. Elbette taşın alabileceği ve dayanabileceği şekle kadar...

Sara ve Emre'yi seçmesinin tesadüf olmadığı hemen fark ediliyordu. Hem çalışkan hem de uyumluydular. Sadece yaşlarından dolayı tereddüt yaşasam da, sonrasında hocamın bir kez daha on ikiden vurduğunu anladım. Hocanın gözünde ayrı bir yere sahiptiler, içten içe kıskanmıyor da değildim hani. Belki de geçmişte bana da aynı şekilde itina etmesini hatırlıyor ve içerliyor olabilirdim, ayrıcalıklı olan yalnızca ben değilmişim diyerek...

Bütün ekip Fatih Sultan Mehmet'e çok benzeyen Emre'ye takılmadan edemiyordu. "Fatih Sultan Emre Han" diye sesleniyorlardı ona. Sara'ya ise kızıl saçları ile tarihe izlerini bırakan "Hürrem Sultan" adını takmışlardı. "Başka türlü geçmez bu iş," diyordu ustabaşı. "Bizimkisi iğne ile kuyu kazmak," diye de devam ediyordu. Haklıydı, bütün gün pür dikkat çalışan ekip, bir tekkenin görevli dervişleri gibiydiler. Çalışırken çıt çıkarmazdı kimse, kendinizi kütüphanede sanabilirdiniz. Hal böyle olunca, iş bitiminde ve aralarda herkes birilerine takılır ve eğlence yaratılırdı. Üçüncü hafta bitmiş ve kontrolleri bitirip çıkıyordum ki, Sara geldi ve "Mustafa Hoca sizi çağırmamı istedi," dedi.

Hemen yanına gittim, kapısını kilitliyordu, döndü ve "Haydi yemeğe! Hacı Abdullah Lokantası'na gidiyoruz," dedi. Emre, Sara ve Mustafa Hoca ile birlikte tramvaya, oradan da Beyoğlu'na gittik.

Hacı Abdullah Lokantası en sevdiğim mekânların başında gelir. Bu mekânda tarih, lezzeti dost eylemiş. Abdülhamid zamanında, yabancı konukları sarayda ve konaklarda ağırlamak istememişler. Modernleşme ve batılı davranış modellerinin benimsendiği bir dönemde padişahın emri ile yaklaşık iki yüzyıl önce kurulmuş bu lokanta. En önemli özelliği de Ahilik geleneği nedeniyle babadan oğula değil, ustadan çırağa devredilerek devam etmesi. Bu sebeple ağırlama, lezzet ve geleneğin bir arada olduğu şahane bir yerdir. Kapıdan içeri girdiğimizde bizi karşılayan son kuşak temsilci Hacı Abdullah ile Mustafa Hoca'nın ayakta yaptıkları sohbet uzayınca, Emre ve Sara ile birlikte bir masaya usulca iliştik. Onları bir yarışmada, zamanı benden iyi kullanan rakip yarışmacılar gibi görüyordum. Mustafa Hoca'nın ekibinden beklenen sessizlikte sakince garsonun servisini seyrediyor ve çıt çıkarmıyorduk. Annesi evde iyice tembihlemiş çocuklar gibi usluyduk. Garson tekrar geldi ve siparişlerimizi almak istedi, elbette kutsal üçlemeyi istedik: Hünkârbeğendi, iç pilav, komposto.

Masaya servisin başlamasıyla birlikte Mustafa Hoca da bize katıldı.

"Sohbetiniz keyifliydi herhalde," dedim.

"Hacı ile tanışıklığımız çocukluk yıllarıma denk gelir, o yıllarda kendisi kalfa bile değildi. Zaman geçti ve bu hayattan gitme vaktimiz yaklaştıkça, kaldığımız anların kıymetini daha çok bilir olduk. O nedenle bir araya geldiğimizde bahsettiklerimiz keyif veren hikâyeler olur, keyifsiz hikâyelerle oyalanmayı sevmeyiz. Siz ne yaptınız?"

"Size sormadan vermek istemedik. Ama siparişlerimizi yazdırdık," dedi Sara.

"Burada Hünkâr Beğendi, iç pilavı ve komposto klasik bir üçlemedir ve benim de favorimdir."

"Hünkâr beğendi mi bilmem ama ben beğendim doğrusu," diye söze katıldı Emre.

"Yemeğin hakkı lezzetini almakla verilir," diyen annenin kızı olarak diğerleri gibi yemeğimle ilgi alaka içindeydim. Ayin misali kendimizden geçtiğimiz ziyafetin ardından, tatlıya geçmeden bir sohbet arası verelim dedik.

Haftalardır ne hocaya ne de ufaklıklara bir türlü pund_ına getirip de soramadığım sorularımı arka arkaya sıraladım.

Emre ve Sara'nın tanışmaları Mustafa Hoca'nın ofisinde olmuş. Aslında apayrı şehirlerden gelen iki mimarlık öğrencisi burs görüşmesinde buluşmuş ve tanışmışlar. Aynı okulda okumaları bir yana sanki kardeş, sevgili, arkadaş yani adının bir önemi olmayan, ancak bir beden gibi hareket eden bir ilişkiye sahiptiler. Sorum üzerine, sevgili olmadıklarını üstüne basarak tekrarladılar. "Bizimkisi ruhsal bir aile birliği," demez mi Sara. O da ne demekse?

"İnsan sadece bedenden ibaret olmadığına göre, bir tek bedensel ailesi olur diye bir şey yok. Yani aynı şehrin parçası olmak, aynı okulda okumak gibi sonradan kurulan dünyasal bağların yanında ruhsal diyebileceğimiz bağlarla da birbirimize bağlıyız."

Derken Emre söze girdi.

"Kısaca görünmez bağlardan dolayı biraz geç buluşan ruhsal kardeşleriz, dostlarız diye özetleyebiliriz."

Buyurun işte budur! İki yeni hocayla yediler meclisi tamamlandı, hoş geldiniz bücür dervişler...

"Nasıl buluştunuz peki sayın ruhsal kardeşler?"

"Mustafa Hocamızın sayesinde," dedi Emre.

Ardından Sara devam etti.

"Mustafa Hoca her ikimizle aynı anda burs görüşmesi yaptığı sırada bir telefon geldi. Doktorundan olduğunu ve kötü bir haber aldığını fark ederek sustum. O ayakta yaptığı görüşmesinin ardından, bizim orada olduğumuzu unutmuş bir halde boşluğa daldı. Sessizce bekledik. Birden bize döndü ve tamam dedi, bursunuzu onaylıyorum. Az önce o sert bakan adam gitmiş, bir şeyleri kaybetmiş bir adam gelmişti."

"Nasıl anladınız bunu?" dedim.

"Az önce bursları vermek için canımıza okuyacakken, şimdi ise elimde tutmamın bir anlamı yok, al sizin olsun der gibiydi."

Laflara bak sanki yirmi değil altmış yaşındalar, hele Sara tam cadı... Zaten saçlar da kıvırcık ve kızıl, kedileri de seviyor. Korkutucu bir bilgelik bu, canım bu yaşta bu ne böyle cüce gibi Mustafa Hoca hafif bir tebessümle söze girdi.

"Ardından siz dışarı çıkın dedim. Sara itiraz etmeden kalktı ve, 'Hayat devam ediyor, gidecek misiniz kalacak mısınız? Benim burstan çok size ihtiyacım var,' dedi. Telefonda ne konuştuğumu duymuş olamazdı ama yine de şüpheye düşmüştüm. 'Sen ne biliyorsun bakayım?' dedim. O da bana, 'Hayatın yaşamaya değer olduğunu biliyorum,' dedi. Şaşkınlığımı atamamıştım ki, öteki girdi lafa. 'Hocam, biz sizi sevgimizle tedavi edebiliriz.' dedi, 'Dışarıya çıkın bakayım, yalnız kalmak istiyorum,' dedim. Çıkarken avucumu açtı ve içine bunu koydu."

Gösterdiği bir anahtarlıktı.

"Bu dünyada mekân inşa eden birinin, yepyeni bir mekâna değil yeni bir bakış açısına ihtiyacı var. Anahtarlığı veriyorum, isterseniz bu halden çıkış anahtarını da ucuna ekleriz,' diyerek çıkıp gittiler odadan. O gün, akşam karanlığı çökene kadar neredeyse yerimden kımıldayamadım. Neden benim başıma gelmişti? Bu hastalık şimdi de beni mi bulmuştu? Oysa sorsalar bana, ölüme yakın olmayı sevdiğimi söylerdim. Yanıldığımı şimdi anladım. Akşama doğru, sekreterim mesaisi bitip çıkarken, bir isteğiniz var mı diye telefon açtığında, 'Bugün gelen iki çocuğun telefonlarını getir bana,' dedim. Sonra da hemen aradım bu iki ihtiyarı..."

Yüzünde bıyık altından gülen bir ifade ile devam etti:

"Bunların böyle genç göründüğüne bakma sakın, içlerine yaşlı ruhlar kaçmış. Aradım, dedim ki bu kızıl cadıya, 'Nerede o yanındaki yakışıklı? Al onu da hemen ofisime gelin.' Ben onu bugün tanıdım nereden bileyim demez mi? Şaştım kaldım, hemen öbürünü aradım. Gönderdim şoförü ikisini de buraya getirdi, ben de geldim. Sordum, 'Siz kimsiniz deyin bakalım hele!' Nasıl bildiniz benim hastalığımı ve neden o anahtarlığı verdiniz bana?"

"Biz ikimiz de okuyucuyuz. Aslında tesadüfen karşılaştığımızı sandık ama buluşmuşuz sizin yanınızda. Yani ikimiz de tanıştığımız ana kadar, bu hayat okumalarını bir tek kendimiz yapabiliriz sanıyorduk. Ofisinizden dışarı çıktığımızda size kötü gibi gelen, ancak hayat planınızda yürümenize yardım edecek bir olayın başınıza geldiğini ve bu olayı atlattıktan sonra daha güzel günlerin sizi beklediğini anlattık ve sonra evlerimize gittik," diye Mustafa Hoca'nın arkasından devam etti Sara.

"Okuyucu da ne demek oluyor? Boyunuzdan büyük laflar etmekte de üstünüze yok maşallah! Bir yaşıma daha girmiştim. Benim bildiğim okuryazarlıkta harfler öğrenilir ve birleştirerek var olan yazıları okursun. Yok, bunlar senin başına gelenin ne demek olduğunu okuyorlarmış. Benim kadar prensip sahibi bir adam için deli saçması geldi tabi ilk başta. Lakin söylediklerine itiraz da edemiyordum. Başıma geçmiş zamanda gelen bir şeyi anlatıyorum okuyorlar ve gerçekten de o dönem olaylar öyle gelişmiş. Denize düşen yılana sarılır diyerek ve ilk başlarda biraz da tedbirle aldım bu iki yaşlıyı yanıma. Yüreğimi feraha kavuşturdular, biliyor musun? Yani hâlâ nasıl yaptıklarını anlamış değilim, fakat ne kadar doğru olduğuna da şahidim."

"Benim de bir tanıdığım var. Benzer şeyler yapıyor. Diyelim beyaz renk kullandınız bir yerde, onu neden seçtiğinizi anlatıyor."

"Onlar sembolleri okur," dedi Sara. "Okul gibi bölümleri mi var bu işin?"

"Hem öyle hem değil. Yani bazı insanlar sembollerin taşıdığı özelliklerden yola çıkarak hayatın içindeki işaretleri bir şifre gibi çözerler. Görünenin arkasındakinin fark edilmesini sağlarlar. Diyelim ki, önünüze sürekli aynı isimde insanlar çıkıyor veya kulağınıza aynı isimler duyuruluyor. Bu sizin dikkatinizi çekmeye başladığı andan itibaren bir semboldür. Yani size bir mesaj iletiliyordur. Aslında bir tarafınız merak eder: Bu benim karşıma neden çıkıyor? Ancak cevabı almak öyle kolay olmayabilir. Yani bir anlamda rüya yorumlamak gibidir. Rüyada kırmızı bir ayakkabı giyiyorsunuzdur. Birine sorarsınız, aman ayakkabı sıkıntı der. Bir başkasına sorarsınız, kırmızı iyidir, hareket edeceksin der. Ama işi bilen size sorar: Sen kırmızı ayakkabıyı giyince kendini nasıl hissediyordun?" İşte o zaman kırmızı ayakkabı sembolü, doğru mesajın okunması için açılır. Sizin nasıl hissettiğiniz kısmı sizinle ilgili olandır, geri kalan ise kadim bilgilerin okunmasıdır. Bir kişi rüyasında ayağını sıkan bir ayakkabı giyiyordur ve yürüyemiyordur. O rüya adamın bir sıkıntı nedeniyle bazı konularda ilerleyemeyeceğini anlatmıştır. Adam için ayakkabı sıkıntı anlamına gelir. O böyle kabul ettiği için de sıkıntı mesajı için rüyasında ayakkabı kullanılır. Aslında asıl mesaj, bir şeyin sıkması ve onun yürüyememesidir. İşte burası bizi ilgilendirir. Orada bir hal, bir hissediş vardır. Ayakkabı ve kırmızı sembolcüleri ilgilendirir."

"Nasıl yani? Ana bilim dalı gibi dalları var, öyle mi? Dallanıp budaklanıyor bu konu, haydi hayırlısı!"

"Hem açıklama istiyorsunuz hem de itiraz etmeden duramıyorsunuz. Biz olayları, insanların yaşadığı halleri, hastalıkları ve neredeyse hayata dair her şeyi okuyabiliriz. Onlarınki daha öğrenilmiş bilgidir, bizimkisi ise doğuştan gelen bir yetenek diyebiliriz."

"Çok ilginç, yani bu yaşıma kadar boşuna yaşamışım. Okula git, çalış, yemek ye, gül, ağla... Ama bunların hepsi boş ve nafile

DERİN

bir çabaymış. Her şeyin bir anlamı varmış. Ben trene baka baka yaşamışım."

"Lütfen, kendinize bu şekilde davranmayın."

"Ne diyeyim, biraz ürkütücü geldi bu anlattıklarınız. Senin tip neyse de, bu kızıl kafa tam bir cadı. Bu anlattıklarınız birçok yerde pek de iyi karşılanmaz, dikkatli olun."

Kaşını kaldırıp sert sert bakan Sara söze girdi.

"Kendi yaşadıklarını, kendinden gizleyen birinin bizi inkâr etmesi gayet normal tabii."

"Nasıl yani, neyi gizlemişim kendimden?"

"Yaşadıklarınızı Derin Hanım... Yaşadıklarınızı yok etmeye çalışırken, aslında kendinizden bir parçayı da o kazana atıyorsunuz. Hatırlamanız gereken şu ki; kendini ve gücünü yok etmeye çalışan, güçlüklere katlanmak zorunda kalır."

"Sana cadı demekle haklıymışız. Neyi saklıyormuşum küçük hanım? Onu da söyle bari tam olsun."

"Vakti gelince söylerim, sırrı açacak olan sizsiniz. Ben gördüğümü okurum. Kara kutuyu görüyorum ama içindekini ancak kutunun kapağı açılırsa söyleyebilirim. İlahi yasalar böyle emreder."

"Sakladığım bir sırrım var, öyle mi?"

Mustafa Hoca, söze girerek devam eden itişmemize bir son verdi. Bu kızda beni rahatsız eden bir şeyler var, henüz çözemediğim. Ne sırrım olacak yahu? Canından parçasını kaybetmiş birinin sırrı ancak yası olur. Hey Allah'ım! Bu işlere saranlar zamanla biraz deli mi oluyor? Okumaymış... Hoca'ya tutmuş ama bana tutmadı canım...

Tekrar sözü alan Mustafa Hoca, onlarla yaşadığı ilk akşamı anbean anlatmaya başladı:

"Derin, ilk başlarda ben de senin gibi şüpheciydim. Bir de hiç sevmem böyle fal işlerini bilirsin. Ancak bu ikisini bir yere konumlandırmaya çalışmazsan anlayabilirsin ne demek istediklerini. Bunları yemeğe götürdüm dedim ya yemeği yedik, her şey gayet normal. Kızıl döndü bana, bak neler dedi: 'Siz bana kanserin nerede olduğunu söyleyin, sindirim sisteminizde olduğu kesin de neresinde?'"

"Nasıl yani?! Bu tespiti neye dayanarak yaptın?"

"Lütfen soruya soruyla cevap vermeden devam edelim."

"Kaçacak yer mi bıraktınız, sindirim borusunda küçük hanım, evet sizi dinliyorum."

"Demek yutamadığınız bir olay yaşamışsınız. Halen kabul etmekte zorlandığınız bu olayı atlattığınız takdirde, kalp gözünüz açılır ve siz de huzur içinde yaşarsınız. Bu nedenle hastalığınız hayat dermanınızdır, bilesiniz."

"Hay Yarabbi, bir yaşıma daha girdim. Hastalık değil, sanki bebek haberi almış gibi temennilerde bulunuyor kerata."

"Bu hastalıkla birlikte yaşayacaklarınızın sonucunda olayları algılamanız değişecek. Daha dikkatli, seçici ama en önemlisi daha içeriden bakabileceksiniz. Eşinizle bu dünya üzerindeki beraberliğiniz bu amaçla son bulmuş."

"Bunu da nerden çıkardınız? Hem sen ne biliyorsun bakayım eşim hakkında haylaz, dedim. Gerisini onlar anlatsın, yoruldum."

Mustafa Hoca'nın bu anlattıklarının okumayla bir ilgisi yok bence, bu falın bir çeşidi. Neler gördüm ben falcıların arasında; suya bakan, küle bakan, ele, fincana bakan... Belki bunlar da yüze bakıyordur. Bilemediğimiz bir stilleri var onu anladım da. Yani böyle bir anlamı yok dememle birlikte Sara bana döndü:

"Ben bu olayın görünmeyen yüzünü anlatayım size Derin Hanım," dedi.

Tövbe tövbe! Vallahi karışmış bunlar, korktum yemin ederim.

Bu ne ya?! Bu cadı resmen zihin okuyor.

"Bir erkeğin karısı, onun bu dünya ile olan alışverişini gösterir. Kadın için kocası; ruhsal bağlantısı, ilham yeteneği ve geleceğinin sembolüdür. Evlilik veya ilişki birliği yoksa, en yakın yansımalar aynı hali anlatır. Kadın topraktır, üremek ve üretmektir. Yaşamın içinde bizi besleyen, büyütendir. Toprağa konan tohum ondan beslenir, köklenir, suyunu alır ve gücünü toplar. Toprağın dinginliği ve sakinliği güven verir, güçlendirir. Ayrıca yukarıya doğru çıkması için enerjisini verir. Bu anneyi ve kadını anlatır. O almayı öğrendiğimiz yer, var olduğumuz rahimdir. Aslında bedenimizin sahip olduklarını aldığımız yerdir; geçmişimiz, köklerimiz ve bu dünyaya ait bildiğimizdir. Topraktan yukarıya doğru çıkmaya meyleden ağaç, güneşle ve ışıkla buluşur, havayla tanışır. Suyu hem yerden hem gökten almaya başlar. Gelişir, ilerler ve büyür ağaç. Hem topraktan hem göklerden, ışıktan, havadan beslenir. Bu erkek ve babayı anlatır. Ağacın her büyüme hamlesinde geride bir yanı kalır. Gövdesinden düşen yaprakları, kabukları, kırılan kolları ile hem bırakır hem ilerler. Bizim doğduğumuz andan itibaren, bir halde ölüp bambaşka bir hale doğmamıza benzer. Dişlerimiz çıkar, onlar gider yenisi gelir. Bizi var eden ana maddeler aynıdır. Ama biz büyürken küçüklüğümüz, duygularımız, düşüncelerimiz ölür. Yarın bizi ne beklediğini bilmeden ilerleriz. Dün maddeyi anlatır, yarın ruhsallığı... Dün olmadan yarın olmaz. Bu birlik; beden/ruh, baba/anne, kadın/erkek, ikinin buluşması yani "ÂDEM olma" halimizdir. Toprak bir yanımızdır. Diğer yanımız ise taşıdığımız ruhsal parçamızdır. İşte bu denge, alışverişin en kutsal halidir. Ne bir eksik ne bir fazla, hakkı kadardır. Denge olmazsa huzur olmaz. Cennet, huzurun mekânı ve şükrün evidir. Bir tarafımız öbür yanımızdan gizli iş yapar, dinlemez ve tek başına hareket ederse, cennetten kovuluruz. Cennet kalptir, rengi yeşildir. İçi yemyeşil ağaçlarla örtülüdür. Göğsümüzdedir tüm bunlar. O nedenle sıkıldığımızda göğsümüz sıkışır. En acı anımızda yumruklarız iki göğsümüzün ortasını. Aç kapıyı, der gibi çalarız cennet kapısını. Eğer huzur gittiyse, cehennem ateşi yakar ormanlarımızı, eskisi gibi rahat olamayız. Olanı kabul edemez, yaşadıklarımızın bizi kirlettiğini düşünmeye başlarız. Dengesini bozan kişi, sahip olduklarının kıymetini bilmeyerek, kendine verilmeyenin ya da elde edemediğinin peşinde koşar. Tıpkı Havva ve Âdem gibi, elde edemediğinin peşinden koşarken, o ana kadar ihtiyacı olan her şeye sahip olduğunun farkında da değildir. Bir elmanın peşinden cennetinden oluverir. Peşinden koştukları, onu sahip olduklarından uzağa koyar ve ancak o zaman anlar hırslarının ona neler yaptırdığını. Eski huzurunu geri ister, ancak bunun için bir hayli uğraşmalıdır. Hayatın içinde pek çoğumuz, sahip olduklarımızla değil, olmadıklarımızla ilgilenir ve onların peşinden gideriz. Ancak o çaba ve uğraş verdiğimiz şey, bizi hırs ateşinde yakabilir. O ateşin dumanı ise korku ve endişedir. Cennetin anahtarlarından ilkinin üzerinde KABUL, diğerinin üzerinde ise ŞÜKÜR yazar. Kalp huzura tekrar ancak bu hal içinde kavuşur. Küçük dilimi yutmuş, sesim kesilmiş bir halde kalakaldım. Ve pes ettim, gerçekten pes ettim ve kıyıya çekildim. Ben bunlara laf yetiştiremem, en iyisi uslu uslu oturayım...

"Ne diyeceğimi bilemedim. Hocam haklı, sizin içinize yaşlı birileri girmiş," dedim.

DERİN

Mustafa Hoca bu anlatılanları ilk defa dinliyormuş havasında, dikkat kesilmişti. Kim bilir hocaya ne diller döktüler bugüne kadar, adamı etkileri altına almışlar besbelli. Son derece ciddi ve belki anlamadığım bir şey varsa kavrarım der gibi, kaşları havada dinlemekteydi. Bu anlatılanların benimle ilgisinin olmadığı apaçık ortada. Birçok insan eşi ölsün ölmesin, yaş ilerledikçe manevi konularla daha fazla ilgilenir. Adam karısını kaybetmenin üzüntüsünden kanser oldu diye bir şey de yok ayrıca. Dünyanın neredeyse yarısı kanser, çağın hastalığı bu. Üstelik Hoca'nın yaşı da var. Yani az önce anlattıkları tamam da, bunlar da bir garip. Her şeye bir kulp takma peşindeler. Adam çalışmış, didinmiş bir sürü başarıya imza atmış. Binlerce kişiye iş imkânı sağlamış. Yüzlerce eser denilebilecek yapı tasarlamış. Karısıyla da gezmiş tozmuş, ne olacaktı? Bir tek oğluna yetememiş o kadar. Can ile araları hep gergindi. Hoca sanki onunla ilgilenmek istemez, biraz da ezerdi. Tam kendi âlemimde ilerlerken, Mustafa Hoca'nın sesiyle kendime geldim.

"O gün tam buradaydık Derin, birden Emre elimi göğsümün ortasına koydu. Sara'nın eli de onun elinin üzerindeydi. İyileşmek isteyip istemediğimi sordular. O an aklımda hiçbir şey yoktu. Sanki o anda Azrail gelmişti yanı başıma, 'Hadi Mustafa gidelim,' diyordu. Öylece kaldım. Gitmek tamam da, daha yapacaklarım bitmemişti, o anda anladım. Biraz daha kalayım, dedim. Çalışmak en büyük ibadettir benim inancımda. Fayda vermek, faydalı olmak. Üretmek, paylaşmak, katkı sağlamak. Ancak ben toprağın göğsünü betonla taşlaştırmıştım. Belki bu yüzden tam göğsümün hizasına gelip yerleşmişti bu meret. Şimdi anlıyorum neler yaptığımı. Ürettim ama tükettiklerim sanki daha fazlaydı, beni yakan bir ateşti ölüm. Döndüm ve bu iki ihtiyara, 'Kalıyorum,' dedim.

Sor ki ne zamana kadar, bilmiyorum. Vakti gelip de selamlaşana kadar diyelim, şimdilik..."

Gözlerinde hafif buğu yapan gözyaşları düşemedi, yutkundu, yutkundum ve dudaklarımı ezmeye daha fazla dayanamayarak gözyaşlarımı bırakıverdim. Her ne kadar o sert havası yumuşasa da, bir dev vardı karşımda. Cüssesi ve endamlı duruşu ile onun gözyaşları, kâğıt peçeteye iz bırakarak yanaklarından süzüldü biz başka yönlere bakar gibi yaparken.

Çay servisi yapan garson imdadımıza tam zamanında yetişti. Hoca çayından bir yudum aldıktan sonra, "Kısacası bunlara soru sorulmaz. Bunlar şifre çözücüler," diye devam etti.

"Dekoder gibi yani," dedim.

Bunu dememle Mustafa Hoca kahkahası ile tüm salonu inletti. "Kız sen çok yaşa emi, nereden geldi aklına?"

"Şifre deyince, benim de çözemediğim o kadar çok şey var ki... Belki bir gün benim de şifremi çözecek bir dekoderim olur."

Emre bana dönerek, "Siz geçmişin kapılarını kapatmadığınız için hep geçmişin tesirindesiniz. Geçmiş kapılarını kapatmayan geleceğe adım atamaz," demez mi? Aaaaa yeter ama! Şimdi de bu bücürler çıktı başıma. Siz hocayı mıncıklayın, beni rahat bırakın.

"Ben lavaboya gidiyorum, izninizle," diyerek sadece gülümsememe eklediğim kaş kaldırmamla, masadan kaçtım. Lavaboda yüzüme çarptığım sularla kendime gelmeye çalışırken, başımı kaldırdım ve aynada yüzümden damlayan suların izini taşıyan ifademe baktım. Ne oluyor Allah aşkına, biri bana söyleyebilir mi? Ben bu hikâyeye ne zaman dahil oldum? Mimarlık yapıyorum olmuyor, yapmıyorum olmuyor.

Kim bu insanlar? Girince hafızamı silin de geri dönemeyeyim. Simülasyonundan çıkmak için hangi butona basacaktım, bir hatırlasam!

Masaya döndüğümde çay servisi yenileniyordu, gülümseyerek yerime geçtim. Bu ufacık dokunuşlar bile beni sarsar olmuştu. Her şey yolunda giderken, bu sorularla dürtme oyununa geri dönmek hiç hoş olmuyor. Ve neden bu ufacık çocuğun sorusu, tespiti ya da adı her neyse beni bu kadar sarstı? Bu düşünceler içinde masaya geldim ve tam sandalyeme oturmak üzereyken, "Hassasiyet artmış," dedi Emre.

"Anlamadım," dedim.

Bir şey düşünmeye korkar oldum, aklımdan geçenleri de okuyor bunlar...

"Her şey tam çözülmek üzereyken en karmaşık halinde hisseder insan ve bu çaresizlik hissi ile vazgeçebilir. Maraton koşusunun en zor kısmı son kilometredir. Varış noktası seyredene yakın, koşana uzak görünür."

Kaçıp gitsem bile kurtulamadığım bu halin içinde, şekil değiştirip değiştirip çıkıyorlar karşıma.

"Kadersel bir karşılaşma," diye söze başladı Mustafa Hoca Hakikaten bu olanların bir rüya olmasını diliyorum. Yani iki tane torunu yaşında çocukla dervişlik oyunu oynayan koskoca Mustafa Mısırlı da, bu beni delirtme oyununa dahil oldu ya, daha ne diyeyim bilemiyorum...

Sözüne devam etmeye kararlıydı:

"Bizimkisi diyorum, kadersel bir karşılaşma aslında. Yani tam kanser haberini aldığım gün hatta dakika karşımda bu ikisi oturmuş, bilmiş bilmiş konuşuyordu. İnan daha olanları tam anlayamadan, her şeyi anladım sayelerinde."

"Nasıl yani?"

"Bazen yaşadıklarından çok, neden yaşadığıyla ilgileniyor insan. Neden bu benim başıma geldi?"

Bunca zamandır duyduğum en güzel ifade. Ben bu adama boşuna "Hocam" demiyorum. Canım Hocam, ne varsa sende var. Dört, on altı, otuz iki kulakla dinliyorum. Yıllardır sorduğum soruya geldin çok şükür. Ağzımı dikiyorum, yapıştırıyorum. Tekrar sendeyim, ne olur devam et...

"Yıllarca bir sıkıntı, bir hastalık ya da herhangi bir sorun yaşadığımda, sanki Allah bana bir ceza vermiş gibi hissettim. Zaten uzun yıllar boyunca başım sıkışınca yine ne yaptık, diye söylenirdim. Yanlış yapmış olmanın ezikliği sarardı her yanımı. Biraz da küserdim. Çocukken rahmetli annem bir kusur işlediğimde veya sözünü dinlemediğimde, beni kömürlüğe kapatırdı. O yaşımda bir yandan haksızlığa uğradığımı düşünür, bir yandan da yakalanmış olmanın mahcubiyeti ile o karanlık dehlize girerdim. Ne kadar kalırdım, hatırlamıyorum. O zamanlar bir asır gibi gelirdi. O asır içinde benim duygularım tam tersine dönüverirdi. Anneme kızmaya başlardım. Onun beni sevmediğini ve affedici olmadığını düşünür, önce pişmanlıkla sonra da öfke krizi ile ağlardım. Kömürlükten çıkışım muhteşem olurdu. Kaşlarım havadayken rahmetli dadım gelirdi. Ona da bir tavır içinde, hemen koşarak odama çıkardım. Sıra bana gelirdi. Anneme ceza verme sırası... Yemek yemez, odadan çıkmazdım ve annemi diz çöktürene kadar bu tavrımı sürdürürdüm. Şimdi anlıyorum ki, her iki seferde akıllanmayan benmişim. O tavrımı hayatımın büyük bir kısmında devam ettirdiğimi, bu hastalık döneminde fark edebildim. Öğrenmenin, bilmenin yaşı yok. Bu iki çocuk bana rehberlik yaptılar. Bu hastalığı yaşamamın bana ne kattığını fark ettiğim hafta, doktorlara göre bir mucize oldu. O hafta kemoterapiye başlayacaktık. Son kez testler yapıldı. Doktor, bir sorun var diyerek gitti. Geri geldiğinde ise testleri yenileyelim, dedi. Yenilediler, bildiklerine yenildiler. 'Bu nasıl olabilir?' deyip durdular. 'Okutup üflettim kendimi doktorum,' dedim. O iyi gelmiştir. O günden sonra, bu iki bücürün dediklerine daha bir kulak verdim."

"Bu kadar basit mi yani? Mesajı okuyorsun ve her şey değişiyor, öyle mi?"

Emre söze girdi:

"Sadece bu değil elbette. O mesajı içselleştirmek, önceki bakış açısını bırakmakla mümkün olabilir. Bırakmak en önemli davranıştır, yani bir anlamda kabı boşaltmak. Kap doluyken yeniyi alamadığı gibi, içinde bir damla eskiye dair bir iz kalsa, yeniyi eskiye taşır. Her şey birbiriyle bağlantılıdır. Bir şeyi yaşarken güvende hissetmek ile hissetmemek bizim yolumuzu belirler. Bunun nedeni, kontrol etme isteğimizdir. 'Sonuç bizim istediğimiz gibi olmazsa,' endişesi tedirginlik yaratır. Oysa kontrol etmeye çalışmak, her şeyi kontrolden çıkarır. Bu hırs ve endişe ise alttan almamıza ve taviz vermemize neden olur. İnsan faydalıyı faydasızdan ayıramaz hale geldiğinde dahi ipin ucunu gevşetemez. İnat, ortaya çıktığında hatırlanması gereken, bir direnç olduğudur. Direnç; bize anlatılanı, gittiğimiz yolu, neler olduğunu anlamamızın önünde duran en önemli engeldir."

"Benim mesajı okuyamamanızın sebebi bu mu?"

"Okunmasını istemeyen sizsiniz, çünkü direnciniz var," dedi Sara.

"Ben mi istemiyorum?! Haklısın, istemiyorum. Hoca da istemiyordu, ona neden okudunuz peki?"

Pis cadı, istemiyormuşum. Yalvartacak aklı sıra, senden çok var benim çemberimde. Siz bana kurulan komplonun elemanlarısınız. Biri der, sen bulacaksın; öteki der içinde saklı; yoo aslında istemeyen sensin. Ben ablamı arayacağım, beni yatırsın hastaneye de herkes huzur bulsun. Temizinden vursunlar bir sakinleştirici, oh mis... Ne uğraşıyorum bunlarla? Offf çok sıkıldım. Gitmek yetmez, adımı değiştirip ortadan yok olacağım. Bak nasıl bakıyor, kızıl kafa...

"Derin ismi, başı ve sonu arasında mesafe olan, uzaklık olan demektir. Siz de tıpkı adınız gibisiniz. Başladığınız yerden bambaşka bir yere varacaksınız. Umarım kolaylaşır yolunuz," dedi Sara.

Bu kız falcı diyorum da inanmıyor Hoca. Adımı değiştireceğim diyorum, adımın anlamını anlatıyor. Bunlar zihin okuyor. Belki okullarda falan öğretiyorlardır yeni sistemde. Biz de saf saf dinliyoruz, ermiş gibi bunları. Ay patlayacağım şimdi, Hoca ağzını açmıyor, bir susun. Konuya Hoca'yı dahil edip kaçmalıyım.

"Teşekkür ederim, isim analizi için. Hiç böyle düşünmemiştim. İlginç bir bakış açısı, demek bambaşka olacağım... Hadi bakalım. Ben başka olur muyum bilemiyorum da, Mustafa Hoca bir hayli değişmiş, bu gece anlamış oldum. Demek Hoca çağırdı sizi, ben de zannettim ki burs görüşmesi için siz ona gittiniz."

"Biz burs için bir araya geldik. Bu bizim faydamız içindi. Mustafa Hocamız da yaşadıklarının sebebini anlayarak sağlığına kavuşmak istiyordu. O mesajını aldı, bu da onun faydasınaydı. Yani her şey kendiliğinden oldu. En güçlü etki kendiliğinden olandır. Bunun için fayda yasası devreye girer. Alışverişte her zaman alan da veren de faydalanır."

Kafam karıştı, ben bu kriminal ruhsallara laf yetiştiremem. Gücüm yetmez. Kendimi çok aciz hissettim, hiç böyle bakmamıştım hayata. Yaşadıklarımı didikler ve incelerim. Ama bunun nedeni bundan dolayı falan diye bir yorum yapılabileceğini şimdi öğrendim. Bu dedikleri doğru ise, neden bu bilgiler bir yerde öğretilmiyor? Kazanın başıma niye geldiğini, Ali'nin ölümünü, iş yaşamından buz gibi soğumamı anlatacak bir sözlük varsa benim neden haberim yok? Eğer yoksa da bu bir haksızlık değilse nedir? Bunları çözme yetkisi neden bazılarına verilirken, biz mahrum edildik? Zaten dünyanın adaletine olmayan inancım, daha da güçlü bir hal aldı. Yani hayat hep bir nedenden birilerine kolay, birilerine zor olmak zorunda mı? Şu iki çocuğun bildiklerinin karşısında koskoca Mustafa Hoca da ben de suskunuz. Boşa okumuşum onca okulu, baksanıza onların doğuştan bildiklerini biz henüz anlamaya çabalıyoruz. Peki onca kitap, öğretiler, kutsal kitaplar neden bunlardan bahsetmiyor? Bu kadar insan neden bir sürü farklı şey anlatıyor?

"Neden hiçbir kutsal kitap, öğreti, felsefe ya da din sizin bu anlattıklarınızdan bahsetmiyor?" diye sordum.

"Anlatmadığını da nereden çıkartıyorsunuz?"

Kendimi ezik hissediyorum bu kızın karşısında. Ufacık yaşında benden daha çok şey bilmesi ve benim de onun anlattıkları hakkında hiçbir bilgim olmaması sinirlendiriyor beni. Oysa o, sanki hiçbir duygu taşımıyor gibi aynı tonda ve halde anlatımına devam ediyor:

"Kutsal kitaplarda anlatılan hikâyelerin amacı, insanlara kolayca anlamaları için örneklemeler vermektir. Yine masallar, efsaneler veya hurafe diye bakılan birçok yaklaşımda da bu bilgilerin anlatımına rastlarız. Mevlana, Mesnevi'de verilmek istenenin özünü hikâyeler yoluyla aktarır. Neden direkt anlatılmıyor diyebiliriz, fakat düşününce en doğrusunun bu olduğunu anlarız. Burada yapılan örneklemeler sayesinde bilgi yaşar hale gelir. Dinleyen de bu şekilde olayın içine dahil olur, itiraz edemeden dinler. Farkında olmadan hayatın içinde bir başkasının hayatını seyrederken, bir kitapta ya da filmde cevaplarımızı daha kolay alırız. Cevap direkt verilse belki yanlış yorumlayabiliriz. O anda belli bir kalıba sahip olduğumuz için itiraz edebiliriz diye bilgi, hikâyelerin ve sembollerin içinde sunulmuştur.

"İyi de her din, her kitap, her ermiş farklı şeyler söylüyor ve anlatıyor. Hepimizin farklı anlaması mı isteniyor?"

Emre aldı sözü:

"Her birimiz kabımız kadar alır, tadımız kadar içeriz sunulanı. İnanın ki bilgi hep aynı, tıpkı yüzlerce dil konuşan insanoğlunun neredeyse tek bir duygunun peşinden koşması gibidir anlatılmak istenen. Sevmek ve en çok da sevilmek isteriz, ayrı kelimelerin altında aynı tını saklıdır. Bize binlerce yıldır verilen bilgi de neredeyse aynıdır. Anlatılan; huzura nasıl varacağımız, diğerleriyle nasıl anlaşacağımız, hırs ve öfke gibi yakıcı duyguların bizi ateşe atacağı ve neye sahip olursak olalım her şeyi bırakıp yaşadıklarımızın tesiri ve sorumluklarını alarak buradan gideceğimizdir..."

"Aynı şey söyleniyorsa, neden bunca anlayış farkı var söyler misin?"

"Anlayış farkı insanların şekle takılarak hikâyeyi bile dinleyemez olmasından gelir."

Mustafa Hoca söze girdi:

"Yeter bu kadar, bu gecelik. Haydi kalkalım," demesiyle hepimiz bir anda sanki gerçekliğe döndük.

Aslında daha sormak istediğim çok soru vardı. Ancak bu kadarı şimdilik yetmişti. Sohbet daha güncel konulara geçerek hafifledi. Bu sayede servisleri toplamak için gözümüzün içine bakan garsonlar için mutlu son gerçekleşti ve hesabı istedik.

Beyoğlu her zamanki gibi oldukça kalabalıktı, hatta yürümenin imkânsızlaştığı bir hale gelmek üzereydi. Neyse ki biz şanslıydık, Hoca şoförünü çağırmıştı. Arka sokaklardan kolayca sahile geçerek gecenin sessizliğinde ilerledik ve evlerimize kolayca ulaştık.

Ertesi gün ve sonrasında, çalışmaktan başka bir şey bilmeyen arıların, kovana gidip gelmelerine benzer bir tempoda haftayı tamamladık.

Hastalığın Mesajı

Cumartesi sabahım Selva Hanım ve onun zarif daveti ile taçlandı. Bu kadında bana iyi gelen bir şey var, henüz tam olarak anlayamadığım... Aynı konulara gönül verseler de Ekin ile bambaşka hissettiriyorlar. Ekin deyince yine tüylerim diken diken oldu. Aslında adamın bana yaptığı bir şey de yok ama yine de adının geçmesi bile beni geriyor.

Selva Hanım'a, yıllar önce İznik'ten aldığım çini tabağımın içine Hacı Bekir'den aldığım fıstıklı lokumları koydum ve amatör bir paketleme yaptım. Doğrusu elim boş gitmek istemiyordum ama çiçek falan almak da pek içimden gelmedi. Sanki böylesi daha samimiydi, daha ben gibiydi.

Selva Hanım hediyemi çok beğendi.

"Harika bir hediye, ne kadar içten... Tıpkı senin gibi derin ve manalı... Sanırım sana bir haller olmuş, Derin. Söyle bakalım neler yaşıyorsun veya yaşadın iç dünyanda?"

"Aslına bakarsanız peşine düştüğüm şeylerle aramdaki mesafe açıldı galiba. Yani hem yine peşindeyim ama bir o kadar uzağım. Neredeyse aynı gibi gözüken bir hayat ritmi içinde daha kendimleyim, yani sanırım böyle... Siz sorunca fark ettim aslında bu hali. Ve cevap versem de, bir yandan da düşünmeye çalışıyorum, ben de ne değişti acaba diye?.."

"Yunus Emre ne güzel demiş bu hali; 'Beni bende demen, bir ben var bende, benden içeri.' Aslında diyor ki sade diliyle derinlere götüren kemale ermiş olan sevgili Yunus, 'Beni ben sanmayın, gördüğünüze aldanmayın, benim derinliklerimde bir ben var bende, benden daha derinde...'"

Selva Hanım'ın benim için böyle bir tanımlama yapmış olmasından çok etkilendim. Sanki yüzyıl geçmiş gibi geldi, hastanede başımda beklerken bana anlattıkları ile şu an arasında... Bu kadar yol almış olabilir miyim? Oysa ben, içimde değişen hiçbir şey göremiyorum.

"Cidden çok etkilendim söylediklerinizden. Sizin fikirleriniz, yorumlarınız benim için çok kıymetli. Bazen anlamakta zorluk çeksem, hatta zaman zaman anlamasam da, sanki anlamadan da olabilirmiş gibi hissediyorum o anlarda."

"Sevgili Derin, anlamaktan öte demek istiyor Yunus... Sadece o hissedişini aktarıyor bizlere. O içten gelen ses, bazen dile gelemeyen hal, nedenini bilmeden yapmak istediklerimiz bizden ötede olanla bağlantımızın izlerini taşıyor. Sende o bağlantının izdüşümlerini gördüm. İçinden geldiği gibi olma hali samimiyetin ötesinde teslimiyeti barındırır, ne olduğunu bilmediğine ve aslında hissedip dillendiremediğine olan sevginin eseridir. Kendin için aldığın, itina ile sakladığın o tabağı benim için tat ile süslemen ne harika bir davranış. İçinde samimiyet var, paylaşmak var, bununla birlikte itina var. Aslında basit değil, aksine derin bir yaklaşım var."

"İyi ki gelmişim bugün yanınıza, bazen sizin yanınızda kendimi o kadar farklı hissediyorum ki. Diğer kişilerle olan halimle hiç alakam yok sanki. O mu gerçek benim, yoksa burada sizin-leyken mi kendimim bilemiyorum."

"Güzel yüzlü, güzel kalpli Derin... Hepsi sensin. Sadece he-nüz aynalarından seyrediyorsun kendini. Ne zaman ki sadece içeri bakacaksın, az önce Yunus'tan verdiğim örnekte olduğu gibi, işte o zaman hep içeriden dışarıya yansıyacak sevginin ışığı... Şimdi sadece sevildiğinden emin olduğunda açıyorsun içerinin kapılarını. O zaman içeriden yansıyan sevgi ışığın ile aynaların değişecek. Aynaların demekle, aslında dışarıda tüm karşılaştıkların demek istiyorum. Bir bakacaksın ki, herkesin yanında Selva ile yaşadığın rahatlığı yaşayacaksın."

"Siz hep böyle miydiniz? Hep güven veren, sevgi dolu... İnsanı sevgiyle buluşturan bir halde miydiniz? Yeniden doğuş varsa siz eski hayatlarınızda kraliçe, tanrıça hatta belki bir azi-zeydiniz. Öyle hissediyorum."

"Kalbinden akanlar pek şahane. Ama benim için hayat bir tane ve o da şu andan bana verilen. Bunun kıymetini bilemeden geçen yıllarımla aradaki farkı kapatmak için, tam kırk yaşımda bir karar verdim. Bana verilen bu yaşam hediyesinin kıymetini bileceğim dedim. Oğlumu kaybetmiştim, isyanlar içindeydim. Sonra bir gün bir kitap geçti elime, çok alakasız bir kitaptı. Yunan Delphi tapınağının girişinde 'Kendini Bil' yazarmış. O anda okudum, geçti, gitti. Aradan biraz daha zaman geçti, bir gün radyoda bir sohbete kulağım takıldı. Bir tasavvuf ehli an-latıyordu: 'Kendini bilen, Rabbini bilir.' Bu hadiste anlatılan diye devam ediyordu ki, dondum kaldım. Radyoyu kapattım ve öylece durdum. Bu bana bir mesajdı, anlamıştım. Çünkü en çok sorduğum, cevaplanması için en çok haykırdığım soru şuydu: 'Bana neden bu eziyeti ediyorsun, beni sevmiyor musun Tanrım? Beni de al, madem benden en sevdiğimi aldın!'"

Selva Hanım'ı ilk kez bu kadar duygulu görüyordum. Oğlunu kaybettiğini öğrenmemin şokunun yanında, bir derviş gibi gördüğüm bu kadının da zamanında isyanları olduğunu öğrenmek, üzerimde ayrı bir şok dalgası yaratmıştı. Gözleri çakmak çakmaktı anlatırken ama gözyaşından ziyade ilginç bir pırıltı ile anlatıyordu tüm bunları. Gözyaşlarını akıtan bendim. Yasını yaşarken dahi erdemli olmuş bu kadınla buluşmamın, aslında bana sunulmuş bir tür yardım olduğunu fark etmiştim. "Selva, ne iyi ettin de benim hayatıma girdin," dedim içimden, gözyaşlarımın tuzlu tadıyla birlikte. Neden ağladığımı sormayın lütfen, bilsem söylerdim. Sadece onu dinlemek iyi geliyordu.

"O andan itibaren fark ettiğimin ne olduğunu sana şimdi bile tam olarak anlatamayabilirim. Bir düşünce, bir duygu değildi. Bir hissedişti, içimde çırpınan ve beni çığlık çığlığa bağırtan her ne ise o susmuştu. Hem de aniden, hiç haber vermeden öylece. İşte benim kendime olan yolcuğumun başlangıç noktası buydu. Bizi seninle bu kadar uyumlu kılan, belki de aynı yollardan geçmeyi seçmemizdir."

"Gerçekten ne diyeceğimi bilmiyorum. Sizin kadar dingin ve huzurlu olabileceğimden emin değilim. Yine de yaşadıklarımızın benzer olması, içimi güven duygusu ile doldurdu. Kendimi eskisi kadar çaresiz hissetmiyorum galiba, size sarılmak istiyorum."

Sarıldık, öylece ve sadece sarıldık. Ben yüzümü yıkamaya giderken Selva Hanım sade kahvelerimizi pişirmek için mutfağa geçti. O elinde kahveler ve fıstıklı lokumlarla döndüğünde, kapı çaldı.

Kahvemden ilk yudumu aldığımda karşımda duran Ekin'i görünce, kahve yemek boruma değil nefes boruma gitti. Ve ben öksürük ve boğulma arasında savaş verirken, Ekin sırtıma kuvvetlice vurarak kahvenin doğru yolu bulmasına yardım etti.

"Boğuluyordun az kalsın. Beni görmek sana böyle hissettiriyor herhalde, nasılsın?"

Sanırım kırmızının bütün tonlarını taşıyan yüzüm ve oraya buraya saçılan tükürüklerimi temizlerken vereceğim cevap çok da dürüst olmayacaktı.

"İyiyim, iyiydim de seni görünce birden şaşkınlıktan... Galiba öyle oldu işte..."

"Hemen size de bir kahve yapıyorum. Hatta benim kahvemi siz alın, henüz dokunmadım, ben kendime yapıp geliyorum. Ne güzel sürpriz oldu gelmeniz, öyle değil mi Derin?"

"Evet, çok güzel bir sürpriz oldu."

Bana huzur bu kadar tabii. Daha ne olsun, tam Nirvana'ya erdim derken, Deccal de çıktı geldi. Çok sinir oluyorum artık bu adama. Gıcık, neden ona karşı hislerim böyle değişti anlayamıyorum. Oysa o benim için Selva Hanım'ın erkek versiyonu gibiydi, şimdi fırsatım olsa onu bir kaşık suda boğabilirim.

Selva Hanım elinde kahvesiyle gelene kadar Ekin'den çıt çıkmadı. Çok şaşırdım, hemen bana girişip bir sürü şey söyler diye beklerken, o sustu. İşin ilginci her zaman yüzünde görmeye alışkın olduğum tebessüm hali de yoktu. Yine oldukça dingindi ama tebessüm etmiyordu. Elinde kahvesi ve içine nar taneleri atılmış cam sürahide suyuyla gelen Selva Hanım'ın enerjisi ise odayı aydınlatıyordu.

"Suyun içine nar tanesi atmanız ne kadar hoş olmuş, çok estetik bir yaklaşım," dedim.

"Estetik bulmana sevindim ama ben suya biraz can biraz ateş katıp hareketlendirmek için narı kullanıyorum laf aramızda."

"Nasıl yani?"

"Suya ne yüklersen kabul eder, narı az önce böldüm ve içinden bir avuç aldım. Taptaze nar aynı zamanda mana olarak da ateş anlamına gelir. Suyu yani hayatı canlandırmak için, senin deyiminle estetik bir eylem yapıyorum. Ekin Hocam, gelişin beni şereflendirdi.

"Nasılsın, halin nicedir? Bu sessizlik hayra alamettir elbette ama yine de sessizliğin endişelendiriyor beni. Dile gönderir, dosta duyurur mu acep kalp diyeceklerini?"

"Ben kalkacağım zaten, çok oturdum."

Tam oturduğum yerden kalkıyordum ki, Ekin eliyle otur diye işaret etti. Çok net ve otoriterdi. Bu sefer dizlerimin gücü yetmedi fırlayıp kaçmaya. Oturdum çaresizce. Ama pek memnun değilim bu halden, belli ki ikisinin konuşacakları özel bir şey var. Derken Ekin tüm havayı içine çekercesine bir nefes aldı.

"Hayat bazen içeride, bazen de dışarıda. Aslında ne içeride ne dışarıda. Biz tam merkezimizde olduğumuzda, her şey yerli yerinde, her şey yolunda çok şükür. Bu aralar içeriden gülümsüyorum. Memnuniyetimin göstergesi belki de sessizliğimdir. Bir de üç günlük su orucundan yeni çıktım, belki fark ettiğiniz budur. Arınma sürecinde bazen enerji dışarıyla bağını zayıflatabilir. İşte ben de tam bu yüzden misafirliğe davet ettim kendimi, dostlara açayım ilk kapımı dedim. Ee bir de güzel hediyem oldu, Derin ile de görüşmek nasipmiş."

"Maşallah Hocam, ağzına sağlık. Endişeyi bırakamadığımı gösterdin. Neylersin ki, insan kendinden çok sevdiklerinin üzülmesine dayanamıyor."

"Bizi kendimizden uzağa koyan en önemli sınavdır, başkalarının yaşadıklarına yorum yapmak ve yargılamak."

"İyi de bu yargılamak değil ki, Selva Hanım sadece senin üzülmüş olabilmenden endişe etmiş."

"İşte ben de bunu diyorum ya. Onu merkezinden alan, kendinden uzağa koyan bana yakın olması. Tam da bu sebeple, yargılandığı ile yargılanacak. Buradaki yargısı, yaşadıklarımın beni üzmüş olabileceği. Oysa yaşadıklarımla öğrendiklerimin bana katacaklarından emin olsa, ne oluyorsa en iyidir halinde kalabilse kendiyle de kalır."

"Kendisiyle kalması neden bu kadar önemli?"

"Kendini bilen nefsini bilir, nefsini bilen Rabbini bilir."

"Ah Hocam ağzından bal damlıyor. Bugün biz de Derin ile tam bu konuyu konuşmuştuk."

Bu adam medyum diyorum, kimse bana inanmıyor. Nereden çıktı sabah sabah? Bana huzur veren ne varsa gelip oraya çomak sokmak bunun görevi sanki. Ah Derin ah! Kalkacaktın kızım kahveden önce. Al işte kaldın bu medyumla baş başa... Tutacak şimdi bombardımana... Telefon falan çalsa, koş yetiş dese birisi, daha ne isterim!

"Nefsini bilmek nedir? Yani nefis dediğin nedir? Bunlar benim tam anlayabildiğim şeyler değil açıkçası. Gerçekten ben kalkayım aslında, sizin sohbet diliniz bambaşka. Siz de rahat edersiniz."

"Tamam, kalk. Ama soru sordun ya, istersen cevabını buradan al da git. Yoksa sistem sana bu cevabı vermek için harekete geçti, başkaları da verebilir eğer istersen."

Öfff ya! Hakikaten bunaldım. Nereden sordum soru falan şimdi?! Çenem tutulsaydı, zaten ne çekiyorsam çenemden çekiyorum.

"Peki, alayım cevabımı. Kısa olursa sevinirim."

"Nefsin bir diğer adı ego, başka bir adı ise şeytandır."

"Ne! Şeytan mıdır? Yani bizim içimizde mi yaşıyor bu şeytan?"

Selva Hanım pür dikkat, yarı trans halinde dinlerken, benim ikide bir soru sormama itiraz etmiyordu. Belki de içeriden bana sinir oluyordu, bilmiyordum. Ama elimde değil yahu, şeytanla ego aynı şey olabilir mi? Bir yaşıma daha girdim. Âdem ile Havva'yı hangisinin egosu kandırdı acaba? Dur anlatsın bunu da soracağım.

"Ego diye tanımlanan bizim zihnimiz, bu dünyada bilgiyle öğrendiklerimiz ve o doğrultuda hareketlerimizdir. Bencillik diye tanımlanan, aslında 'BEN bilirim!' diyen yanımızdır. Bu hal diğer olayları ve dışarıdaki tüm halleri dışlar ve yöneten olmak ister. Ona verilen yetmez. O kuralları koyan, koyduğu kuralları çiğneyen haline gelebilir. Ego olmadan da olmaz, birçok zihin engelli çocuk bize bunu anlatır. Onlar kendilerinin farkında değillerdir, bilmekten çok hissederek hareket etme meylinde oldukları için ilerleyemezler. Aslında egomuz bize kendi sınırlarımızı öğrenmemiz için yardım eden mekanizmamızdır. Sol beyin tarafından programlanır. Bu programın içinde yer alan sahip olma, bilme, bilgilenme ve öğrenme hali bazen bizi her şeyi bilebileceğimiz veya her şeye sahip olabileceğimiz algısıyla yanıltabilir. Hal böyle olunca biz 'ben, ben' diyen ve çevresi tarafından 'egoist, bencil' diye tanımlanan bir hale gelebiliriz. Egosuz olmak da doğru bir şey değildir. Kendi sınırlarını bilemeyen hüküm altına girebilir, kolayca güdülebilir. Bu da iyi ve kötüyü ayırt edebilme kabiliyetini zayıflatır. Dinler, bu hali anlatmak için 'nefis' ve 'şeytan' ifadelerini kullanmıştır. Biraz korkutucu ve terbiyeye davet eder yaklaşımlardır. Nefsini bilen aslında kendi arzularını, yayılabileceği alanları, ben bilirim diyen hallerini bilen demektir."

"Yine beni susturmayı başardın, tam başka soru sormayacağım diyorum. Öyle bir şey söylüyorsun ki sormadan edemiyorum."

"Sor Derin, sormak iyidir. Ancak cevabı almayı beklemelisin ve sorunun cevabının nereye gideceğini bilerek sormalısın. Ve sen en doğru şekilde soruyorsun, her ne kadar bunun henüz farkında olmasan da!"

"Peki, nefsini bilmek buysa, nefsi öldürmek diye bir şey var. Sadece Uzakdoğu'da, Ortadoğu'da ya da tapınaklarda değil, daha birçok inanış içinde yer alır bu kavram. Bunun cevabını alınca kalkıyorum artık bilesin."

"Kabul. Nefsini öldürmek insana zeminini kaybettirir. Havva ve Âdem yaratılan ilk insan olarak anlatılır ve oradaki şeytan sembolü ile de insanın ona verilenin değil de verilmeyenin peşinden gittiğinde huzurunun kaçacağı ve birçok tattan mahrum bırakılacağı anlatılmıştır. Yani bir tür uyarıdır. Bizi yoldan çıkarmaya çalışan egomuzdur, ancak egomuz olmaz ise de duracağımız yeri bilemeyiz, ilerleyemeyiz ve biri bize bir şey yapmamız için telkin verdiğinde derhal yerine getiririz. Bu nedenle, 'Nefsini bilen, kendini bilir!' diye çağlar boyu mesajlar iletilmiştir. Bilmek, tanımak ve karar vermek yani irade etmek bizi biz yapar. Havva cennetteyken iradesini yanlış bir seçimde kullanmış ve Âdem kendi iradesini kullanmadığı için Havva'ya uymuştur. Ve bu dünyaya Yaradan'ın bir parçası olarak irade etmeye gönderilmişlerdir. Yani insanı insan yapan iradesini hayrına kullanmasıdır. Burada egomuzu bir köpek gibi düşünelim. Sözümüzü dinleyen, sadık ve herhangi bir ihtiyaç halinde de bizi savunabilecek bir dost gibi olsun. O zaman biz ne yaparsak o ne tepki verir biliriz, yanımızda usulca oturması bize güven verir. Birisi bizim irademize hükmetmeye çalıştığında ise, ona durması gereken yeri göstererek bizi korur."

DERİN

"Biliyor musun Ekin, sana son zamanlarda çok sinir oluyordum. Bugün belki de burada karşılaşmamız bu halimin geçmesi içindi. Şimdi öyle hissetmiyorum. Yani hâlâ biraz senden uzak durmaya ihtiyacım var sanki ama bugün odaya ilk girdiğinde ve en son görüşmemizde senden çok rahatsız olmuştum."

Oh, söyledim rahatladım. Ne cevap vereceğini beklemeden çıkıp gidecek kadar utandım. Nasıl olduysa bu iki dervişin arasında bana da bulaştı bu hal herhalde, kendimi pek bir olgun gördüm. Bu anlattıklarından zerre gram bir şey anladıysam da ne olayım. Ego köpek oldu, şeytan suçlu değilmiş de bütün suç Âdem'inmiş. Yemeyeceğim Havva at o elindeki elmayı dese, biz güzel güzel cennette yaşayıp gidecekmişiz. Ay bunları niye dinledim bilmiyorum, bir çıksam buradan. Durdukça sanki geriliyorum.

Ben içimden vıdı vıdı konuşurken, birden Ekin bana döndü ve anlatmaya başladı

"Faydalı bir şeyi yerken bazen tat almayabiliriz. Hatta bazen bizim için çok faydalı bir yiyeceğin tadı bize kötü gelebilir ama sonuçlarından eminsek tadına aldırmaz yemeye devam ederiz. İşte bizim seninle her karşılaşmamız, sana mayhoş bir tadı anımsatıyor. Yemesi keyifli değil belki ama seni bunun tadına bakmaya hatta alıp yutmaya iten bir istek duyuyorsun. Faydasını ileride görürsün diyelim."

Ekin ve Selva Hanım ile vedalaşıp oradan çıktıktan sonra soğuğa aldırmadan yarım saate yakın yürüdüm. Eve geldiğimde burnumun ucunu hissetmiyordum.

Bugün olanları ve dinlediklerimi düşünmek istemiyordum. Okuduğum ve birçok yerini anlayamadığım bir kitap gibi geliyor bu yeniçağ dervişlerinin anlattıkları... En iyisi baş sallayıp kabullenmek. Belki soru bile sormayı bırakıp havadan sudan bahsetmek diyeceğim ama bunların havası ego, suyu ruhsallık. Bir ağızlarını açıyorlar, kapatmaları bir yüzyıl...

Cennet ve Cehennem

Neredeyse bir ay soluksuz çalışmak, hafta sonları yürüyüş, abla ziyareti, seyahatten dönüp imdadıma yetişen ve son zamanlarda esir alındığım konularla zerre ilgisi olmayan karşı komşumla dolu dolu geçti. Bu arada ilginç bir şekilde unutulan doğum günümü ilk defa tek başıma kutlamanın dayanılmaz hafifliği ile "Kendim Olmayı" diledim. Sanırım en çok ihtiyacım olan buydu. Yani "mutlu, âşık, zengin, başarılı" olmak yetmiyor. Hatta belki kendin gibi olmadan, bu sayılanlar olsa da hiçbir tat vermiyor.

Diğerlerinin bana en büyük hediyesi ise kutlamayı unutmaları olmuştu. Bu sayede bu her yıl tekrarlanan eziyetten de korunmuş oldum. Ne saçma bir şey doğum günü. Kaç yaşıma gelmişim? Hem insan başkalarıyla değil, kendiyle kutlar doğduğu günü. İlerleyen günlerde bin özür ve kutlama tekliflerini keyifle reddederek hayatıma devam ettim.

Topkapı Sarayı'nda işler hava şartları sertleştikçe zorlaşıyordu. Yaklaşık bir ay sonra Topkapı'daki hummalı çalışmamıza bir süre ara verdik. Daha doğrusu dış mekân ekipleri ara vermek zorunda kaldılar. Boğaza nazır çalışmak yazın güzel olsa da, kışın hava şartlarında bir eziyetti. Çini ve ahşap ekibi atölyelerde üretim ve onarımlara devam ediyorlardı. Dolayısıyla bizim de işlerimiz hafiflemiş oldu. Bu bahane ile iki hafta ara verdik. Tatil öncesi Mustafa Hoca ile ofisinde kahve keyfi yapıyorduk. Birden bana döndü ve "Cennete inanıyor musun?" diye sordu.

"Bu konuda bir yorum yapamıyorum. Yani ben tam olarak bu dünyadan sonra bir yere gidip gitmediğimizden bile emin değilim. Bu kadar farklı yapıda insanları aynı yere koyuyorlarsa, dünyadan pek bir farkı yok demektir. Cezalandırma sistemini de henüz tam olarak anlamış değilim. İstenileni yapmayanların cehenneme gideceği düşüncesi bana acımasızca geliyor."

"Yaşadığın dünya farklı mı ki?"

"Değil işte! Ben de tam da bunu söylüyorum. Burada da birilerinin istediğini yapmadığında cezalandırılıyorsun veya dışlanabiliyorsun. Hem her şeyi bir yaratan var deniliyor hem de bu Yaratan bizi cezalandırıyor. Bu benim için anlaşılması gerçekten zor bir şey, en azından burada olanları anlayana kadar üstünde düşünmek istemediğim bir konu cennet ve cehennem."

"Bununla ilgili güzel bir öykü var, dinlemek ister misin?"

Başımla onayladım elbette. Bana birisi bir şey anlatacaksa lütfen ama lütfen bu kişi Mustafa Mısırlı olsun. Onun ağzından zehir çıksa bana tatlı geliyor.

"Uzun zaman önce bir Uzak Doğu ülkesinde kudretli bir samuray yaşarmış. Tüm hayatını savaşarak ve düşmanlarını öldürerek geçirmiş. Ama artık eski yaşam biçimi için çok yaşlıymış. Bu ilerlemiş yaşında ölüm, cennet ve cehennem ile ilgili sorularla ilgilenmeye başlamış. Ölmeden önce bu cevapları bulmasının iyi olacağını düşünüp, bunları ona anlatacak birilerini aramaya koyulmuş. Terkedilmiş bir manastırda yalnız başına yaşayan yaşlı bir keşişten bahsedildiğini duymuş. Savaşçı günlerce seyahat ederek bu manastıra ulaşmış. İçeri girer girmez derinlere dalmış bir halde dua eden yaşlı keşişi görmüş. Samuray cesur, uzun ve gürültücü adımlar atarak, kaba bir şekilde rahatsız edildiği için sinirlendiği her halinden belli olan keşişe yaklaşmış. Keşiş lafı dolaştırmadan Samuray'a sormuş, 'Neden duamın ortasında beni rahatsız ediyorsun?' Bu tür bir saygısızlık ifadesiyle karşılaşmaya alışık olmayan savaşçı, keşişe hiddetlenmiş. Alışık olduğu üzere, hemen kılıcını kınından çekmiş ve keşişi öldürmek üzere başının üzerine kaldırmış. Keşiş ona sakin bir şekilde bakıp şöyle demiş, 'İşte bu cehennemdir.' Çok şaşıran samuray duraksamış ve keşişin söylediği şeyi düşünmeye başlamış. Sonra kılıcını aşağı indirmiş. Keşiş bir kez daha konuşmuş: 'Bu da cennettir.'"

Anlattığı hikâyenin içime sinmesi için ufak bir ara verir gibi kahvesinden bir yudum aldıktan sonra devam etti:

"Cennet de cehennem de senin içindedir Derin. O yüzden bir anlamda haklısın. İnsan bu dünyada diğerlerine ve kendisine yaklaşımı ile yaşar ve yaşatır. Cennetin kapısını kabul açar. Ben bu hastalığımla bunu anladım. Yıllarca itirazlar, koşturmacalar, büyük işler peşinde umarsızca harcadığım bu yaşam yolculuğumun, sonuna az kaldığını haber veriyorlardı. Ben şanslıydım, hatırlatma yapılanlardandım. O gün durdum ve her şeyi durdurdum hayatta. Kendime sordum: Nereye yetişeceksin Mustafa? Bir bak, yaşam akıp gidiyor ve sen olmasan da gidecek. Sen neyi kontrol edebilirsin? Bak vücuduna sinsice girmiş bir hastalığı bile fark edememişsin, gerisi boş... Kısa bir süre sonra kanserle de kavgamı bitirdim. Şu iki çocuk, torun sevgisini tatmamı sağladı. Gerçekten de yukarısı bana destek için gönderdi onları biliyorum. Kim ne düşünürse düşünsün, geldim gidiyorum ve ne kadar vaktim kaldı bilmiyorum. Son bir arzum var, adıma bir vakıf kurup her şeyimi bağışlayacağım. Bu dünyadan aldığım emanetleri burada bırakarak gitmek istiyorum. Senden de bu konuda bana yardımcı olmanı rica ediyorum. Benim Can ile ilişkim pek keyifli değildir biliyorsun. Senin, bende yerin ayrı ve bu vakfın başında senin olmanı istiyorum."

"Hocam vallahi küçük dilimi yutmama ramak kaldı. Nasıl bağladınız konuyu cennet cehennemden vakfa, hayret doğrusu."

Her zamanki şen kahkahası ile beni titreterek kendime getirdi. "İlahi Derin, tekke mi burası? Dünyadayız, önce dünya işlerini halledelim. Bu iki haftalık arada ortadan kaybolma, sana ihtiyacım var. Avukatlarım tüm işlemleri hazırladı. Can ile görüşüp ona da haber vereceğim. Ben öldükten sonra senin başkan olmanı istiyorum. Hayır yanıtını kabul etmiyorum ve sohbetimize şimdilik son veriyorum. Ben hasta ve yaşlı bir adamım, beni yorma. Haydi güle güle, doğru evine."

"Hocam pes yahu... Bir cevap hakkını bile çok gördünüz ya, ne diyeyim?"

"Bir şey deme, haydi görüşürüz. Ben ararım seni." Odasından neredeyse kovulduğum Mustafa Hoca'nın bu söyledikleri karşısında beynim su kaynattı. Ne güzel cennet cehennem falan derken, konu nerelere geldi: Para, vakıf, başkanlık diyip keyfimi kaçırdı.

Vapur iskelesine geldiğimde, çalan telefonumda arayanın Can olmasına hiç şaşırmadım doğrusu. Herhalde Hoca arayıp haber vermişti. Ee, o da tabii hemen beni arayacak, koskoca servet vakfa bağışlanacak kolay değil elbette.

Telefonu açtığımda Can vakıftan hiç bahsetmedi. Beni merak ettiğini ve yemek için randevu istediğini söyledi. Konunun ne olduğunu sorduğumda ise bunca yılın sonunda yemek daveti için bir nedene ihtiyacımızın olduğunu düşünüyorsam bir daha aramayacağını söyleyerek telefonu hızla kapattı.

Bu da ne böyle? Mısırlı erkeklerinin beni şaşırtma ve şoklama gecesi falan mı? Belki de baba-oğul birlikte bir oyun oynamaya karar vermişlerdir. Neyse, mecburen aradım. Haklıydı, öyle ya da böyle Can'la bir geçmişimiz vardı. Hafta sonu için sözleştik.

Eve vardığımda kendi kendime son iki saatte olanları düşünmeden edemedim. Ne olmuştu acaba? Can benden medet mi umuyordu? Peki ya Mustafa Hoca'ya ne demeli, adamın hayatında en güvenilir kişi ben miymişim? Bir yandan gururum da okşanmadı değil...

Diğer taraftan da onun öleceği düşüncesi aklıma Ali'yi getirdi. Sevdiklerimin ellerimin arasından kayıp gitmesi, bu dünyaya ve onu yaratana olan öfkemi bir kat daha artırıyordu. Bu dünyanın bir sınav olduğunu söyleyenler haklıysa, biz cezalıyız. Sınavı geçmemiz bir şey değiştirmiyor. Buradayken ya da öldüğümüzde sevdiklerimiz sınavdan geçememiş olabilir veya "Tüm bunlar bir şakaydı, boşuna kastınız!" denilebilir. Ölümün varlığını hatırlamak beni yaşama bağlamıyor; aksine uzaklaştırıyor, anlamsızlaştırıyor. O zaman bunca üzüntü, neşe, hedef niye var? Madem bırakıp gideceğiz, her şey ne kadar anlamsız...

Kendi girdabımda dönmeye başladım yine, dervişlerin dönüşü huzur verirken benimki huzurumu kaçırıyor. Bu huzur, bir yerde satılsa veya birisi ona nasıl sahip olunacağını anlatsa ne iyi olurdu. Bu dünyada kaldığım sürece istediğim tek şey, sakin ve huzurlu olmak. Neye sahip olduğumun, ne kadar başarılı olduğumun hiçbir anlamı yok. Görüyoruz ki, çok iş başarsan da başarmasan da bir gün geliyor ve sen de ölüyorsun.

Oğul

Mustafa Hoca'nın sırtıma yüklediği sorumluluk ve bunun yanında Can ile cumartesi randevusu, bardağımdaki suları ufak ufak taşırmaya başlamıştı.

Cuma günü arayan Selva Hanımla buluşmaya gittiğimde, uzun süredir Konya'da olduğunu öğrendim. Son birkaç haftadır sesi soluğu çıkmamıştı, ancak bu onun tarzında bir kadın için oldukça normal sayılırdı. O hayatını yollara, insanlara, sohbetlere ve dervişliğe adamış birisi. Çok benziyor gibi gözüksek de, aslında bambaşkayız. Belki de beni sakinleştiren onun hiç yargılamayan ama onaylamayan tarafı. İtiraz etmiyor, ancak bir hikâye ile mesajını iletiveriyor. Okumak ya da okumamak hakkını size bırakıyor. Ekin ise, sanki içeriden baskı yapıyor ya da belki sadece bana baskı yapıyordur. Aman neyse ne! Zaten kendi derdim başımdan aşmış, bir de onu düşünemeyeceğim.

Tam bunları düşünürken Selva Hanım aradı ve beni evine çağırdı. O gün hem evi hem de kendisi, düğün gününde süslenen bir gelini andırıyordu. Çay takımlarının durduğu sehpanın üzerindeki antika örtüyü oradan alıp bir müzeye vermek, hiç

190

değilse duvara falan asmak geliyordu insanın içinden. Kendisi de çok şık bir etek giymiş ve bluzuna da hoş bir inci broş takmıştı. Bu güzel karşılamayı hissetmiş olmalıyım ki, ben de ortama uygun lilyum ve beyaz güllerden yaptırdığım demetimle bu törene katıldım.

"Selva Hanım, bu ne şıklık ve ne güzel bir karşılama! İnanın mahcup oldum, bilseydim daha özenli hazırlanır gelirdim."

"Lütfen! Derin, sen benim için oldukça kıymetlisin. Seni özlediğimden yaptım bütün bu hazırlıkları. Sohbet edelim istedim ama güzel de bir ortamda olalım diye antikaları çıkardım sandıktan. Hem göçüp gideceğiz bu hayattan, belki de bir mezatta satılacak bu eşyalar... Ya da kim bilir, kimler kullanacak ben gittikten sonra değil mi? O zaman önce ben tadına varayım ki, gönül rahatlığıyla bırakayım giderken."

"Bu hafta ölüm konusunu işliyoruz sanırım hep beraber."

"Neden böyle söyledin anlamadım ama önce şöyle geçelim. Çayların demi tam yerinde birer fincan içelim, sonra anlatırsın neymiş bu ölüm konusu."

Çayın yanında minicik tahinli kurabiyeleri leblebi hızıyla mideye indirirken, etrafı tekrardan gözden geçiriyorum. Eski mobilyaların yüzleri sanki hiç değiştirilmemiş, eskimesine izin verilmişti. Ancak o eskilik değer kaybettirmemiş, aksine onlara değer katmıştı. "Selva Hanım, eviniz sizi o kadar güzel yansıtıyor ki... Eşyalarınız eskirken kıymet kazanmış, tıpkı sizin gibi..."

"Teşekkür ederim. Senin gibi bir yüreğin bakışından böyle görülmek, benim için oldukça kıymetli."

"Benim gibi bir huysuza bu kadar değer vermeniz, sizin kalbinizin güzelliği."

"Sen sadece yolunu arayan bir çocuksun benim için. Annesini bulamayacağı hissine kapılınca panikleyen ve güvenini yitiren bir miniksin. Tek huysuzluğun bu aslında, kalbinden gelen bir huysuzluk değil bu, sen olana bitene huysuzlanıyorsun."

"Güzel bir özet oldu. Nerelerdeydiniz, neler yaptınız? Merak ediyorum."

"Önce sen şu ölüm konusunu bir aç bakalım neymiş, bir anlayalım."

"Bu hafta ilginç bir şekilde Mustafa Hoca da siz de öleceğinizden ve bu dünyanın geçiciliğinden bahsettiniz. Birden Ali'nin ölümü aklıma geldi ve ölümün karanlığı açıldı önümde. Yeniden ve daha da derinlerden. Çünkü bir kayıp daha yaşamaya hazır hissetmiyorum kendimi. Siz arayınca çok sevindim ve aslında buraya gelirken sizin beni rahatlatacağınızı düşünüyordum. Siz de kendi ölümünüzün yakınlığından bahsederek konuya girince, karanlığım koyulaştı."

Gözlerimde biriken yaşları saklamak için başımı çevirmem, hiçbir şeyi saklamama yetmiyordu. Yeterince kaçacak yerim de yoktu, dikkati başka tarafa çekecek gücüm de kalmamıştı. Bıraktım kendimi, gözyaşlarım eşlik etti hüznüme. Dudaklarıma değdikçe tadına bakarak gözlerimin anlattıklarını dinledim. Selva Hanım sadece başını başka bir tarafa çevirerek hızla akan yaşlarım azalıncaya kadar sustu. Sessiz ve müdahalesiz bir şekilde benimle kaldı. Sonra içeriye gitti ve iki kahve fincanı ile döndüğünde bambaşka bir şeylerden bahsetmeye başladı. Kahvelerimizi içtik, sessizce dinledik birbirimizi hiç konuşmadan. Öylece dışarıyı seyrettik. Benim karanlığıma doğru yaktığı fener ile hem aydınlattı hem de rahatlattı içimi...

"Konya'dan bahsetmek isterim sana, dinlemek istersen."

"Hem de çok isterim."

"Hatırlarsan en son gittiğimde Rumi ve Şems ile buluşmaya gitmiş, Sultan Veled hazinesi ile dönmüştüm."

"Çok iyi hatırlıyorum, hatta bu konuda biraz daha derin bilgiye ulaşmak istediğinizi anlatmıştınız."

"Biliyorsun niyetimiz amelimizdir. Biz niyetimizi etmiştik, çok şükür buluştuk."

"Nedir sizi bu kadar etkileyen Sultan Veled ile ilgili? Tüm dünya Mevlana aşkı ile yanarken ve hatta Şems bile çok gündemde değilken, Mevlana'nın oğlunun sizi bu kadar etkilemesi ilginç geliyor. Bu arada neden Rumi diyorsunuz?"

"Sevgili Derin, Mevlana Arapça 'Efendimiz' demektir. Muhammed Celâlettin kendisinin ilk adıdır ve onun yaşadığı dönemde Rumi Anadolu'ya ait olan yani Anadolu demektir. Aslında kendisine Mevlana ve Rumi isimleri sonradan takılmıştır. Bu teferruatlarla seni daha fazla yormadan devam edeyim. Benim gönlüm ona Anadolu demekten yanadır, bunu bilmeni istedim. Gelelim Bahaeddin Veled yani Sultan Veled ve bize anlattıklarına. Aslında Konya'da türbeyi ziyaretim sırasında tesadüfen okuduğum bir yazı ile başlayan merakım, güzel buluşmalara vesile oldu."

"Tesadüf yok, sipariş var demiştiniz bir keresinde bana."

"Haklısın, tesadüfler aslında siparişlerimizle buluşmamızdır."

"Sözünüzü böldüm, merakla bekliyorum. Bu seyahat sizi çok farklılaştırmış, belki bana da iyi gelir, haydi anlatın."

"Her an değişip dönüşüyoruz Derin. Her an bedenimizde bir yerlerde hücrelerimiz ölüyor ve doğuyor. Tıpkı dünya gibiyiz, her an yepyeni. Sen buraya geldiğin halden bambaşka bir haldesin. Giderken de ne sen ne ben aynı olacağız. Birbirimizle alışverişimiz, anladıklarımız, anlayamadıklarımız, hatta bedenimizde olup bitenler dahi değişmiş olacak. İşte biz, sadece bu hali yaşamak için geldik bu dünyaya. Bu yepyeniyi deneyimlemek için, ölüm her an içimizde ve dışımızda. Bir yandan ölürken, bir yandan canlanıyoruz.

Bir bildiğimizi bırakıyoruz. Onun gidişi bir ölüm hali gibi, bırakış ve terk ediş. Bir yandan bedenimizde yok olup giden hücrelerimiz var. Onların yerine yenileri geliyor. Yaşamı bırakıyor ve alıyor. Bak dünyaya, bizim bir nefesimiz arasında kimler öldü? Hangi canlar başka canlara yem oldu? Kâinat sürekli canlılık içinde. Bir çiçek tohumken açıyor, tohumlarını veriyor ve ölüyor. Bizler de böyleyiz; doğuyoruz, yaşıyor, hissediyor ve geleceğe izlerimizi bırakıp gidiyoruz. İşte Sultan Veled, Rumi'yi tanımamıza vesiledir ve onun yenilenmiş canlanmış halidir. Eseridir. Bugün ve gelecekte Mesnevi anlatılıyorsa, bu oğul sayesindedir. Ve biliyor musun, Mevleviliğin kurucusu da kendisidir. Mesnevi, Allah aşkına düşmüş, o ateşte erimiş bir canın aşkından etrafa saçılanlardır. Onları toplayıp, yazılı hale getirilmesini sağlayıp, sistemleştirip, geleceğe emanet eden ise Sultan Veled'dir. Şems ve Rumi'nin bir araya gelişiyle yakılan ateş hala yanıyorsa sebebi, şahitlik yapanın aldığı sorumluluğu yerine getirmesidir. Bizim gelecekle olan bağımız bu hayata bıraktığımız eserimizdir. Bizi biz yapan budur. Bazen bir evlattır, bazen bir anlatımın yer aldığı kitap, bir ağaçtır meyvesi ile doyuran, gölgesi ile ferahlatan. Biz ölürken yeniden doğarız, nereye ve hangi halde doğduğumuz bize bağlıdır. Adımız anıldığı sürece diriyizdir. İlla ki çağrıldığımız adımız değil, bu dünyaya bıraktığımız izimizdir. Bu ağacı dikenden Allah razı olsun. Bu

suyu getirenden, beni okutandan, bu denizi temiz tutandan...
Say say bitmez. Verdiğimiz fayda ile yeniden doğuşumuz ger-
çekleşir. Anıldıkça, yaşarız. İşte Rumi de oğlu Veled sayesinde
anılır olmuştur. Asıl eser aktarabilmektir."

Büyülenmiş gibi dinliyordum Selva Hanım'ı. Soluk alırken
bile kendi nefesimin sesinden rahatsız bir halde, içimi kaplayan
bir esintinin ferahlığı ile de dinlemeye devam ettim.

"Şöyle der Rumi; 'Bahâeddin, benim bu âleme gelişim, se-
nin zuhurun içindir. Benim bütün söylediklerim, nihayet söz-
lerden ibarettir. Hâlbuki sen, benim işim ve eserimsin.' İşte
sevgili Derin, bizim bu dünyaya gelişimizin en önemli gerek-
çesi yaşayacaklarımızın hakkını vermektir. Bu bayrak yarışında
elimizi uzatacağımız, geleceğe izimizi götürecek olan her ne ise
aktarır ve iletiriz sahibine. Vakti gelince de bırakır göçeriz bu
âlemden. Bu nedenle ölümle değil, ne olacağıyla değil, yaşadı-
ğın anla ilgilen ve o anın hakkını ver, orada ol. Bil ki, o anda sen
bilmesen de kâinat gideceğin yeri hazırlamaktadır. Sen emin ol
yeter. Rumi bir eser bırakma derdinde değildi, oğlunun dün-
yaya gelişi onun en önemli göreviydi. Ne kadar basit geliyor
değil mi? Oysa büyük üstadı tüm dünya saygı ile anıyor, bir
baba olmasıyla kimse ilgilenmiyor. Koskoca Mesnevi var ortada
kim ilgilenir baba olmasıyla, diyebilirsin. Oysa baba olmasaydı
ve Sultan Veled doğmasaydı bizim Mesnevi diye bir eserden ve
dolayısıyla dünyanın da Mevlana Celâlettin-i Rumi'den haberi
olmayacaktı. Şimdi anlıyor musun? Yaşamak, hakkını vererek
yaşamak çok kıymetli. Baba olmaktan vazgeçmedi, yaşadığı bir
hali diğerinden üstün görmedi."

Sustu, ben sustum, birlikte sustuk...

Yediğim büyük lokmayı çiğnemem zaman alacak belli. Haz-
metmek ve sindirmek ne kadar sürer orası meçhul. Aramızdaki

sessizliği zil sesi bozdu. Bu ağır bilgiler bana biraz fazla geldi sanki. Aslında ben de çok istiyorum bazı şeyleri onlar gibi anlamayı ama nafile. Yine de anlattıkları kendimi iyi hissetmeme yardım etti. Ne ilginç kadın şu Selva Hanım! Nereden bulup çıkartıyor bu bilgileri? Ben kalkayım en iyisi. Kim geldi acaba? Hemen sonrasında Selva Hanım, telaşla salona girdi.

"Derin çok özür dilerim, ablamı hastaneye kaldırmışlar. Yeğenim beni almaya gelmiş, senin için sakıncası yoksa çıkmam lazım."

"Ne demek, çok geçmiş olsun. Ben de geleyim ister misiniz?"

"Gerek yok, teşekkür ederim. Kendisi için bu son yolculuğun habercisi olabilir. Bir şeye ihtiyaç duyarsam seni arar, haber veririm."

Kapıdan pür telaş çıkan bendim. O gayet sakin, mantosunu ve çantasını alıp her şeyi kontrol ederek çıktı. Sanki ablası ölecek olan bendim. Bir de şu sakin kalmayı bana öğretecek birisi olsa ne iyi olur...

Randevuya Hazırlık

Bütün akşam, Selva Hanım ile konuştuklarımızı düşünmeden edemedim. Bu dünyaya gelişimiz basitçe yaşamak içinse; hepimizdeki bu hırs, başarma isteği, mal mülk edinmek için verdiğimiz emekler, bedenimizi genç tutabilmek için yaptıklarımız çok anlamsız. Ne demek yaşamak? Anlamadım ki? Ölümü sordum, cevabı yaşamak oldu.

Birden bir şimşek çaktı zihnimde: Mustafa Mısırlı geleceğe uzatacağı bayrağı benim elime tutuşturuyordu. Onun Sultan Veled'i bendim. Bu yüzden, Selva Hanım iki arada beni çağırıp bu cevabı verdi. Neden ben diye sormuştum. Neden Can değil de ben? Aslında bu çok mantıklı. Sara ve Emre'nin anlattıkları gibi sanki, Mustafa Hoca'nın kızı ya da mirasçısı bendim. Miras sadece mal mülk demek değildi. Devam edecek olan imaj, bilgi, borç, alacak yani kesintisizce yaşamın devam etmesiydi.

Allah, Allah! Benim bir yerimde kısa devre falan mı oldu acaba? Birden her şey çok anlamlı gelmeye başladı. Yani bu yediler meclisi üyelerinin anlattıkları o kadar da tuhaf gelmiyor bu açıdan bakınca.

Ertesi gün Can ile buluşacak olmanın gerginliği ile kalktım yataktan. Nedenini bilemediğim bu gerginliği atabilmek için sahilde buz gibi havada koştum ama nafile, daha beter döndüm eve. Bir fincan kahve ile koşudan dönerken aldığım ev yapımı poğaçamla birlikte kanepede keyif yaptım. Tabii ki bu keyif görünüşte olabildi. Otursam oturamıyorum, kalksam kalkamıyorum. Soluğu Sonya'nın yanında aldım. Hava soğuk ama güneşliydi. Son dakika kararı ile kendimizi vapurda bulduk. İstanbul, arabanız yoksa oldukça gezilesi bir şehirdir. Arabası olanlar için üzülüyorum, sanırım kazanın bana en güzel hediyesi bu oldu. Tüm toplu taşıma araçları ve taksiler emrimizdeyken, bir de İstanbul bize kucak açmışken, Bebek Kahve'de kış güneşinin tadını çıkarıyorduk. Bebek görmeyeli öyle kalabalıklaşmış ki, sanki iki semt daha buraya taşınmış.

"İstanbul ne kadar kalabalık oldu, öyle değil mi?" dedi Sonya.

"Evet, daha da kalabalıklaşacak. Ancak şikâyet etmemize rağmen, giden sayısı gelen sayısından az. Yani hepimiz razıyız ondan. Sanırım o da bizden ki, hepimize kucak açıyor."

"İstanbul bir insan olsaydı nasıl olurdu, düşündün mü hiç?"

"Bence kadın olurdu. Güzel ve çekici bir anne gibi olurdu..."

"Anne mi? Derin ilk kez İstanbul'a anne benzetmesi yapan birini duydum. Yani metres diyen oldu, işveli cilveli bir kadın diyen hatta erkek diyen bile... Ama sen anne dedin, çok âlemsin."

"Neden şaşırdın ki? Bence Kibele gibi herkese yetecek güçte bir anne İstanbul. Sen dünyanın neresinde bu derece çeşitliliği bir arada görebilirsin? Burada herkese yaşam hakkı var. Dindar, putperest, zengin, fakir, yaşlı, genç, rakı içen, şarap seven, çay ile demlenen... En önemlisi de İstanbul ekmek veriyor, herkese fırsat tanıyor. Ha bir de şefkatli bir anne, her çocuğunu koynunda gizliyor ve sırlarını örtüyor."

"Ya bence sen bir kitap yaz ya da ne bileyim, şiir de olur. Sen ne romantikmişsin de benim haberim yokmuş."

"Neyse bunları bırakalım da, ben akşam Can ile buluşmayı hiç istemiyorum. Ne yapsam acaba, iptal mi etsem? Tuhaf bir haldeyim. Yıllar sonra, saçma sapan bir yerde ve zamanda karşılaştığımızı anlatmıştım değil mi sana?"

"Evet, anlattın. Ama bu kaçış sana hiç yakışmıyor, biliyor musun? Sen cesur bir kadınsın."

"Sen de beni cesaretlendirmek için elinden geleni ardına koyma. Kolay mı zannediyorsun? Can demek geçmişim demek, ben geçmişin kapılarını kapatmak istiyorum."

Bak sen Derin Hanım, o ne laflar öyle?! İki bücürden alıntı yapmaya başladın, haydi hayırlısı...

"Ne güzel söyledin Derin. Evet, kapat işte geçmişin kapılarını. Ama bu demek değildir ki, eskiden tanıdığın insanları reddedeceksin ve bir daha görüşmeyeceksin. Aksine onlarla barışman önemli, yaşadıklarınla barışman gerekir kapıları kapatman için. Ve kapıları kapatmadan önce, son kez de olsa içeriye iyice bakman gerekir."

"Yani bir sen kalmıştın ya böyle konuşmayan. Sen de başladın, ne diyeyim!"

"Nasıl konuşmaya?"

"Ya bu yeni dünya lisanı ile işte, anlasana. Onu de, bunu deme, onu ye, bunu yeme!"

"Tatlı arkadaşım, ben bilmem öyle; şunu de bu olsun, meditasyonmuş, yogaymış, şuymuş buymuş. Ben bir tek şey bilirim ki o da ne yapacaksan, yaşarken yapacaksın. Dağda derviş olmak kolay. Kitap yazmak, hatta bunları anlatmak da kolay. İş uygulamakta. Eskiden ne biliyormuş insanlar? Onu affet, bunu özgürleştir. Bak, bizde gider günah çıkarırsın. Aslında hatanı anlatırsın ve anlatırken kulağına duyurursun. En önemlisi yaptığını kabul edersin. Sizde helallik istenir. Hatta bazen yola çıkarken, bir iş bittiğinde ya da kavga edip barıştığınızda bile 'Hakkını helal et!' dersiniz. Yani aslında bu kadar basit, anladın mı? Güzel arkadaşım, kafanı böyle şeylere bu kadar yormak iyi değil. Yaşa ama adam gibi yaşa, kendine ve Tanrı'ya samimi ol. Zaten o her şeyi biliyor. Çocuk gibi duvarın arkasına saklanırsan olmaz. Saklanmak zordur, sobelenmek yenilgi gibi gelir, sürekli ebeyi beklemek gerer insanı. Hayatla saklambaç oynayan sobelenir!"

Al işte Sonya da erdi. Sen de mi Sonya diyeceğim ama en güzel özeti sen yaptın. "Samimi ol!" demek kolay da, nasıl samimi olunur? Yani aklına geleni söylemek mi, yoksa içinden geldiği gibi davranmak mı? İçimden onunla görüşmek gelmiyorsa... Mesela şimdi gelmiyor. Görüşmeyeyim o zaman.

"Tamam, katılıyorum sana. İşte bu nedenle görüşmeyeceğim."

"Bunca konuşmadan bunu mu anladın?"

"Sen samimi ol, dedin. İşte ben de samimi oluyorum ve içimden gitmek gelmiyor. Geliyormuş gibi yapmayı bırakıyorum. Bu değil mi, anlattığın?"

"Hayır, değil. Bu kaçmak ve saklanmak. Tam tersi yüzleşmek, sakladıklarını özgürce ifade etmektir samimi olmak."

"Kaçış yok yani, gideceğim!"

"Bak işte duydun ne söylediğini. Kaçış yok, dedin."

"Ay tamam yeni derviş! Kaçmak yok, tamam."

"Ha yaşa, işte böyle. Bırak şu abuk sabuk şeyleri. Söyle şuradan iki tane çay, içimiz ısınsın ya da salep içelim. Tarçınlı mis gibi, iyi gider."

"Ben sana, gördüğüm en güzel kadınlardan birisi olduğunu söylemiş miydim?"

"Şımartmaya çalışma beni, haydi söyle saleplerimizi, kaçma!"

"Tamam tamam söylüyorum. Hiç konuyu dağıtmaya da gelmiyorsun."

Gülüşmeler arasında sohbetimize devam ettik. Normalleşme merkezinde yöneticilik yapan Sonya sayesinde gerginliğim azaldı. Akşamüstü güneş yüzüne peçesini takarken biz de tekne ile Anadolu yakasına, oradan da taksiyle evlerimize geçtik. Kısa bir duş öncesinde Can ile randevu yerini netleştirip, hızlıca ne giyeceğime karar vermeye çalıştım. Elbette karşı komşu desteğinden faydalanarak. Biz kadınların ortak özelliği, nereye gidersek gidelim, önceliğimizin kıyafet seçimi olmasıdır. Yani bir erkek, çoğunlukla giyinir ve çıkar. Biz bakkala bile giderken nasıl göründüğümüzle ilgileniriz. Dışarıya verdiğimiz mesaja göre mi tavır takınırız, yoksa alacağımız tavra göre mi seçim yaparız? Bilemedim.

Yüzleşme

Taksiyle geldiğim restorandan içeriye girerken, üzerimde yine hafif bir gerginlik hissettim. Zoraki gülümsemem dahi beni rahatlatmaya yetmiyor. Neyse ki Can erken gelmiş ve masada beni bekliyordu. En azından beklemenin stresini yaşamama izin vermemişti. Beni görünce kocaman bir gülümsemeyle ayağa kalktı ve kollarını açarak beni sıcak bir şekilde selamladı. Kollarının arasında ilk başta gergin olan bedenim, yavaşça rahatlayıverdi. İlk defa Can beni rahatlattı. Sanki karşımda duran yıllar önce ayrıldığım, bir yıl önce karşılaştığım adam değil. Sandalyemi çekip oturmama yardımcı oldu ve "Çok iyi görünüyorsun," dedi.

Aramızdaki sessizlik, garsonun uzattığı menü listesi ve servise başlaması ile son buldu. Aslında içimden bir tercih yapmak gelmiyordu. Sanırım gerginlikten midem kasılıp kalmıştı. Tüm yemek seçimlerini Can'a bırakıp kenara çekildim.

Servis tamamlanana kadar havadan sudan bahsettik. Mustafa Hoca'nın vakıf işinden konu açması için ona epey pas atmama rağmen hiç oralı olmadı. En sonunda dayanamadım ve sordum. Bu konuyu bildiğini, avukatların onu arayarak böyle bir şeye bakışının ne olduğunu sorduklarını söyledi. Peki, senin cevabın ne oldu diye sorduğumda ise, "Elbette çok sevindim ve onayladığımı söyledim," dedi. Çok şaşırdım. "Eee, o zaman biz bu yemeği neden yiyoruz?" diyecektim ki bu anlamsız hırçınlığım beni bile rahatsız etti. Neden bu kadar hırçınım ona karşı, anlam veremiyorum? Başımı kaldırdım ve bana baktığını gördüm, bir anda gözlerimi kaçırdım. Sanki içimden geçenleri anlayacakmış gibi geldi o anda. Garson yemek servislerimizi değiştirirken, sanki üzerimdeki bu etki de kirli tabaklarla birlikte gitti.

Çok uzaktaki bir zamanın içinden hatırladığım bu adamla, sanki on beş yaşımdan bu yana birlikteydim ve şimdi ben seksen yaşındaydım, o ise yirmi yaşındaydı. Ben geçmiş gitmiştim ama zaman ona benim hızımla akmamıştı. Bir yanım bu kadar uzaktayken, bir yanım on beş yaşını şu an gibi hatırlayacak kadar anılarını taze tutmuştu. Yaşanırken kıymeti bilinmemiş aşkların anıları küf kokuyor. Her ne kadar havalandırsanız da, o koku sinmiş oluyor ve bir türlü gitmiyor. Sakladığınız yerden çıkarmanız yetmiyor. Bir güzel temizlemek lazım, yoksa izi silinmiyor.

Biz de öyle yaptık. Can ilk kez ön yargılarımı bir vuruşta yerinden söküp atarak beni utandırdı. Çokbilmiş ama az dinlemiş bir tavırla başladığım gecede, dinlemeyi öğrendim. Değişimin tekelimde olmadığını öğrenerek büyüdüm ve koca koca lokmalar yuttum büyük sözlerime karşılık. Çıktığım bu yolculukta varacağım limana gidişimin tek pusulası, Ekin ya da Selva Hanım gibiler değilmiş anladım. Can'ı dinledikçe aslında onların ne demek istediğini daha iyi kavradım. Kapıyı açtırmayan benim bilgi kalıplarımmış, Ekin'in deyişiyle egommuş. Yaşadıklarımdan, aslında yaşananlardan, benim anladıklarım ya da çıkardığım sonuçlar ile gerçekleşen arasında ne çok fark varmış. Beklenti denizinde yüzünce önyargı dalgaları yorarmış insanı, anladım...

Can yemekten sonra kahveleri başka bir yerde içmemizi teklif etti, ben de kabul ettim. Zaten gece bitsin istemiyordum. Aramızda gelişen iletişim, yıllar önce hasadı yapılıp deme bırakılmış bir şarabın kapağını açmak gibiydi. Önce keskin bir koku yayıldı sanki ortaya. Sonra lezzeti ile bunca yıl beklemeye değdi, dedirten bir haz bırakıyordu muhabbetimiz. Evet, hatırladığımda canımı acıtan, üzen ve belki az da olsa kızdığım şeyler vardı ona karşı. Ama bu tadın emeğiydi tüm yaşananlar diyerek, geçmişi kurcalama kapısını kapattım.

Kahve içmek için sakin değil, aksine oldukça kalabalık bir yeri seçmesine çok şaşırdım. Boğazda hayli popüler bir mekâna geldik. Neden buraya geldiğimizi sorduğumda ise benimle konuşacaklarının kalabalığa ihtiyacı olduğunu söyledi.

"Anlamadım. Ne demek bu?"

"Kalabalık senin iç sesini dinlemene yardım eder Derin. Sakin bir yerde insan kontrolünü daha kolay kontrol kaybeder. Oysa kalabalıklar insana kendini kontrol ettirir."

"Yine bir şey anlamadım, bana kontrolsüz mü demek istiyorsun?"

"Hayır, sadece seninle bir konu hakkında konuşacağım ve sakin kalıp beni dinlemeni istiyorum."

"İyi de, o zaman sakin bir yere gitmemiz daha doğru olmaz mıydı?"

"Kahveden sonra gideceğiz, inan bana."

"Tam senin hakkındaki tüm düşüncelerimi kaldırıp çöpe atıyorum. Öyle bir şey yapıyorsun ki düşüncelerim yeniden altüst oluyor."

Neyse ki o arada kahvelerimiz gelmişti. Aslında ortamda müzik veya insanı rahatsız edecek bir atmosfer yoktu. Ancak maske takmış ve oldukça gergin enerjiye sahip insanlarla doluydu. Bu da yeterince rahatsız edici bir durumdu. Kahvelerimizi içtik ve Can birden bana döndü:

"Derin, hani geçirdiğin kaza var ya, onu hatırlıyor musun?"

"Pek değil, doktorlar bunun yaşadığım şok nedeniyle olabileceğini söylüyorlar."

"Peki, kaza anına tekrar geri gidebileceğin ve hatırlayabileceğin bazı çalışmalar var, bunları denedin mi?"

"Nereden çıktı bu olay yeri inceleme terapistliği, söyler misin?"

"Söyleyeceğim de, nasıl söyleyeceğimi bilemiyorum."

"Hayırdır inşallah, ne oldu anlatsana çatlatma insanı? Hem niye bu saçma sapan yere geldik ve durduk yere kazadan bahsetmeye başladın? Sizin yüzünüzden adımı değiştirip GERGİN yapacağım."

"Derin, sakin ol lütfen."

"Delirtme beni Can! Vallahi avazım çıktığı kadar bağıracağım şimdi."

"Zaten bu yüzden buraya getirdim ya seni. Sosyal gözetim altında ol diye."

"Başlatma denetiminden, kalkıyorum yemin ederim. Yüzümü göremeyeceksin bir daha benim..."

"Derin, Ali yaşıyor..."

"Şaka mı bu? Şaka ise hiç komik değil, yok eğer şaka değilse bu saçmalığı neye bağlamalıyım?"

"Şaka değil, inan. Anlatacağım ama önce sakin ol lütfen."

"Can, gerçekten sıkıcı bir hal almaya başladı bu iş. Ellerimin titremesini görmüyor musun? Neden durduk yere bana bu eziyeti yapıyorsun? Tam değiştiğini düşünmeye başlamışken..."

Sonrasında gözlerimden akan yaşlar ile kalbimin atış hızı yarışa başladı. Göğüs kafesim daralıyor, ciğerlerim havayı içeriye alamıyordu. Ne kadar zorlarsam zorlayayım, boğazımın daralan yolları nefesin geçişine izin vermiyordu. Başım dönmeye başladı. Dışarıya çıkıp biraz takviye ile durumu düzeltebilir miyim? Adım atacak bir güç bulsam... Can'a baktım. Anlamsızca ayağa kalktım. Bir sonraki adımı planlayamıyorum. Sahi ne yapacaktım? Can elini omzuma koydu ve o anda koltuğa doğru sert bir düşüş yaşadım.

"Lütfen sakin ol! Tüm bu olanlar için özür dilerim, sadece beş dakika ver. Çok ciddi şeyler anlatacağım," dedi.

Şoklanmış bir gıda gibiydim. O anın etkisi ile donakaldım. Bağırmam, ağlamam ve onun suratına tokatlar atmam gerekirken öylece bir bitki gibi bakıyordum. Elim, ayağım, her yanım uyuşmaya başlamıştı. Sanki Can beni omuzlarımdan tutup oturturken, bir yerde bir düğmeme dokunarak kanımın akışını durduruyordu. Ali yaşıyor ne demek? Ben hiçbir şey anlamadım. Dili sürçtü herhalde ya da beni kızdırmak istiyor. Ona bakıyorum, ellerimi ve bileklerimi ovuşturuyor. Hesabı ödüyor. Buzlu bir camın arkasından her şeyi çok net görüyorum. Konuşmaların bir kısmı net, bir kısmı uğultu halinde. Zaman zaman etraftakilerle göz göze geliyoruz. Sadece seyredebiliyorum. Duygularım yok benim, hissedişimi yitirdim. Ne oldu bana böyle? Ne demişti bana? Biz ne zamandan beri buradayız?

BİLMİYORUM...

Koluma giren Can'a bakarak onun yardımı ile ayağa kalktım. Ufacık bir çocuk gibiyim. Gözlerimden akan yaşların sebebini bilemiyorum. Şaşkın ve savunmasızım ve beni bir yerlere çekiştiren bu adamın peşinden gidiyorum. Arabanın kapısını açıp binmeme yardım ediyor. Sanki az önce bir depremden çıkmış, bir hastalıktan uyanmış, bir ölüme şahitlik etmiş gibiyim. Donuk, sessiz ve çaresizce öylece bakıyorum. Olan biteni anlamak şu an benden çok uzaklarda.

Birden vücudum sarsılarak üşümeye ve titremeye başladı, bacaklarımı koltuğun üzerine çektim, kaloriferden gelen sıcaklık da bana yetmiyordu. Kemiklerimin buz tutmuş hali çözülürken, üşümem daha da artıyordu. Arabanın içi ısındıkça ve bedenimi hissettikçe çığlık attım ve avazım çıktığı kadar bağırdım:

"HAYIR, O ÖLDÜ! ANLADIN MI? ÖLDÜ!"

"Sakin ol. Az kaldı, eve gelmek üzereyiz."

"İSTEMİYORUM, BENİ RAHAT BIRAK!"

Ellerim ve ayaklarım istemsiz bir şekilde hareket ediyor, bu arada da arabanın her yanına çarpıyordu. Bana dokundukça kontrol edilemez krizim iyice şiddetleniyordu ve arabanın da benimle birlikte yalpalamasına neden oluyordum.

Arabayı yolun kenarına çekti. Kapıyı açtım ve olduğum yere kustum. Kapıyı açmak pek işe yaramamıştı. Sonra bayılmışım...

Aradan ne kadar zaman geçtiğini bilmiyorum. Gözlerimi açtığımda, bir yatakta uzanmış haldeydim. Elimi kolumu hareket ettiremeyecek kadar uyuşuktum. Uzakta bir koltukta oturan Can uyandığımı görünce gülümseyerek yanıma geldi. Başucuma oturdu.

"Nasılsın Derin?"

"Uyuşmuş, keyifsiz, anlamsız... Yeterli mi?"

"Şimdi beni dinlemeni istiyorum. Sana anlatacaklarım çok ama çok önemli. Umduğumdan daha hızlı gelişti her şey. Aslında tüm bunları, seni evime davet edip anlatacaktım. Ancak gelmezdin biliyordum. O yüzden önce kalabalık bir yerde başlayayım, sonra buraya geliriz diye düşünmüştüm. Seninle karşılaşmamızda beni en çok etkileyen, başına gelen olayların sende bıraktığı izler oldu. Yani benim tanıdığım idealleri olan, yetenekli, yaratıcı, akıllı ve kendine güvenen kadın gitmiş; yerine içine kapanık, güvensiz, hırçın ve en önemlisi mutsuz bir kadın gelmişti. Ali'nin ölmüş olması, ona kızmama engel olmadı. Samimiyetimle söylüyorum, seni bu hale getirmiş olmasına çok kızdım. Aylar sonra bu kızgınlığımın sebepsiz olmadığını anladım. Yaklaşık bir ay kadar önceydi, Berlin'de düzenlenen bir kongrede karşıdan gelen adamı Ali'ye benzettiğimi zannettim. Bana doğru yaklaştığında ise onun Ali olduğundan artık emindim. Şaşkınlıkla elimi uzatıp hatırını sorduğumda, gerçekten büyük bir şok yaşadım."

"Ali?! Bu sensin değil mi?"

"Ne yani, o kadar mı yaşlanmışım Can? Elbette benim, nasılsın?"

"Asıl sen nasılsın? Ben senin hayatta olduğunu bilmiyordum. Yani ben seni... zannettim ki öldün... Yani nasıl söylesem, kafam çok karıştı."

"Ölmediğimin ispatı işte, haydi gel şurada kahve ısmarlayayım da iyice ikna ol. Hem nereden çıktı bu ölme işi bana da anlatırsın."

"Çok şaşkınım, yaklaşık bir yıl önce Derin ile karşılaştık. Bir yere gidiyordu ve onu bırakırken neler yaptığını sorduğumda, senin bir kazada öldüğünü söyledi."

"*Şaka yapıyorsun herhalde!?*"

"*Hayır, şaka değil. Ayrıca çok da iyi görünmüyordu. Yani uzun süredir çalışmadığını söyledi. Benim tanıdığım Derin gibi değildi. Sonra babamla bir onarım işinde çalışmaya başladığını haber aldım. Birkaç defa aradım, hep atlattı. Ben de yaşadıklarına verdim ve üstelemedim.*"

"*Biz Derin ile yaklaşık üç yıl kadar önce ayrıldık. Bu ayrılık kararını aldığımız ve karşılıklı protokolleri imzaladığımız günün gecesinde, Derin büyük bir trafik kazası geçirdi. Resmen ölümden döndü. Hastanede birkaç ay kaldı. İlk kırk gün tamamen şuuru kapalıydı. O dönem maalesef ayrılık sebebimiz olan konu yüzünden, ben de İstanbul'da çok kalamadım. Boşanma işlemlerini gıyabında halledip İstanbul'dan ayrıldım. O gün bu gündür Kanada'da yaşıyorum. Birkaç kez ablasını aradım, bana karşı tepkiliydiler, Derin'den uzak durmamı istediler. Aslına bakarsan ben de onun başına gelen bu kazadan kendimi sorumlu tuttum. Hatta hâlâ da tutuyorum. Ancak elimden gelen bir şey yoktu. Gitmek zorundaydım. O günden sonra Derin'i arayamadım ve Türkiye ile bağımı da bir anlamda kestim. Ben onun için, o da benim için ölmüştü. Yani aslında Derin bir anlamda doğru söylemiş. Onun için fiziksel olarak ölmesem de, manevi anlamda öldüm.*"

"*Peki, anlamadığım, o kazada yanında değilsen bunu neden söylesin ki? Yani kazada öldün diye...*"

"*İnan, bunu bilmiyorum. Kazadan önceki gün, ona karşı çok öfkeliydim. Ayrılığı ve yaşadığımız her şeyi hak ettiğini düşünüyordum. Oysa sonra kendime ondan daha çok kızmaya başladım. Şimdiki aklım olsa, aynı kararı alabilir miydim bilemiyorum. Ama bu sonuçlarla yüzleşince her şey çok anlamsız geliyor. Derin'i yaralayan başka bir adama şu an içimi açıyor olmak da başka bir ironi.*"

"Ben de en az senin kadar şaşkınım, yani benim tanıdığım Derin'den öyle farklı bir kadındı ki karşılaştığım. Yenilmiş ve en önemlisi pes etmiş bir haldeydi. Seni kaybetmiş olmanın onu bu derece etkilemiş olması, şimdi daha da ilginç geldi. Demek ki büyük bir aşkmış yaşadığınız."

"Yaşadığı şok o kazadan çok önceydi, yani o beni kazadan çok daha önce gömmüştü. Sanırım ablası veya yakınları o kazada benim öldüğümü söylediler. Ama yaşasam da fark etmezdi. Dedim ya, ben onun için çoktan ölmüştüm."

"Ne oldu da böyle konuşuyorsun? Biliyorum çok özel bir soru sordum ama birdenbire kendimi de içinde bulduğum bir öykünün en önemli parçasını bilmemek beni iyice gerdi."

"Bu gerçekten özel. Derin'e daha fazla acı vermek istemiyorum. Onu gördüğünde sadece ondan özür dilediğimi ve hak etmediği bir sonuçla onu bıraktığım için çok üzgün olduğumu söyler misin? Sanırım bunu onun yüzüne söyleyecek cesaretim henüz yok."

Gözlerimden akan yaşlar yastığı ve saçlarımı sırılsıklam yapmıştı. Can sustu, benim içimden bir ışık karşı duvara yansıdı ve tüm yaşadıklarım karşımda seyrettiğim bir film gibi hızla geçmeye başladı.

Sanırım Can'ın sakinleşeyim diye yaptırdığı iğnenin etkisini yoğun olarak hâlâ hissediyordum. Kendimi koltukta eli kolu bağlanmış halde, zorla bir şeyler seyrettirilen bir deli gibi hissediyordum. Tüm bu olanlar bir rüya olmalı... Bu uyuşukluğum da bir tür karabasanın içinde olduğumun ispatı... Nereye baksam Ali ile kavgalarımızı görüyorum.

Geçmişe Yolculuk

Ali ve ben deliler gibi bağırıp kavga ediyoruz. Ben ağlıyorum, o çok sinirli ve bu konuda fazlasıyla haklı. Ondan gizli kürtaj olmuştum. En çok istediği şeyi ondan almıştım. Çocuk için kendimi hazır hissetmiyordum ve daha da önemlisi kariyerimin en önemli projesini almışken bir bebekle uğraşamazdım. Ben anne olmak için yaratılmamıştım, en azından henüz anne olmak istemiyordum. Bir ilişkinin geleceği için çocuğu şart görenleri hep tuhaf bulmuşken, şimdi kocam karşımda beni cinayetle suçluyor ve sadece bebeğimizi değil, geleceğimizi de öldürdün diyordu. İçimi çok acıtan bu sözler o anda etkili olsa da, beni hedeflerimden alıkoyacak kadar vurucu gelmiyordu. İkimiz de oldukça gençtik ve istediğimiz zaman bebek sahibi olabilirdik. Burada tek hatamın ona haber vermemek olduğunu söylesem de, o gün bizim evden gerçekten bir cenaze çıkmıştı.

Can, saçımı okşayarak bir bardak suyu içmeme yardım etti. Biraz daha kendimi iyi hissetsem, ayağa kalkmak ve bu olanları bir araya getirmek istiyordum. Ama bu nafile bir çabaydı, en azından henüz hazır hissetmiyordum.

Tekrar başımı duvara çevirdiğimde yeni bir sahne oynuyordu.

Yoğun işlerimiz yüzünden neredeyse evde görüşemez olmuştuk. Evin içinde birbirimize bıraktığımız küçük notlar ve gün içinde kısa telefon konuşmaları dışında bağımız kalmamıştı. O bebek ölürken, bizim aramızdaki tüm çekim de ölmüştü. Karı kocadan çok, iki ev arkadaşına dönüşmüştük. Ali'nin bitmeyen yası, onu benden her geçen gün daha da uzağa atıyordu. Ancak her ne kadar soğuk ve umursamaz olsak da aramızdaki güçlü bağ sayesinde hâlâ bir aradaydık. Ta ki o geceye kadar...

Beni işteyken aramış ve akşam için yemek rezervasyonu yaptırdığını söylemişti. Sesinde çok ilginç bir tını vardı. Sanki fazla özenle konuşuyordu. Belki de her şeyi düzene koymak için harika bir fırsattır, diye düşünüp üzerinde durmadım. Sesinde yakaladığım tınının boşa olmadığını gecenin sonunda anlayacaktım. Ali o gece bana bir başka kadınla olan ilişkisini anlattı. Fakat yaptığı sunum o derece başarılıydı ki, bizim ilişkimizi paramparça ederek onu başkasına mecbur bıraktığıma ben bile inandım. Üzgün ve kırgın olan oydu. Beni; işi ve kariyeri için gözünü kırpmadan çocuğunun bile canına kıyacak, başarı müptelası, ihtiraslı ve erkekleşen bir kadın olarak tanımlıyordu. Kendisini ise evliliğin kutsallığını yaşayacağı kadın tarafından bir anlamda terk edilmiş, çaresiz ve yalnız adam olarak betimliyordu. Ben ne vahşi, arsız, doymaz bir kadın olmuştum. Kocama, hayatıma ve kendime yaptıklarıma bakınca varlığımdan nefret ettim. Ona kızamamıştım. "Kızmak da neymiş, iyi ki beni aldatmışsın, başka çaren mi vardı?" diyecek kıvama gelmiştim.

Ali ise diğer kadınla yaşadığı ilişkiyi bitirmek istediğini ve duygusal olarak benim desteğime ihtiyacı olduğunu söylüyordu. Benden istediği iş hayatına bir süre ara vermemdi. Ancak projenin tam ortasında işi bırakamazdım, ayrıca aldığımız evin ödemeleri oldukça yüklüydü ve Ali benim maaşımın dörtte biri kadar bile kazanmıyordu. Son iki yıldır iş yoğunluğum artmıştı, ancak aldığım iki ödül ile kaşem de neredeyse on katı artarak oldukça iyi kazanmama katkı sağlamıştı. Ödemeleri hatırlattığımda bana hak verdi. Beraber bir karar aldık, elimdeki projeyi bitirince bir süre çalışmaya ara verecektim. Bu sayede bebek için tekrar düşünecek ve birbirimize zaman ayıracaktık.

Gecenin başında aldatıldığımı öğrenmiştim, neredeyse kanım donarak Ali'nin açıklamalarını dinlemiştim. İlginç olan ise gecenin sonunda, kocamı aldatmaya zorlamanın ezikliğini taşımamdı.

O gece bana ne olduğunu hala anlamış değilim. Ertesi sabahtan itibaren artık biz evde üç kişi olmuştuk. O ana kadar Ali'nin beni aldatabileceğini hiç düşünmemiştim. Ömer ve Can yapmıştı ama Ali yapmazdı. Kendimi işe veremiyordum. Meraktan ölebilirdim. Bu ilişki ne zaman başlamıştı? Bu kadın kimdi? Nerede buluşuyorlardı? Kafamdaki onlarca soru ve yoğun iş tempom, sinirlerimi iyiden iyiye germişti. Ali'nin beni uyuşturan etkisi üzerimden gittikçe, uyanıyor ve öfke ateşime bolca intikam odunu atıyordum. Deli miyim ben? Aldatılmışım işte. Hemen o kadını bulacağım, hayır hemen boşanacağım, arkamdan iş çeviren Ali'yi öldüreceğim. Planlarım ve ben, işten kalan zamanlarda yarenlik ederek akşamı ediyorduk.

O akşam eve erken gitmenin bir yolunu buldum. Kapıdan içeriye girdiğimde ise yeni bir şok dalgasına yakalandım.

İçerisi loştu, mumlardan yayılan yumuşak bir ışık vardı etrafta. En sevdiğim parça çalıyordu ve pencerenin önünde deniz manzarasına karşı nefis bir masa kurulmuştu. Ali ortada yoktu. Kesin yakaladım seni diye düşünürken, arkamdan sarılmasıyla boşta bulunup çığlık atmam bir oldu. Eve erken geleceğimi nereden tahmin ettin dediğimde, şantiye şefinden yola çıkmadan önce ona haber vermesini rica ettiğini söyledi.

Kafam karmakarışık olmuştu. Gergindim. Tüm bu olanlar beni kırmış, şaşırtmış, öfkelendirmiş ama en önemlisi üzmüştü. Bu harika hazırlığın karşısında heyecanlanamamıştım. Belki iki gece önce olsa, şımartılan bir çocuk gibi etrafta zıplayabilirdim. Dün geceki itiraftan sonra, tüm bu emek benim için bir şey ifade etmiyordu. Ayrıca pişmanlık duyduğu için ondan da soğuyordum.

Ona kafamdaki tüm soruları sordum ve öğrendim. Daha çok şey bilmek, beni rahatlatmadı. Tek savunması dürüst olduğu, beni bırakmak istemediği, bir boşluk anında duygusal bir hata yaptığı, ancak bunda benim de payımın olduğuydu.

Günlerce gerginliğimi üzerimden atamadım. Ancak bir yandan da rekabet ettiğim kadını tanıma arzum, bir kadın olarak beni kamçılıyordu. Benden daha mı güzeldi? Yoksa daha mı etkileyiciydi? Belki iyi yemek yapıyor ve iyi sevişiyordu. İşte bunları düşününce, daha da çıldırıyordum. Ben bu haldeyken Ali bana daha yakınlaşmış, deli divane bir hale gelmişti. Nedense üç kişilik ilişkimiz en çok bana yaramıştı. Daha itinalı, daha tutkulu bir ilişki sahibi olmuştum. İlginç olan ise beni kıskanmasıydı. Kıskanması gereken bendim ama o birisiyle telefonda dahi konuşsam geriliyordu. İlişkisini bitirdiğini ve bir daha böyle bir şey yaşamayacağımızı tekrar ediyordu. Öfkem azalmış hatta içten içe bu yaşananlar hoşuma bile gitmeye başlamıştı. Bu arada malum kızın kim olduğunu da öğrenmiştim. Kız benden daha genç ve gerçekten çok çekiciydi. Moda tasarımcısıydı. Oldukça iyi giyiniyor ve bloğunda yazdıkları ona popülerlik sağlıyordu. Böyle bir genç kadının rakibim olması, hoşuma bile gitmişti. Üstelik aldatılan ben olsam da, terkedilen o olmuştu. Belli ki bu ayrılığa pek gönüllü de değildi. Sosyal medyadaki paylaşımları depresif bir ruh haline işa-

ret ediyordu. Kendimi zafer kazanmış bir komutan gibi hissediyordum. Ali ile yakınlaşmış ve ilişkimizi yeniden yoluna koymuştuk. Yaklaşık altı ay sonra elimdeki projeyi teslim ettim. Bir süre evde oturacak ve geleceğimiz için birbirimize zaman ayırabileceğimiz bir iş planı yapacaktım.

Gelen tüm proje tekliflerini birbiri ardına reddederek geçirdiğim sakin birkaç haftanın sonunda Ali bir akşam eve geldi ve müthiş bir iş teklifi aldığını, ancak işin Rusya'da olduğunu söyledi. Bunun ilişkimiz için ne derece zorlayıcı olacağını anlattım. Beni yeniden ikna etti. Ben de onunla gelebilirdim. Sadece birkaç ay işleri oturtacaktı ve ardından ben de onun yanına gidecektim. Proje tesliminde aldığım parayla evin tüm borcunu kapatmış, biraz da kıyıya para koymuştuk. Yani ekonomik olarak da rahatlamıştık. Hem sürekli kalmayacaktı. Kabul ettim. O işe başlayana kadar rüya gibi üç hafta yaşadık. İşten arta kalan zamanlarını da benimle geçiriyordu. Sanki ilişkimizin ilk günlerine geri dönmüştük. Bu arada bana iş teklifi yağıyordu, dünyanın her yerinden cazip teklifleri elimin tersiyle itmem ikimize de iyi geliyordu. Sanki sokak devrimi yapmaya çalışan yaramaz çocuklar gibiydik, bebek yapacak ve yeniden sahalara dönene kadar tasarımlarım üzerinde çalışacaktım. Ali iki haftalığına Rusya'ya gitti, döndü ve sonrasında da birkaç hafta daha kalmak üzere tekrardan gitti. Bu son gidişinde sanki tuhaf bir şekilde telaşlıydı. Bundan sonraki yolculuğu birlikte yapalım diye ısrar ediyordu. Ama beni yanına almadan, bir problem yüzünden tekrar iki haftalığına gitmek zorunda kaldı.

Döndüğünde çok gergindi. İşte bir aksilik olmuş olmalı diye düşündüm. O gece neredeyse hiç konuşmadı. Ertesi gün erkenden çıkıp gitti. Öğleden sonra beni aradı, hazırlanmamı ve gelip beni alacağını söyledi. Yola çıktığımızda ağzını bıçak açmıyordu, ben de konuşmuyordum. Susma yemini etmiş gibiydik. İçtiğimiz ik-

sirin etkisi geçmiş, balo bitmiş ve eve geç kalmış gibiydik. Mutluluk sandığımız o şaşalı balo orada bir yerlerde kalmış ve biz uyanmıştık. Bana ne anlatacağını tahmin ediyordum ama işini kolaylaştırmak da istemiyordum. Nereye gittiğimizi bilmeden, öylece arabayı sürmeye devam etti. Sanki cesaretini toplamaya çalışıyor gibi bir hali vardı ve göz göze gelemiyordu benimle. Havadan sudan konuşarak yemek yedik ve eve geri döndük. Boğazındaki düğümü çözemediği için hiçbir şey söyleyememiş, sanki kendi suskunluğunda sağır olmuştu. Bense sakinlik iksirinden kana kana içmiş, başına gelecekleri bilen ve kaçacak yeri kalmayan bir idam mahkûmunun sessizliğinde ve kabulünde öylece bekliyordum.

Masanın üzerine bir tomar kâğıt çıkarttı ve ardından da bana dönerek, "Lütfen affet Derin, ben seni hak etmemişim bunu anladım," dedi.

"Neden bahsettiğini anlamadım?"

"Bunları imzalamanı istiyorum."

Bana uzattığı kâğıtlar boşanma protokolüydü. Beklediğim elbette bu değildi, bu kadarını asla tahmin etmiyordum. Yani ben kızla barıştığını ve yeniden görüştüğünü itiraf edeceğini beklerken, kapının önünde bulmuştum kendimi. Resmen kazığa oturtulmuştum. Arkamdan iş çevrilmemiş, ihale yapılmıştı. Aptallığıma yanıyorum şimdi, nasıl da inandım ona? İşimi gücümü bıraktım, gelecekle ilgili bir sürü hayalle kendimi oyaladım. Bin kere aldatılmış olmaktan bile daha beter hissediyordum şimdi. Göz göre göre kendime ne büyük bir kazık attırdım...

"Neden, neden bana bunu yaptın? Neden bana yalan söylemeye devam ederek, benim hayatımın içine ettin? Benden bu kadar mı nefret ediyordun? Küçük sevgilinle birlikte mi tezgâhladınız, tüm bunları? Amacınız neydi ha, söyle neydi? Derin'in arkasından iş

çevirmek yetmez, işten güçten ayıralım, sonra çocuk hayali kurdu-
ralım, sonra da ortada bırakırız mı dediniz?"

"Dinle Derin!"

"Dinlemek mi? Sen delirdin mi? Seni dinleyerek bu hale gel-
dim. Neden Ali, neden? Ben ne yaptım sana? Madem gidecektin,
neden?"

"Derin inan ki her şeyde samimiydim. Benim de elimde olma-
yan bazı şeyler oldu. Sana yalan söylemedim. Onunla sadece bir
kez daha görüştüm. Ama beni aradı, hamile olduğunu ve çocu-
ğu doğuracağını söyledi. Sen benden daha iyi biliyorsun ne kadar
çocuk istediğimi, aldırmasına izin veremezdim. Ona nasıl aldır
derdim? O çocuk, benim çocuğum. Derin, sen benim aşkımsın.
Benim için yerin bambaşka ama çaresizim. Onu da tek başına
bırakamam, lütfen anla...."

Kâğıtları jet hızıyla imzaladım ve arabanın anahtarlarını al-
dım, yola çıktım. Ölmek istiyorum, tek istediğim bu... Aptallığıma
yanıyorum. Aldatılmak değil bu. Başka bir şey ama nedir bilmi-
yorum? Biri bana anlatsın. Ben ne yaptım, ne yaptım, kime ne
yaptım? Biri bana anlatsın.

Uyanışla Gelen Buluşma

"Derin..."

"Efendim."

"Nasılsın? Birden sustun."

"İyi olmak ne demek Can?"

"Tam olarak ben de bilmiyorum. Ne bileyim işte, iyi hissediyor musun?"

"Hayır, biri bana bütün bu yaşadıklarımın nedenini anlatsın istiyordum. Sadece istediğim buydu. Çok ağır gelmişti. Şimdi tekrardan canlanıp karşıma gelenleri nasıl da unutmuşum, bu mümkün mü? Sanki her şey dün olmuş gibi Can. O kazanın olduğu güne gittim. Sanki sen üstüne örtü kapattığım bir yeri açıverdin. Ben o kadar uzun süredir çaresizce ortalarda dolaşıyordum ki buna son verdin. Belki de yeniden başlattın ne bileyim işte... Başım uyuşuk, her şey anlamsız... Bunca zamandır unuttuklarım, şimdi az önce olmuş gibi capcanlı yanı başımda, içimde çınlayıp duruyor."

"Ali'nin yaşadığını biliyor muydun?"

"Hiçbir önemi yok benim için, bunu hatırladım. İçimde tuttuğum yasın sebebi bambaşkaymış. Beni, kendimi mahkûm ettiğim zindandan çıkardın. Ölüler diyarından geri getirdin. Ama şu anda tekrar eden anılarda boğuluyorum. Belki de üzerini örttüklerim bir anda ortaya çıkınca, hangisi daha kötü bilemedim. Yani tüm bu yaşadıklarım mı, yoksa yaşadıklarımı görmezden gelerek yaşadıklarım mı?"

Birden ağlamaya başladım. Bilmiyorum, emin değilim... Artık hiçbir şeyden emin değilim. Yani düne kadar neyin yasını tutuyordum ben? Kimdim? Neydim? Neleri yaşayarak buralara gelmiştim, emin değilim. Çaresizlik tasması tekrar boynumda, beni çekiştirerek belirsizlik hücreme götürüyor.

Bu halde ağlaya ağlaya uyuyakalmışım. Sabah uyandığımda her yanım ağrı içindeydi. Evin içi taze kahve kokuyordu. Tüm bu yaşadıklarımın anlamsızlığının bir anlamı var mıydı? Sanırım bir tımarhaneye gidip teslim olmaktan başka çarem kalmadı. Kalktım ve el yüz yıkama işlemlerinden sonra Can'a seslendim. Kahve kokusu tazeydi ama evde onun izine rastlayamamıştım, derken kapı açıldı.

"Günaydın, uyanmışsın. Sıcak poğaça aldım."

"Günaydın, bir gün senden medet umacağım aklıma gelmezdi. Hayat ne tuhaf, değil mi?"

"Bizler, aynı hana uğrayan yolcularız Derin. Bir gün birbirimizi üzmüş olabiliriz ama bu her gün üzeceğiz anlamını taşımıyor. Birçok anı geldi geçti, şimdi bambaşka bir haldeyiz. Ne sen o kadınsın ne de ben o adam. Birbirimizi hem biliyor hem de bilmiyoruz. Tüm yaşadıklarım bana bunu öğretti. Ben kendimle ilgili bile kesin bir yargı ile konuşamıyorken, başkalarıyla ilgili kesin ve keskin olmayı çoktan bıraktım. Hadi gel, kahvaltı yapalım. Bugün yeni bir gün zaten... Geçmişte ölmüş gitmişsin, bak şimdi capcanlı buradasın ve bunun tadını çıkaralım."

"Senin gibi olmak için ne kullanmak lazım?"

"Sadece geçmişi çekiştirmeyi bırakıp, yaşadığın anın kıymetini bilmek yeterli."

"Bak ya, çok moda laflar ediyorsun."

"Çok moda değil, çok doğru laflar. Hanımefendi kahvenize süt ister misiniz?"

"Hayır, sert bir kahveye ihtiyacım var."

"Sertlikleri bırak artık. Sen harika bir kadınsın ve kendinle de barışman yeterli. Derin, sen çok özelsin... Bunu bir anlasan."

"Can, bunları neden yaşadım ben? Bir yerlerde bir hata mı yaptım? Ali'nin ölmediğini bile bile onun öldüğünü düşünmem, hatta bunun için yas tutmam tuhaf değil mi? Daha tuhafı ise gerçeği öğrendiğim zaman çabucak kabul etmem değil mi? Belki de seni, Ömer'i, Ali'yi ben bu hale getiriyorum ve getirdim... Ve şimdi koskoca bir yalnızlık kuyusunda tek başıma olmamın tek sorumlusu da benim. Yoksa bu da mı bir rüya? Sen gerçekten var mısın? Ali öldü mü? Artık hiçbir şeyden emin değilim. Bir hortumun içinde oradan oraya savruluyorum. Bu bir rüya ise uyanmak ve huzura kavuşmak istiyorum.

"Bu bir rüya değil, yaşamın ta kendisi Derin. Senin derdin ne, biliyor musun?"

"Bilmek istiyorum, lütfen söyle."

"Fazla vermek ve kendinden daha çok karşındaki kişiyi önemsemek. Bu nedenle hepimiz sana karşı oldukça şımarık davrandık. Ben şu anki aklımla seni asla üzmezdim. Ama o gün senin bana olan sevgin, ben ve işin dışında bir dünyanın olmaması, beni hem güçlendirdi hem de gücümün asıl kaynağını unutturdu. Gücüm senin bana olan sevgindi, enerjindi. Seni bir projede seyrederken hayran olurdum. Sonra o hayran olduğum kadın gelip bana yemek yapıp, etrafımda pervane olup, benden ilgi beklediğinde sanıyordum ki; özel olan benim... Bu hali yaşayınca dışarıdaki her kadını elde edebileceğim hissine kapılıyordum. Sen beni besliyordun, ben seninle gücümü toplayıp dışarıda ışıl ışıl parlıyordum. Ve dışarıda gördüğüm ilgi ile sana tepeden bakmaya başlıyordum."

"Delisin sen! Bunları şimdi böyle anlatınca çok romantik geliyor ama o günlerde ne kadar canımı acıtmıştın."

"Sen gidince, inan benim de canım çok yandı. Kaçıncı kattan düştüm bilemiyorum ama paramparça oldum. Hani dünyanın en güzel malzemeleriyle en şahane yemeğini yap ama tuz koyma hiç tadı olmaz ya... Sen gidince benim hayatım da o hale geldi."

"Çok komiksin Can, sanki burada sana tedavi yapıyoruz. Senden duymayı en son beklediğim sözleri duyuyorum. Bu en az Ali'nin ölmediğini hatırlamak kadar şaşırtıcı benim için."

"Bunları sana bin kere söylemek için uğraştım. Ama sen her seferinde bana eskiden tanıdığın halime davranır gibi aynı şekilde yaklaştın. Yani Can dedin içinden, ben seni iyi bilirim, benden uzak dur. İşte kendine de aynı bana davrandığın gibi, ezberli davranıyorsun. Hatta belki hayata bile böyle davranıyorsun. Anlıyor musun Derin? Kendine ve hayata daha çok şans ver."

"Can..."

"Efendim?"

"İyi ki varsın..."

Bir zamanlar yüreğimde kor ateşler yakan Can, şimdi kor iken canlanan ateşimi söndürmeme yardım ediyordu. Kafam allak bullak oldu. Ali'nin yaşadığını bilmiyordum, yani sanırım bilmiyordum. Biliyor muydum yoksa? Hatırlamaya çalıştıkça bulanıklaşan belleğim beni yanıltıyordu. Ablamı aramak istiyordum, ancak telefonda konuşmak istemiyordum.

"Sana bir şey sorabilir miyim?"

"Sor Derin."

"Ali ne yapıyormuş?"

"Boş ver. Bir önemi var mı senin için?"

"Kafam acayip karışık. Bir önemi var mı bilmiyorum, hatırladıklarım içimi rahatlatmadı. Bir anda kâbustan uyanmış gibi hissediyorken, uyandığım halim de kâbustan farksız."

"Acele etme."

Telefonumun çalan zili ile sözüm kesildi. Çantamı ve ardından da içindeki telefonu bulmaya çalışmakla geçirdiğim zamanda sesi kesildi. Arayan Ekin'di. Evet ya, bugün bir de onunla randevumuz vardı. Şimdi hatırladım. Ne yapsam acaba? Bu ilaçlar beni oldukça sersemletti. Sadece ilaçlar mı bilemiyorum. Arayıp gelemeyeceğimi söyleyeyim, diye düşünürken mesaj geldi:

Kaçmak için yanlış, buluşmak için doğru bir zaman. Akşama doğru gelirsin. Yaşadıklarının yükünden kurtulmak için tam zamanı. Saat 19.00'da bizim orada bekliyorum. Sevgiler, Ekin.

Şaka mı bu!?

Ekin medyummuş ispatlandı, oh ya rahatladım. Adam her şeyimi biliyor.

Yüzümde gülümseme ile şaşkınlık arasındaki ifadeyle mutfağa döndüğümde Can yoktu. Evin içinde aranırken üstünü değişmiş bir halde yanıma geldi.

"Hadi hazırlan çıkalım, seni tekneyle bir yere götüreceğim."

"Bu havada mı? Ayrıca akşama bir randevum var, fazla uzağa gidemem."

"Akşama daha çok var. Hem hep senden mi bahsedeceğiz? Dünya senin etrafında dönmüyor hanımefendi."

"Tamam ama ben de üstümü değiştirebilseydim iyi olurdu."

"Gideceğimiz yerde üste başa bakmıyorlar, rahat ol."

Tekneyle boğazı bir boydan bir boya geçerek Kınalıada'ya geldik. Can'ın bana göstermek istediği yer, eski bir köşktü. Burayı almıştı ve iyileştirme merkezi haline getirmek istiyordu. Oldukça büyük olan bu köşkte bedensel engelli çocuklar tedavi görecekti. Bu haber beni en az sabah benimle yaşadıklarını bambaşka bir dille anlatan adamı dinlemek kadar şaşırtmıştı. Yani henüz yaşı kemale ermiş bir adam değildi Can. Tam gözde bekâr denilebilecek bir yaştaydı, varlıklıydı ve yaşamı hızlı yaşamayı severdi. En azından benim bildiğim kadarıyla öyleydi. Bu kararı daha ileri yaşlarda, dünyadan elini ayağını çekenler verirdi.

"Babanın vakfına mı bağlı olacak burası?"

"Hayır, ben karşılayacağım her şeyini. Tam karşıda bak şu tepedeki ağaçlı yeri görüyor musun? O tepeler İstanbul'un belki de son yeşil alanları. Orada yaklaşık on beş yıl önce aldığım bir arazi vardı. Orada da buna benzer bir yer kuruyorum. Hastane gibi hizmet verecek."

"Çok şaşkınım Can. Herhalde senin bu taarruzların sayesinde aklım hiç Ali'ye kaymıyor. Sabah romantik itirafçı, şimdi hayırsever iş adamı oldun. Sen iyi misin? Yani şaşırmaya gücüm kalmadı inan, yoksa ağzımı kapatacak vaktim olmuyor. Ne oldu öleceğini falan mı öğrendin? Ölümcül bir hastalığın pençesinde misin? Vallahi çat diye çatlayacağım şimdi, bilesin."

"Hayır, Derin, hayır. Sen beni hayatımın en uçarı, en hoppa zamanlarında tanıdın. En önemli derslerimden biridir seni kaybetmiş olmak. Babam seninle ilgili beni asla affetmedi, sanki sen kızı ben de damattım ve damat başına kalmış gibi davrandı. Üstüne bir de yabancı gelin olayı ile aramıza buz dağları girdi. Annemin hastalığında nispeten yakınlaştı. Ama nafile, babamla biz birbirimizi itiyoruz. O tatmin olmayan bir idealist, her şeyin en mükemmel halini talep eden bir kontrol delisi. Hayatta onu yumuşatan iki kadın vardı: Biri annemdi ve onu kaybetti, diğeri de sen... Seni de benim yüzümden kaybetti. Sen de en az onun kadar mükemmeliyetçi olduğun için onun kızı gibiydin. Dolayısıyla babamı haklı buluyorum, bu vakıf işinde seni başa getirecek olmasını. İçini yiyen sorunun cevabını da böylece vermiş oldum. Ben de hayatta iken gelirlerimi hayır işlerine harcamak ve bu yönde faydalı olmak istiyorum. Kardeşim yok, çocuğum yok. Hayırlı işler yapmak için yaşlanmak veya ölmeyi beklemek gerekmiyor."

Gerçekten ne diyeceğimi şaşırmıştım. Yani uğraşsam böyle bir gün yaşayabilir miydim, bilemiyorum.

Bir günde donup kalan hayatım çözülüyor, tuttuğum yasın saçma sapan bir ruhsal bunalım yüzünden kendime söylediğim bir yalan nedeniyle olduğunu öğreniyorum. Daha ben bu konuyu anlamaya çalışırken, beni derin dondurucudan çıkaran eski sevgilim; geçmişte canıma okumuş, yarı yolda bırakmış, yaralamış olan kişi, karşımda bir ermişe dönüşmüş, günah çıkarıyor. Beni benden iyi anlıyor. Hayatın gelip geçiciliğinden, hayırdan yardımdan bahsederek beni yeni bir şok dalgasına uğratıyor.

Ne yapayım yani? Ben de Ali'yi arayıp özür dileyeyim? 'Kusura bakma seni öldürmüştüm kaç yıldır, eh artık ben de sonunda erdim. Bu hayat geçici, seni ve karını kutlamak istiyorum,' mu diyeyim?

"Aklıma gelmişken, Ali hâlâ evli mi o kızla? Çocukları olmuş mu? Kaç yaşındaymış, nerede yaşıyorlar?"

"Sen de kadınsın neticede, elbette soruların bu yönde olacak."

"Ne sorayım Can? Ali'nin psikolojisini falan mı sorayım? Zaten son zamanlarda kendimi bir dergâhta ya da manastırda falan gibi hissediyorum. Her dokunduğum bir keşiş ya da derviş mübarek... Ben de okula yeni kabul edilen yeni yetme, saf... Siz konuşuyorsunuz, ben dinliyorum."

"Tamam, Kanada'da yaşıyorlarmış. Kızı olmuş, iki ya da üç yaşındaymış bilemiyorum, o civarda tam hatırlayamıyorum. Kızının adını Derin koymuş. Karısını bilemiyorum ama Ali mimarlık yapmaya devam ediyormuş."

"Derin mi koymuş? Şaka yapıyorsun değil mi?"

"Hayır, yapmıyorum. Ben sormadan kendisi söyledi. Ben her gün Derin ile birlikteyim, kızıma onun adını koydum, dedi. Seni kaybetmiş olmak onu bir hayli etkilemiş. Belki o anda bir nedenden öyle davranması gerekmiştir, bilemiyorum. Ama gözlerinde hâlâ seni görebiliyordum."

"Çok tuhaf değil mi kızına benim adımı koyması? Yani karısı da her an Derin diyor."

"Tuhaf değil... Terk eden ayrılığın sorumluluğunu alır, kalan ise yalnız kalsa da yalnızlık insanı özgürleştirir. Giden yüküyle baş başa kalır ve o hiçbir zaman özgür değildir. Sen terk edildin ve kendinle kaldın. O ve ben, terk ettik ve sensiz kaldık. Ben kendi adıma, senden sonraki ilişkilerimde seni daha iyi anladım. Varlığını aradım uzun bir süre ve seni tam olarak anlayamadığımı fark ettim. Senin bana hissettirdiğin ilginç bir duygu vardı. Sevginin bir sesi, titreşimi, kokusu olduğunu öğrendim seninle, bu sayede kendi derinliğimde yolculuğuma başladım. Hemen olmadı belki ama zamanla da oluyor işte... Bak şimdi kendi engellerimi aşabilmek için, engelli çocuklara yardım etmeye çabalıyorum. Onlar bana iyi geliyor. Belki seninle bir çocuğumuz olmadı ama bugün bütün kazancımı buraya yatırmamı başlatan sensin Derin... Çünkü senden gittikten sonra, ben o boşluğu bir türlü dolduramadım. Kendimle yüzleştim, tat gitti hayatımdan, insan tadı satın alamıyormuş... Bedeli ağır olsa da anladım. Bana hayatın tadını yaşattın sen, nasıl yaptığını bilmiyorum ama yaptın. Niye beni üzdün deme bana, kendimi daha affedemedim, sakın tek kelime etme... Yaralarımı sarmam için kucak açtığım çocukların hepsi minnettar sana, sadece bunu bil."

Gözlerimden bir anda boşalan yaşları görmesini istemiyorum. Ben yalnızlığın her halini tattım, oysa sevmediğim tek haldi yalnızlık. Ben karşımdaki kim ve ne olursa olsun hep sevdim. İşimi, sevgilimi... Her şeyi sevmekten gayri bir şey bilmeden, olduğum gibi oldum. Oynamadım, kapris yapmadım. Beni tanıdıklarında ne kadar çalışkan ve hırslı başarılı isem o kadardım.

Bana hayran olduklarını söyledikleri yanlarımla beni vurdular: "Sadece işin ve başarın için deli gibi çalış sen..." Oysa beni ben yapan halimdi bu söyledikleri... "Sen, sen gibi olma!" dediler. Bilemedim, hangisini bırakayım? Ali haklıydı, bebeğime kıydım. Ama ne olursa olsun samimiydim. Önce kendime samimi oldum, o zaman anne olmaya hazır değildim. Çocuk yapmak istemiyordum. Bu çocuğu benim içime koyan kudret, o çocuğu doğurma isteğini vermemişti. Çok suçladım kendimi, hiç affedemedim. Ben bir evliliği verdim kurban olarak... İşimi ve kariyerimi verdim. Sevgimin pınarına taş koydum, ceza kestim kendime. Doğurup da annelik yapıyormuş gibi yapmak gelmedi içimden, sadece annelik mi kadınlık bilemedim. Ben kadın olmayı da anlayamadım. Sadece bir erkekle mi tamamlanır kadın? Çocuk doğurunca mı üretkendir? Üretmeden de kadın olunur mu? Hayallerini inşa edip gösterince, içinde gezdirince yeterince üretmiş olmaz mı? Bu soruların cevaplarını bilemedim... Ben kendimi kurban verdim o çocuğu aldırırken ama pişman da olamadım. İstemediğim halde mecburen demedim. Kucağıma alamadığım o çocuk, şimdi Kanada'da büyüyormuş... İçimde hapis olan, şimdi özgür kaldı. Kilidi kırıldı küskünlüğümün. Benden doğmadı evet ama Ali isteğine başka bir kadınla ulaştı. Belki de sırf o kadınla buluşabilsin, beni terk etsin diye gitmiştir o bebek benden... Ve giderken taze sürgünlerimi de alarak, beni kurutarak... Şimdi anlıyorum aslında, Ali'nin öldüğüne kendimi neden inandırdığımı. İnandığım her şeyi son zerresine kadar parçalayan bu adamı affedemem, affetmeyeceğim... Hayatımı benden aldığı için ben de onun hayatına son verdim, en azından kimseler bilmese de kendim için yaptım bunu... Belki onu affetmemenin yükünü alacağım. Ama kalbime nasır bağlatan bu yaşadıklarımı, kabul ediyorum demem bile beni bu zamana kadar ne yazık ki hafifletmedi.

Can geçmişin değer kattığı bir antika gibi gönlümün vitrininde yer açtı kendisine. Hiç ummadığım bir hal bu. Sevgili değiliz. Arkadaş desem, aslında tam olarak o da değil sanırım... Hayatımdan onun bir parçasını dahi söküp atsam, kendim olmaktan çıkacağım sanki. Çünkü o, bir hücrem kadar benden bir parça; benimle şekil alan ve aynı anda bana şekil veren... Acaba Ali veya Ömer ile de aynı hali yaşayabilir miyiz? Şu anda özellikle Ali'nin adını bile duymak beni fazlasıyla geriyor.

"Derin..."

"Efendim?"

"Bir şeyler atıştıralım mı? Güzel bir balıkçı var aşağıda denize yakın, vaktin var mı?"

"Evet, iyi olur. Hem karnım acıktı hem de biraz üşüdüm."

Güzel balık yapan sakin bir restoranda keyifli bir yemeğin ardından, sohbetimize tatlıları ve kahveleri ile ünlü bir mekânda devam ettik. Kahvelerimizi içerken onun yüzüne uzun süredir dikkatli bakmadığımı fark ettim. Can yaşlanmıştı. Yaşlanmış kelimesi ile ona haksızlık etmeyeyim, aslında olgunlaşmış ve sadeleşmişti. Sanki yıllarca hayatımda olan, sevgili olduğum, hatta o otobüs durağında karşılaştığım adam değildi karşımda oturan. Önyargılarım perde koymuştu gözlerime. Bildiğim ve tanıdığımı zannettiğim adam olarak görmüş, aslında şu ana kadar tam olarak bakmamıştım gözlerinin ta içine... Orada ben vardım ama bakmazsam göremiyordum. Gördüğüm bendim ve tam göz bebeklerinin içindeydim. Yansımalarla anlatılan bu mudur? Bunu Ekin'e soracağım. Düşünceler içinden Ekin çıkıp gelince, neredeyse randevu zamanımızın geldiğini fark ettim. Alelacele kalkıp yola koyulduk. Zaten oturduğumuz kahveci ile Ekin'in yeri çok yakındı.

Can beni bırakırken, babasına yaptığı hayır işlerini anlatmamamı rica etti. Bunu anlamam mümkün değildi. Yani tüm bunlar onu mutlu eder ve aralarındaki buzları eritebilirdi. Ama Can, saklamayı ve babasından uzak durmayı seçiyordu. Benim elimden ise saygı duyarak sırrını saklamaktan başka bir şey gelmiyordu...

Derin Sevgi

Ekin'in işyerinin olduğu apartmanın kapısına gelip elimi zile uzattığımda yeniden şoklanmış gibi bir hisse kapıldım. Nefesim kesildi. Tüm bu olanlar, duyduklarım, hatırladıklarım sanki omuzlarıma bindi ve buz kestim. Bu ruh halinin üzerine, bir de Ekin'in söyleyeceklerini çekemeyeceğimi fark ettim.

Bu bana ait olandı. Kabullenmediğim bunca şey varken ve bırakmaya hazır değilken, şimdi bu randevu çok anlamsız gelmişti. Elimi tekrar uzattım ve zili çaldım. Bana bir daha kaçak demesini istemediğim için düşündüklerimi yüzüne söylemeye karar verdim.

Kapıyı açan Ekin'in yüzündeki gülümseme, bana da sirayet etti. İçimden ona sımsıkı sarılmak gelse de uzak durmayı seçtim. O benim için cinsiyetsiz birisiydi. Bununla birlikte sevgi kapaklarımı sonuna kadar açtıran bir enerjiye sahip olması beni ürkütüyordu. Belki de bu yüzden çoğu zaman ona yakın olmak istesem de uzak durmayı seçmiştim, en azından şu ana kadar... Sanki onda benim içimde kilitli kalmış bir yerin anahtarı vardı ve ben de onun bu kilitli yeri açmasından korkuyordum.

"Merhaba Ekin. Ben bugünkü çalışmaya ya da konuşmaya, artık adı her ne ise, hazır olmadığımı fark ettim. Sen ve Selva Hanım bana çok yardım etmişsiniz ve cidden her şey için teşekkür ederim. Ancak özellikle bu iki günde yaşadıklarım bana çok ağır geldi. Belki bir süre yalnız kalmalıyım. Olanları hazmetmek ve sindirmek için." Sanki haber okuyan bir spikere dönüşmüştüm. Hiç nefes almadan bir avazda her şeyi söyleyiverdim. Bana baktı, gülümsedi ve kollarını açarak sarıldı. O kadar sevgi doluydu ki... Aslında o hep sevgi doluydu, sadece ben ilk defa o sevgiyi almaya geçmiştim. "Çok şükür Derin. Bu kararın çok doğru, ihtiyaç duyduğun anda biz yanındayız."

"Sen nesin, ben karar veremedim?! Medyumsun diyorum ama hiç gelecekten bahsetmiyorsun. Tam ihtiyaç duyduğumda çıkıp geliyorsun. Kaçak dedin, kaçıyorsun dedin. Bugün öğrendim ki gerçekten de kaçıyormuşum, ondan geçmiş peşimdeymiş. Sanırım sende bana iyi gelen bir şey var. Şifa mı diyorlar adına, tam bilemedim?! İşte öyle, tüm bunları yüzüne söylemek istedim. Yine kaçıyorsun deme diye geldim."

"Unutma, şifacının gücü şifalananın niyetinden gelir. Seni merkezine götürecek olan pusula kalbinde ve sen onu kullanarak yolunu bulacaksın. Biz sana pusulayı hatırlatmak için geldik..."

"Şimdilik hoşça kal, Ekin."

"Hoşça kal Derin..."

Vedalaşma

Tüm bu yaşananlar hiç olmamış gibi hissettiğim bir döneme adım attım. İnanması zor gelebilir ama ne Ali vardı ne de onca yas dönemi... Suçu ortaya çıkmış bir çocuk gibi saklambacıma devam ettim. Saklandığımı biliyordum ama ortaya çıkıp sobelenmeye hiç isteğim yoktu. Tek derdim yeniden sobelenmemekti. Aslında çoktan sobelenmiştim ama oyunu bırakmak gelmiyordu içimden. Tüm bu olanlar arada bir aklıma geldikçe, bildiğim bir filmin fragmanlarını tekrar izliyormuşum gibi davranıyordum. Bir yandan içim içimi yerken, tüm bu yaşananların ne anlama geldiğini merak ediyordum. Ama başa dönüp yeniden bir sorgulama çekecek veya dışarının eleştirilerini dinleyecek gücüm de yoktu. Hepsini çok sevmeme rağmen, her bir kafadan çıkan, "Bak beni dinle, böyle yap!" halleri aklıma düşünce tüylerim diken diken oluyordu. Su akar yolunu bulur derdi annem, bir tek onu dinledim, itişmeyi bıraktım.

Ablamlara, arkadaşlarıma ve hatta Selva Hanım'a hiçbir şeyden bahsetmedim. Bunlar ben, Can ve Ali arasında kaldı, sanırım bir de medyumumuz biliyordu. Bir önemi yok. Zaten çok sonra fark ettim ki aslında "Ali ve ölüm" kelimeleri sadece belli insanların yanında bir araya gelmiş. Ne Meliz ne Efsun ne de Esinlerle birlikte iken, Ali'nin adını sanki ağzıma almamışım. Öyle biri yokmuş gibi davranmışız. Aslında hâlihazırda kendisi benim için rahmetli sıfatında... Benim için ölü ama kendisi başka bir âlemde yaşıyor.

İş hayatı beni her dem beslemiştir. Belki de son yıllarda işten uzak kalmak bunalıma girmeme sebep olmuştu. İş hayatının enerjisini iliklerime kadar çektim ve tüm bağımlılar gibi kendimi yeniden harika hissettim.

Aylar süren çalışmalarımızın sonucunda hem Topkapı Sarayı'ndaki işi tamamladık hem de Mısırlı Vakfı'nı kurduk.

Can ile Mustafa Hoca çok içten bir şekilde barışmasa da, eski gergin hallerine son verdiler. Güçlerini birleştirme kararları en çok benim işime yaradı. Çünkü iki vakıf işinden dolayı kendi asli görevlerimi yapamaz duruma düşebilecekken, şimdi Can'ın da Mısırlı Vakfı'na dâhil olması ile işlerim bir hayli kolaylaştı.

Bu arada özellikle vakfın işleri Mustafa Hoca'da *doping* etkisi yarattı. Sanırım bir süre daha aramızda kalacak. Gençlik aşısı vurulmuş gibi... Üstelik hiç alışkın olmadığımız kadar da neşeli, Can'la bile şakalaşıyor. Bazen şaşkınlıkla onu izliyorum. O da beni şaşırtmaya devam ediyor.

Yine bir gün kahve ve bitter çikolata arası verdiğimiz bir esnada bana döndü ve, "Sence aşk nedir Derin?" diye sordu.

"Bilmem... Yani öyle uzun uzun anlatacak kadar düşünmedim üstünde, genelde hissettiğimi yaşadım. Sonunda olanları düşününce sanırım benim bu işte çok da usta olduğum söylenemez. Genellikle kazık yiyen taraftaydım bile denilebilir."

"Yani senin için bir ilişki yaşamak anlamına geliyor, öyle diyebilir miyiz?"

"Yani öyle sordunuz sandım. İnsan âşık olur ve âşık olduğu kişiyle beraber olursa mutlu olur, olmazsa yanar durur. Benim tarzımda olanlar yaşasa da yaşamasa da, yanar durur."

"Ben sorumu tekrar ediyorum o zaman küçük hanım: Aşk nedir? Bir soru daha kazandın, cevabı zamanında veremeyenler için ek ödev verelim. Bu hayattan aldıkların ve bu hayata kattıkların nelerdir? Bu konular üzerinde düşün, taşın ve ben bu dünyadan göçmeden cevabı ilet. Hoş göçersem de gel mezarımın başında anlat."

"Hocam daha çok vaktiniz var, bu ödevler için biraz zaman istiyorum. Hatta ben tatil için izin istiyorum. Hazır işler yoluna girmişken, ben biraz keşfe çıkayım diyorum. Görmek istediğim birkaç yer var. Ne dersiniz?"

"Burada burnunun dibinde keşfedecekler bitti, keşif için uzaklara gitmek istiyorsun öyle mi? Hey Allah'ım! Akıl fikir taksim edilirken benim çocuklarım neredeydi acaba? Nereye istiyorsan git çocuğum."

O gün sıradan bir gündü benim için, öyle başlamıştı. Hoca'nın sorusu ile renklenen akşamım, aldığım telefon ile kararmıştı.

Arayan Can'dı ve sesi titriyordu. Devrilmez sandığım koca çınarım yerle bir olmuştu. Bir ambulansın içinde hastaneye giderken arıyordu, "Yetiş Derin, gidiyor!" diyordu.

Hayır!... Lütfen... Daha bugün konuştuk, ölmeyeceğim dedi. Sana sorduklarımı cevapla dedi. Lütfen gitmesin ne olur... Onu benden alma Allah'ım, ne olur, yalvarırım...

"Hemen geliyorum."

Evden taksiye, oradan da hastaneye uçtum. Bana yıllar gibi gelen bu yolculukla ayrılıyorduk, en çok inandığımla arama giren ölümün karanlık eliydi. Sanki ben gecikecektim ve son kez olsun onu göremeden göçüp gidecekti.

Yoğun bakımın kapısında küçük bir erkek çocuğu vardı. Gözleri kan çanağına dönmüş, babasını beklerken korkmuş bir çocuk. Yıllardır yakın olmadıkları kadar yakınlaştıkları bir dönem asıl ayrılığa hazırlık içinmiş, Can'ı görünce anladım. Tam ona sarılmak için hamle yapmıştım ki, "Seni bekliyor gitmek için, yoğun bakıma alacaklar seni," dedi.

"Sen?"

"Biz vedalaştık..."

İçeri girdiğimde önümü göremeyeceğim bir hızla akan gözyaşlarım, tir tir titreyen dizlerim beni ileriye değil de geriye doğru taşıyordu. İdam mahkûmunun darağacına yürümesi gibiydi halim. Sonuç değişmeyecekti belki ama o sonuçla buluşmak çok şey değiştirecekti.

Hemşirenin yardımıyla yanına gittim. Gözlerini bana çevirdi ve gülümsedi. Öyle güzel bakıyordu ki yüzü bambaşkaydı. Sanki yaşı, sertliği, onu tanıdığım tüm özellikleri yok olmuştu. Ama bir şey vardı ki tarif edemediğim, onu ilk tanıdığım andan bu yana gözlerinde gördüğüm... İşte o şey sanki yüzüne yansımıştı, tanıdık ama bir o kadar da yabancıydı.

"Lütfen gitme. Hazır değilim... Hem bugün demedin mi, sorduğum bu soruyu ben gitmeden cevapla diye. Ben daha cevabı bulamadım. Lütfen kal."

Gözlerini gözlerime dikti, gülümsedi. Bir şey söyleyecek zannettim, ona doğru eğildim. Yüzünde gülümsemesi öylece kaldı.

Birden makineler ötmeye başladı. Hemşire beni resmen kolumdan tuttu ve panikle dışarı çıkardı. Şaşkındım... Ölüm böyle bir şey miydi? Daha önce kimse ölürken yanında olmamıştım. Belki de ölmemiştir umudu ile çıtımı çıkarmadım. Can yanıma geldi ve sarıldı. Ben sessizliğimi bozmadım, o da sustu. Belki konuşmazsam, öldü demezsem geri gelir diye sustum... Sustuk... Hep yere baktım. Belki göz göze gelmezsem ve herkes susarsa geri gelir diye başımı hiç kaldıramadım. Dilimden o kelime dökülmezse gerçek olmaz belki dedim. O sırada doktor göründü kapının önünde, ayaklarına baktım. Yağmur gibi inen gözyaşlarımı ve sarsılan bedenimi de bıraktım. Hastayı kaybettik, dedi. Yüzleşmek ağır geldi, bir umudum varmış, o dakikadan sonra o da bitti... Gece yarısına doğru Can beni evime bıraktı. O da bende susma yemini etmiş gibiydik. Sabah konuşuruz, diyerek ayrıldık.

Uyku benden uzağa gitti. Mustafa Hoca'yla tanışmamızdan bu yana yaşadıklarımın film gösterisine davetliydim. Neler gelmiş, neler geçmiş... Yaşarken bu kadar farkında değildim. Kişiliğimin şekillendiği günlerde bana yol göstermiş bu koca çınarla, biz değil miydik bugün kahve içip sohbet eden. Hayat bu derece hızla değişebilirmiş, yaşadıklarıyla olduğu kadar gidişiyle de öğretmenlik yapmaya devam ediyordu Mustafa Hoca...

Uzun süren gecenin ve bir saatlik uykunun ardından, sabaha kahve ve duş desteği ile başlayabildim. Tüm bu yaşananlar rüya olabilir mi, diye düşünmeden edemedim. Televizyonda haberi duyan herkes tek tek aradı. Ekin ve Selva Hanım'ın bile haberinin olmasına çok şaşırdım. Onlar gibi gündemden uzak insanların, böyle bir haberi herkesle birlikte öğrenmeleri ironik bir durumdu.

Her telefon ile yeniden yanan ateşim, tekrar eden her şeyin anlamını yitirmesi gibi bir süre sonra söndü. Sıradan bir konuya dönüştü ya da ne bileyim, o anda ben öyle sanıyordum.

Böyle olmadığını cenaze töreninde anladım. Neredeyse bir devlet başkanı uğurlar gibiydi cenaze konvoyu. İstanbul, Şişli Camii'nde cenaze namazı için toplanan kalabalık mahşeri hatırlatıyordu. Yeniden yandı kalbimde söndü sandığım ateşim, hem de ne yanmak...

Onu toprağa indirirlerken yalnızlığın demir pelerini de benim omuzlarıma iniyordu. Annemi ve babamı yeniden kaybediyor gibi hissediyordum. Bu hayatta güvendiğim, sırtımı yaslar dinlenirim ve bilemediğimi sorar öğrenirim dediklerim bir bir beni terk ediyor. Bir ölüm, geçmişteki diğer tüm ölümleri hatırlatıyor.

Öleceğini bile bile yaşamak bazen canımı acıtıyor. Onca çaba, gayret... Sabah varsın, akşam yok. Niye bu telaş? Nereye koşar bu beden?

Herkes gittikten sonra mezarın başına gittim. Can ile baş başa kaldık. Can bana döndü.

"Huysuz bir adamdı ama huzurlu bir şekilde öldü," dedi.

"Öldü deme ne olursun, henüz ölüm kelimesine alışamadım. Bence onun huysuzluğu da yoktu, sadece ne istediğini çok iyi bilirdi."

"Senin gibi yani!"

"Ben ne istediğimi bilsem zaten tüm bulmacayı çözeceğim."

"Hangi bulmacayı?"

"Hayat denilen bulmacayı... Aynı günün sabahında hayattaydı. Ama akşamında yoktu. Dün akşam bedeni buradaydı, şimdi o da yok. Sadece toprak geriye kalan, o da çözülüp gidecek. O bizi yine duyacak mı? Sanki biliyor gibiydi öleceğini. Bana bir soru sordu. Ben ölmeden ver cevabını, ölürsem de gel mezarımda anlat, dedi. Sence anlar mı insan öleceğini? Sen nasılsın bu arada? Bencilliğimi ancak kıyıya çekebildim."

"Sanki bir rüyadayım. Birden büyüdüm gibi hissediyorum. Onun gibi bir babaya sahip olmak insanı büyümekten alıkoyuyor. Ulu ağaçların altında ot bitmez, güneş göremez, o yüzden de büyüyemez. Benim bir babam olduğunu ölürken anladım. Hep kaçtım ondan biliyor musun? Bazen yanındayken kaçtım, bazen uzaklardayken. Bir tek seninle beraberken ve dün gece yakınındaydım babamın. Sen sanki köprü oldun hep bize, dün gece de ölüm köprü oldu. Gece beni arayan yardımcısı, 'Babanız kendini iyi hissetmiyormuş, sizi çağırıyor,' dedi. Hemen eve gittim. Beni görür görmez zor nefes alır bir halde, 'Evlat ben gidiyorum. Derin sana emanet, helalleşelim istedim, babalığımdan razı mısın bilmiyorum ama ben senden razıyım.' dedi ve ondan sonra bilinci kapandı. Beni ararken ambulansa da haber vermişler, birkaç dakika içinde geldiler ve damar yolunu açtılar. Gözlerini araladı ve sadece bakıştık. Tüm yol boyu eli elimdeydi, belki çocukluğumda bile babamla böyle el ele kalmamışızdır. Seni istedi tam ambulanstan indirirlerken, sadece Derin dedi. Geliyor yolda, dedim. Zaten 15 dakika sonra sen geldin ve o gitti. Onca yıl hissedemediğim sevgiyi bir ambulans yolcuğu sırasında hissettim. Babamla gerçekten helalleştim ben Derin."

"Galiba bana anlatmak istediği buna benzer bir şeydi. Babam benim davranışlarımı onaylamıyordu, keza ben de onunkileri. Ve ben tüm bunları yorumlarken sevilmediğimi düşünüp, ona öfkeleniyordum. Seninle ilişkisini de kıskanıyordum, sanki sen torpillisiydin."

"Ben torpilliydim ama azarlanmak konusunda torpilliydim. Seninle aramızdaki tek fark, ben onun beni azarlamasını veya kızmasını önemsemezdim. Ona o kadar hayrandım ve güvenirdim ki benim iyiliğimi istediğine tüm kalbimle inanırdım. Ben herkese huysuzluk eder, bir ona eyvallah derdim. Sense herkese eyvallah der, ona huysuzluk ederdin. Aslında o seni benden de hatta belki her şeyden çok sevdi. O sevgi sana torpil yapmasına engeldi. İnsan sevdiğini ertelemez, iyiliği için bazen uzakta kalmayı bile kabul edebilir. Tüm bunları bana o öğretti, hele bu son iki yıl onlarca yıla bedeldi."

"İçim daha kötü oldu biliyor musun? Rahatlamadım. Kendimi sanki bir treni kaçırmış gibi hissediyorum."

"Olur mu? Sen onun devamısın, onun parçasısın... O yaşayacak Can; seninle, benimle, bu vakıfla. Bak bu kadar insanın hayatına dokunmuş bir adamın oğlusun sen, o senin içinde."

Kendime ben bile şaşırdım. Bu ne bilgelik böyle Derin Hanım, değme gurulara taş çıkartıyorum. Kitap bile yazabilirim: *İçimizdeki Bilgeyi Uyandırmak* Birine yardım etmeye çalışırken, insan kendi ateşini soğutuyor. Tevekkeli değil bu gurular, elâlemle bu kadar uğraşıyor. Kendi derdini unutmak için ilk yol dışarıyla ilgilenmek. Güzel bir sistem, belki bu süreci bu şekilde atlatabilirim. Sonraki günler vakfın işleri, uykusuz geceler, zoraki ziyaretlerle akıp gitti...

Vakıf

Birkaç ay sonra vakfın işleri ve mimarlık kariyerimle il-
gili aldığım kararlar hakkında konuşmak için Can ile
buluştuk. Onun da keyfi tam olarak yerine gelmemişti. Veraset
işlerinin ardından ortaya çıkan tabloda iki sürprizle karşılaştık.
Mustafa Hoca tüm mal varlığını vakfa bağışlamamıştı. Can ve
benim için ortak bir arazi bırakmıştı. Yani hâlâ bir arada kal-
mamızı istiyordu. Sevgili olarak olmasa da, iki dost olarak bu
araziyi korumaya ve geleceğe yönelik bir proje için değerlendir-
meye karar verdik.

Can toplantıya beklediğimden erken gelmiş ve sürprizimin
içine etmişti.

"Derin hayırdır, yeniden sahalara mı dönüyorsun?"

"Tam sayılmasa da, yeniden planlanmış bir kariyerin başlan-
gıç noktası diyebiliriz."

"Ne çiziyorsun, söylemeyecek misin?"

"Kendi evimi çiziyorum. Babanın bize bıraktığı arazi üzeri-
ne müstakil bir ev yapmaya karar verdim."

"Şaka mı bu? Ben ne olacağım, hani beraber bir şeyler ya-
pacaktık?!"

"Çok kaptırma kendini, senin evinle uğraşamam. Bu sefer kendime çiziyorum. Otur kendi evini kendin çiz. Bugüne kadar başkalarına hizmet ettim, bundan böyle önce kendime hizmet edeceğim. Bir ev de değil aslında, bir yuva inşa etmek istiyorum. Kapısı, bacası, yeri, çatısı hepsi önemli biliyorum. Ama bunca yıldan sonra gördüm ki oturduğun saray da olsa sana huzur vermiyorsa bir kıymeti yok. Sahip oldukları mutlu etmiyormuş insanı, sahicilikmiş huzur veren."

"Gittikçe daha mı derinlere gidiyorsun, yoksa bana mı öyle geliyor?"

"Sadelik saadet getiriyor efendim! Nurlar içinde olsun Hocamın sözüdür. Siz pek yanında olmadığınız için bilemezseniz."

"Hemen bir laf sokma hali! İyi muhalefet lideri olur senden. Bence politikayı düşünmelisin. Bana projelerden bahsedecektin. Hani kendine ev yapmak dışında proje yok mu?"

"Vakfın gelirlerini artırmak için boş duran arazilerde tarım yapalım diyorum ve yakınlarına köy evleri tarzında yerleşim alanları oluşturalım. Çizimlerimi göstereceğim birazdan. Köşk veya villa değil de doğal malzemelerle, kullanım alanı ekonomik ve bahçe alanı geniş mekânlar. Ve her evin bahçesinde farklı tarımsal faaliyet için alanlar yapalım. Ayrıca sosyal tesisleri de bu tarım arazilerimize yakın tutalım. Çocuklar ve gençler bir arada hem çalışsın hem de doğayla iç içe olsun. Belki gönüllülerle birlikte özel kamp programları yaparız. Çıkan ürünleri de vakfın adıyla satışa sunarız. Organik tarım yapacağız, itiraz kabul etmem. Bak çizimler de burada."

"Harikasın! Çok iyi fikir. Tüm projeleri çok beğendim, sanki modern köy evleri gibi olmuş. Ben de buradan ev istiyorum."

"Kaç tane evin olacak anlamadım ki? Oradan ev istiyorum, buradan ev istiyorum. Ev arsızı oldun. Parasını verir, alırsın. Bunlar vakfın malı, hatırlatırım."

"Aman, sanki zimmetime geçireyim dedim..."

"Ben çıkıyorum, haftaya bunları ekip toplantısında detaylandıralım."

"Olur da, bu telaşın nedir?"

"Telaşım falan yok. İşimi bitirdim ve gitmek istiyorum, bir sakıncası yoksa beyefendi."

"Yok, canım ne sakıncası olacak. Hayır acaba dedim, bir randevuya mı yetişeceksin? Havada aşk kokusu alıyorum."

"Vallahi müneccim sıkıntısı çekiyorduk. Ekin'den sonra görevi sen devraldın."

"Ee anlatmayacak mısın?"

"Elbette hayır! Aşk anlatılmaz, yaşanır."

"Derinnnnn, sen benim elime düşersin bak!"

"Haydi, hoşça kal! Çıktım ben..."

Ben Bu Hayata Ne Verdim?

Vakıftan çıktıktan sonra aradığım cevapları bulmanın hafifliği ile soluğu Aşiyan Mezarlığı'nda aldım. Bahara veda, yaza merhaba dememize az kalmışken; güneşin cömertliği, esen rüzgârı tatlı bir esinti haline getiriyordu. Yine de bir anda içim ürperdi, hırkamın önünü kapattım. Bu üşüme hali, dış etkenlerin tenime yansımasından çok içerisi ile ilgiliydi.

Çiçeklerimi yerleştirip ayakucuna geçtim ve onun gözlerinden bakarcasına, manzarayı seyrettim.

"Burada bile en iyi yeri seçmişsin koca çınar. Mezarın iyisi olur mu? Yatan için bir farkı var mıdır? Huzurunu artırır mı? Bilemiyorum... Elimden huzur içinde yatmanı dilemekten başka bir şey de gelmiyor. Anlatacaklarım var ve beni duyduğunu biliyorum. Cevap veremeyeceksin belki ama ben yine de anlatacağım.

Senden sonra çok büyük bir boşluk yaşadık. Ben hayatımdaki yerini bildiğimi zannederdim. Sorduğun her soru ve yaptığın her itiraz sadece bana değil, çevrendeki herkese yol göstermek içinmiş. Sen gidince anladım. İtirazlar, kızgınlıklar hatta bazen pişmanlıklar bile insana iyi gelebilirmiş. İşimin hakkını vermeyi senden öğrendim. Gerçek olmayı, hayal ettirmeyi ve hayal edilenle de buluşturmayı... Sadece kendi hayallerimle nasıl buluşacağımı sormamışım sana. Belki de bu yüzden, bu dünyadaki son gününde bana aşkı sordun. Cevabı bulamayınca, sorduğun yeni sorunun ağırlığı omuzlarıma daha ağır bir yük bindirdi. Hayattan aldıklarım ve verdiklerim neydi? Sahi ben ne katmıştım hayata ve ne almıştım? Bu soruyu kendime tekrar edince, içimde bir yer buz kesti. Sen bana bu soruyu sormadan önce, daha evvelinden cennet ve cehennemi sormuştun. Bu sorulara cevap ararken, bir anda kendimi cehennemin içinde buldum. Sen şimdi, 'İlahi Derin, bir şeye de düz mantıkla bak kızım,' diyorsundur. İki ters bir düz gide gide ancak bir arpa boyu gidebildim. Nereye kadar gittiğime sen bakarsın...

'Bu hayata ne kattın?' ve 'Sana ne verildi?' diye sormuştun. Bana iki soru sorduğunu zannederken, aslında bu tek bir soruymuş. Sonradan anladım. Hayata bir şey katabilmek için, önce almak gerekiyormuş. Önce nefes alıyoruz sonra veriyoruz ya, işte öyle bir şey. Almayınca, veremiyormuşsun. Aldığını fark etmeyince, inkâr edince ya da verilmeyeni isteyince, işte o zaman yer ayaklarının altından kayıyormuş. Ve kapaklar açılıp sen de içine düşüyormuşsun. Neresi olduğunu anladın. Burası bir düşüş ya, yaşadıklarından aşağıya doğru inmeye başlıyormuşsun.

Hayattayken pek sana bahsedemedim. 'Bunlar benim başıma neden geliyor? Bu Tanrı'nın benimle derdi nedir?' diye sormaktan dilim kurumuştu. Ama bir türlü cevabını bulamamıştım. Kocam kazık attı, bir çocuk doğuramadım, ödüller aldım ama sonu iyi olmadı, çok iyi mimar oldum lakin işsiz kaldım, falan filan... Kendi cehennemimi ben kurmuş, içine de girip oturmuşum. Sıkıntı dediklerim, zulüm diye gördüklerim, canımı acıtanlar... Tüm bunlar, içinde yandığım ateşin dumanlarıymış. O ateş hayatımı kurutmuş, tadımı yok etmiş, isteğimi köreltmiş ve canlılığımı almış. Bu ateşin odununu hiç kesintisiz sağlayan kaynak ise 'Mış Gibi Yapmak'mış. Yani birilerini mutlu etme çabasıyla tükenmiş yaşam enerjim... Kendi kaynaklarımı diğerlerine aktarmışım. Ne onlar aldıklarını kabul etmiş ne de ben verdiğimi ve neyi verdiğimi fark etmişim. Kendime ne yaptığımı anlamamışım. Kurumuş gitmiş canım yeşilim, canlılığım. Minnet odunlarımı medet kibriti yakmış. Kendim gibi olamamışım. Derin'in hakkını verememişim. Biri beni onaylasın, diye diye dolaşıp durmuşum. Güzel, akıllı, başarılı, yetenekli, karizmatik, farklı... Bunların yanına bir de 'en' takısı rica etmişim. Derine, en derine itmişim hayat gayemi. Hayata katılmak yerine katılaşmış, bildiğimi okuma yoluna girmişim. Karanlık karşılamış orada beni. Karanlık nedir, bilir misin? Sen cesursun, sen hayata değer kattın, onu taçlandırdın. Bilemezsin... Karanlık geldi mi, korku başlar. Korktukça gerilir insan, gergin bir insanın doğru kararlar vermesini bekleyemezsin. Karar veremeyen insan ise muhtaçtır. Kime diyebilirsin? Başkalarına... O başkası kendini bile zor aydınlatan bir el feneri ile gelse de medet umar, kısa süreli bir ferahlık için dahi olsa minnet duyarsın. O minnet var ya, seni senden alır. Hayaller gördürür, kâbus sanırsın. Kâbuslar gördürür, hayal sanırsın. Hayat bir zindana dönüşür yolunu kaybedene, çıkmak için karar vermen şarttır artık. Karar vermek için de dışarıyı dinlemeyi bırakmalısın. Dışarıyı dinlemeyi bırakabilmek için medet ummayı bırakmalısın.

Sen demiştin ki, 'Gerçek bir tanedir. O gerçeğe yaklaşımı insanın hakikatidir. Gerçekliği ile buluşmak isteyen, gerekliliği bırakmalıdır. Hakikati ile buluşamayan, kendi gerçekliğini yaşayamaz. Gereklilik ile gerçeklik arasında sıkışır kalır.' Hayatı başkalarını mutlu etmek sandığım için yaşadıklarım benim gerçekliğim değil, gerçekliğimden kaçışım olmuş. Gereklilik ile gerçekliğim arasında sıkışıp kalmışım. İyi mimar desinler diye aldığım projeleri hazırlarken yutkunarak yaşadıklarım, bir sonraki anı düşünerek mevcut duruma diş sıkmalarım, bitsin de sonra dinlenirim diye bedenimin çığlıklarını duymazdan gelmelerim, sustuklarım, kendime dahi itiraf edemediklerim kendi yolumu bulmamdaki en büyük engelmiş. 'Hayat amacı' diye sorduğum şey, kendi gerçekliğimle buluşmakmış. Cennetin kapısının üzerinde 'Kabul' yazıyormuş Hocam. Olduğun gibi, kendin gibi ve her ne oluyorsa orada olup kabulde olmak. Buymuş anlatılan. Cehennemin kapısında ise 'İnkâr' yazıyormuş. Aldığını, sana verileni, olanı kabul edememek... "Mış" gibi yapmak, bir sonraki anın hesabı içerisinde gözlerini yummakmış; olana, gerçeğe ve kendine. Oradan çıkan dumanlarmış; kin, öfke ve yas. Karanlıkmış orası, tıpkı benim içim gibi. Şimdi benim önüm aydınlanıyor. Işığım sen oldun Hocam. Hayata ne kattığımı sordun ya bana... Ne kıymetli bir soruymuş, şimdi anladım. O soruyla elime cehennemden çıkış biletimi verdin. O soruya kadar ne almadığıma ve neyi kaçırdığıma yani verilmeyen neyse ona odaklanmışım. Cehennemime taşıdığım odunlarmış itirazlarım. Ateşi azdıran, dumanı çoğaltan. Neden ben derken, aslında neden benim dediğim gibi değil, dermişim. İtiraz ettikçe, vermedin dedikçe, ateşin gücü artmış. Gücüm zayıflamış, güçlükler koşmuş gelmiş. Verilmeyenin hesabı ve almak istediklerimin listesi, çıkış kapısını görünmez yapmış. Bu vakıfla sen bana can kattın. Kendime sordum, 'Ben bu hayata ne verdim?' diye. Tasarladığım binalar geldi aklıma. Oysa bunlar benim verdiklerim değil, benden istenenlerdi. Bunun karşısında benim istediğim iki şey olmuştu: Biri başarı, diğeri para.

Bu iki madde tatminsizlikle kıydığım nikâhın şahitleriydi. Belki bu nedenle aldıklarımı yani bana verilenleri kabul edemiyordum. Para ne işe yarar bilemedim. Para için yaptığım iş, bana kendimi köle gibi hissettiriyordu. Kafesin içinde kısıtlanmış halim, gücümün beni yok eden bir ateşe dönüşmesine sebep oluyordu. Daha çok para ile zaman satın alınmıyordu. Ben yeteneklerim ile beraber en değerli olanı gözümü kırpmadan veriyordum. Şimdi fark ediyorum da kendime yaptığım ihanetin yanında, yaşadığım ihanetler çok hafif kalıyor. Kendimi sustururken, başkasının karşısında konuşamamam çok normalmiş. Kendimi feda ettiğim mesleğim dışında bir konum kalmayınca, hayata dair ne varsa solmaya başlamış. Aşkmış hayatı canlı kılan. Bu da sonraki sorunun cevabı. Canlanmakmış aşk denilen şey. Bu yüzden mi oğlunun adını Can koydun? Dirilmekmiş. Nefes almak ve vermek gibi, o anda olup bitiveren her şeyin içinde saklanırmış. Aşk fark etmeden geçilemeyen, görmezden gelinemeyen, hayatı hissettirenmiş. Kör olmuş kalbim; kadın ve erkek arasında zannedip görememişim aşkı. Kalbin atışı gibiymiş aşk. Nasıl kan sayesinde atıyorsa kalp, hakkını vererek yaşamak bizi aşka düşürürmüş. Zamanın patronu bile oymuş. Hakkını vererek yaşayan ve aşkla yaptığına can katan zamanın efendisi olurmuş.

'Geç bitirmek değil, eksik yapmak kayıptır. Dönüp düzeltmek için harcadığın zaman, başka bir yerde zamansızlık yaratır,' derdin. Senin gerçekten ne dediğini anlamak için gitmeni beklemem, artık son defa kayıpla öğrenişim... Sahip olduklarımın kıymetini biliyorum ve bileceğim, söz veriyorum.

Aramızda kalsın, artık yaşadıklarıma ve bunları yaşatanlara kızmıyorum, kızamıyorum. Ama bunu kimse bilsin de istemiyorum. Anlamayınca, kabul etmeyince, direnince kaybettiğimiz yalnızca zaman oluyormuş. Ve yerine koyamadığımız tek şey zamanken, en çok onu hor kullanmışım. Bugünden itibaren aradaki farkı kapatmak için kendim gibi olmaya karar verdim. Karar verdim diyorum ama sanma ki erteliyorum. Uyguluyorum, beni bilirsin sözümü tutarım.

Senin bana bıraktığın arazide bir ev değil, tam anlamıyla bir yuva kuruyorum. İlk defa bu kadar heyecanla bir yeri inşa ediyorum. Aşkla buluşan kalbimin atışlarında hissediyorum sevgiyi. Hep sorardım kendime, 'Neden sevgi ve aşk kalp ile sembolize edilir?' diye. Kalp atmayınca yaşam sona eriyor ya, işte kalp aşkla buluşmayınca da sevginin titreşimini yayamıyor. Kan ile kalp ilişkisi gibi, sevgiyle aşkın ilişkileri aynıymış. Biri varsa diğeri de var. Onlar verdiklerinin karşılığında vücuttan bir şey istemedikleri gibi, bir de temizleyip, enerji verip, gerekli olanları pay ediyorsa; kan hiç durmadan kaynakları bütünün tamamına ulaştırıyorsa; işte kalbin desteği ile sevgi de sebep aramazmış. Karşılığı yokmuş. Şart koşmaz, itiraz etmez, sadece kucaklarmış. O yüzden tüm masallarda aşk, tüm engelleri o aşk için ve o aşkın verdikleriyle aşanlarla anlatılırmış. Aslında ne cinsi varmış ne şekli ne sonu ne de başı. O aşk ateşi bir kere yandı mı, hesap da gidermiş, beklenti de. O yüzden ölmeyi de göze alırmış âşık, dağları delmeyi de. Sevmek demekmiş aşk. Belki de önce yaşamı, yaşamayı ve yaşayanları. Her ne oluyorsa aşk ile olurmuş. O ateş yandı mı bir kez, hakkını vererek yaşarmış insan. Biriktirmezmiş hiçbir şeyi; ne insanı ne malı ne de duyguyu... Sahip olduklarının kıymetini bilir, itina edermiş. Gözü bir şey görmezmiş aşka düşünce. Kabul edermiş, ben demeyi bırakırmış en önemlisi. 'BEN ne olacağım?' dememin sebebi kendimi görememmiş. Kendimi görememişim, hep başkalarında misafir olmuşum. Kim ne derse yapmışım, nereye gittiğimi bilmeden koşmuşum, varamadığım hedefe doğru tüm gücümü harcamışım. Bir hedefim de yokmuş, tek hedefim mesleğimmiş. Onda bile başkalarının istediğini yapmış ve yeteneklerime ihanet etmişim. Ama en çok kendime ihanet etmişim. Hep kolayı seçerek, zorlanmayayım diyerek zora sokmuşum hayatımı. Ne zaman ki kendimi duymaya, kalbimdeki sevgiyi önce kendime akıtmaya başladım, içime bir hal oldu. Nasıl duydun kendini, diye soruyorsundur belki. Sustum ve soru sormayı bıraktım.

Biliyor musun, hâlâ en iyi sırdaşım sensin. Bunları bir tek sana anlatabilirim. Hocam belki de söyleniyorsundur, 'Yeter başımı şişirme. Burada bile rahat yok,' diye. Bitiriyorum az kaldı...

Sen gittin ya, kendimi yapayalnız hissettim. Ölümle merhabalaştım. Sen öyle güzel gittin ki hem şaşırdım hem de özendim. Sanma ki ölmek istedim, tam tersi yaşamak istedim. Senin ölümün, bana yaşamın hakkını vermeden oyalanıp durduğumu fark ettirdi. Sen gitmeden sanki her işini planladın, bize hiç yük olmadın. Biliyorum, adın uzun yıllar yaşayacak, aslında ölmeyeceksin. Adı anıldığı sürece yaşarmış insan. Vakfın öyle güzel işlere vesile oluyor ki bu dünyadan neyi aldın yanına bilmiyorum ama sanırım ağırlık yapacakları bırakarak gittin.

Ben de buradayken bırakmak istiyorum ağırlıklarımı, huysuzluklarımı... Bu anlattıklarımı fark ettikçe, sanki içimde bir yerlerde çırpınıp duran kuş özgür kaldı. Nedenini bilemediğim huzursuzluklarım son buldu. Hayata ne katabilirim dedikçe, cennet bahçemin çiçekleri coşuyor. Seyrettiklerim güzelleşiyor...

Merhaba

1970 yılında İzmir'de dünyaya geldim. Farklı coğrafyalardan göçmüş, hayatın bir araya getirdiği köklerimin yer değiştirme isteği benim de genlerime işlenmiş. 1994 yılının sonunda kızım Su henüz yirmi günlükken İstanbul'a taşındık. İnsanın alıştığını bırakmasının ne derece zor olduğunu ilk defa o yıllarda anladım. İstanbul'dan gitme hayalleriyle savaşırken ondan uzağa gidemeyeceğimi fark etmem, New York şehrine yerleşmek için yaklaşık sekiz ay verdiğim mücadelenin sonunda oldu. Tam oturum izni almak üzereyken bir anda vazgeçip İstanbul'un kucağına geri döndüm. İstanbul, bana çok şey hediye etti. İzmir'de doğdum, İstanbul'da büyüyorum. Daha ne zamana kadar büyüyeceğimi bilmiyorum.

Ege Üniversitesi Edebiyat Fakültesi Klasik Arkeoloji Bölümünde eğitim gördüm. Sıralama hatası ile girdiğim bu bölüm, tesadüf gibi görünen bu siparişim, hayata bakış açıma birçok değer kattı. Geçmişin değerini gün geçtikçe daha çok önemsememi sağladı.

Çalışma hayatına üniversitede okurken başladım. Üretmeyi, öğrenmeyi ve hayata emeğimle katılmayı sevdim, seviyorum. Yemek pişirmekten de keyif alırım ve bu alanda yakın çevremde epey nam saldım.

Vakit buldukça yürüyüş yapar, bisiklete biner, Hatha ve Yin yoga yaparım.

Başka bir merak alanım olan Astroloji'yi kendi kendime araştırma yaparak öğrendim. Gözlemci yapım ve odaklanma becerim sayesinde birçok farklı alanda kendimi yetiştirmeye devam ediyorum.

Halen, İstanbul Üniversitesi Edebiyat Fakültesi Antropoloji Bölümünde öğrenciyim. Vakit bulup okula gittikçe gençlerle yeni bilgiler öğrenmek bana iyi geliyor.

2012 yılında bloğumu açtım. Farklı konularda yazdığım yazıların arasından *Derin* adlı romanım aktı geldi, ilham kapısından. Ne yazdığımı anlamam aylarımı aldı. İçimden geldikçe yazıyordum; yazdıkça da daha fazla yazasım geliyordu. Bu arada *Niyet Defteri* adlı kitabımı da yazdım. Her ikisi de 2015 yılının son aylarında yayımlandı. Ben bu arada *Sırlar Bohçası* adlı kitabımı yazmaya yeni başlamıştım.

Derin, yazarlığımı başlatan kitap... Mükemmellik dayatmasında boğulmuş başarılı bir kadının başaramama öyküsü üzerinden sistemi sorgulayan bir roman.

Niyet Defteri, kadim bir bilgi olan niyet etmenin uygulamalarını aktarıyor okura. Nasıl niyet edilmez? Ne zaman niyet edilmeli? Niyetlerimizin gerçekleşmeme sebepleri nelerdir? Bu ve bu gibi soruların cevaplarıyla okuyana yol gösteriyor. 2018 yılında yenilenmiş ve genişletilmiş baskısıyla yeniden yayımlandı.

2017 yılının Ağustos ayında Ünal ile Youtube kanalı açma kararı alarak buradan bildiklerimizi paylaşmaya başladık. Videolarımız binlerce kişiye ulaşıyor, seminerlerimizi canlı yayınlıyoruz. Bildiklerimizi anlatmayı seviyoruz.

Sırlar Bohçası kitabım Ekim 2017'de yayımlandı. Sembol okuyucusu olmanın inceliklerini anlattığım bu kitabımda, kadim sembollerin yanı sıra renkler, sayılar, hayvan sembolleri ve mitolojik sembollerin kullanım şekillerinden derinlemesine bahsettim. Dövme sembollerinin hayatımıza etkilerini de paylaştım.

2018 yılında *Gelecek Geçmişi Şekillendirir* adını verdiğim interaktif çalışma kitabım yayımlandı. Bu kitapta okuruma atölye çalışmalarımda da paylaştığım teknikleri anlatıyor, kendi yolculuğunu aydınlatabilmesi için bakmasında fayda olan yaşam alanlarını işaret ediyorum.

Seminerlerim, atölye çalışmalarım ve belediyelerle yürüttüğüm gönüllülük işlerimin yanında kitap sohbetleriyle yoluma devam ediyorum. Atölye çalışmalarımı çoğunlukla Erenköy'de bulunan Ünal Güner Simya Atölyesi'nde gerçekleştiriyorum. Seminer, diğer atölye çalışmaları ve söyleşilerimi Türkiye'nin her yerinde düzenliyorum.

Doğada görünen, görünmeyen her şeyin birbiriyle iletişimde olduğuna inanırım. Buğday Derneği üyesiyim. Birçok derneğin ve kuruluşun da destekçisiyim. Bir arada olmamızın bizi güçlü ve mutlu yapacağına inanırım.

Benim için geleneği, geleceğe aktarmak oldukça değerlidir. Hayatın geçiciliğini görme gayretinde, bize verilen emanetlere her daim sahip çıkarak yaşama gayretindeyim.

Sevgimle,
Meltem